LEHRMITTELVERLAG
DES KANTONS AARGAU

BLMV

D1750513

Historisches Lernen 5

Geschichte lehren 6

Diagnose 10

Umgang mit Zeit:
Temporalbewusstsein 12

Umgang mit Raum:
Raumbewusstsein 14

Umgang mit Gesellschaft:
Identitätsbewusstsein 16

Umgang mit Wirtschaft:
ökonomisch-soziales Bewusstsein 18

Umgang mit Herrschaft:
politisches Bewusstsein 20

Umgang mit Kultur:
Historizitätsbewusstsein 22

Real oder fiktiv?
Wirklichkeitsbewusstsein 24

Richtig oder falsch?
Moralisches Bewusstsein 26

Planung 28

Lerninhalte 30

Bedingungen 32

Begründungen 34

Lernziele 36

Inszenierungen 38

Lernwege 40

Geschichte spannend erzählen 42

Geschichte wirksam erklären 46

Gespräche über Geschichte 50

Geschichte erarbeiten und entdecken lassen 54

Geschichtsaufsätze; -referate
und Facharbeiten 58

Durch Geschichten Geschichte lernen 62

Im Geschichtsunterricht gestalten 66

Auf Exkursionen Geschichte begreifen 70

Geschichte im Museum und im Archiv 74

Geschichte spielen 78

Lernende als Lehrende –
Geschichte im Gruppenpuzzle 82

Geschichte mit einem Leitprogramm 86

Lernen an Stationen –
Geschichte in der Lernwerkstatt 90

Geschichte an einem exemplarischen Fall 94

Geschichte forschend erlernen –
die Projektmethode 98

Lernsituationen	102
Lernsituationen zum Anfangen	104
Quellenarbeit – notwendige und anspruchsvolle Lernform	108
Bilder – Abbildung und Deutung von Realität	112
Karikaturen – hilfreiche oder gefährliche Überzeichnungen?	116
Comics – naive und vordergründige Schundliteratur?	120
Film und Video – populäre Medien der Geschichtsvermittlung	124
Lieder – Schlüssel zum Verständnis von Epochen	128
Karten – einprägsame und komplexe Darstellungen	132
Statistiken – Informationen in Form von Zahlenwerten	136
Zeitenstrahl – anschauliche Umsetzung von Zeit	140
Geschichte im Internet – per Mausklick durch Raum und Zeit	144
Geschichte festhalten – Verankerung statt Kulissenlernen	148
Geschichtslernen beurteilen – Lernende fördern und auslesen	152
Lernsituationen zum Abschliessen	156
Reflexion	160
Mit Jugendlichen über ihr Geschichtslernen nachdenken	162
Mit Jugendlichen den Geschichtsunterricht evaluieren	164
Den eigenen Geschichtsunterricht beobachten lassen	166
Den eigenen Lehr- und Lernstil überdenken	168
Die Durchführung von Geschichtsunterricht beurteilen	170
Anhang	172

Geschichte lehren

Peter Gautschi

Lernwege und Lernsituationen für Jugendliche

Historisches Lernen

Menschen lernen aus der Geschichte. Sie können gar nicht anders, denn Erfahrungen bestimmen das Handeln. Es ist möglich, dass wir aus unseren Erfahrungen das Falsche lernen. Häufig passiert dies, wenn uns unsere Erfahrungen unbewusst leiten. Aus diesem Grunde ist es erstrebenswert, Vergangenes aufmerksam und bewusst wahrzunehmen und im Hinblick auf künftiges Handeln zu deuten, zu verarbeiten. Das ist historisches Lernen.

Nicht immer ist dieses historische Lernen so direkt hilfreich wie während des Kalten Krieges, wo die Vorwarninstrumente der US-Regierung etwas registrierten, was wie der Abschuss von russischen Atomraketen auf Amerika aussah. Natürlich hätten die verantwortlichen Leute sofort den nuklearen Gegenschlag auslösen müssen. Das ganze System war daraufhin programmiert. Doch die Menschen taten es nicht. Ihre Erfahrung, ihr aufmerksames und bewusstes Wahrnehmen der Vergangenheit sagte ihnen, dass im Juni 1980, als dieser Vorfall geschah, die Situation einfach nicht danach aussah, als ob jemand einen Atomkrieg beginnen würde. Im Unterschied zu den Computern hatten die Menschen aus der Geschichte gelernt.

Für die Schule stellen sich die Fragen, was Schülerinnen und Schüler im Umgang mit Vergangenem lernen sollen, wozu sie dies tun und wie dies ermöglicht werden kann. Das vorliegende Buch rückt die letzte Frage ins Zentrum und zeigt eine Reihe von Lernwegen und Lernsituationen auf, welche Lehrpersonen gestalten können, um historisches Lernen zu ermöglichen. Dass dies gelingen möge, ist ein Erfordernis der Zeit. Die drängendsten Probleme unserer Welt werden kaum durch den Fortschritt in der Mathematik oder in den Naturwissenschaften gelöst, denn sie sind grösstenteils politischer, ökonomischer und soziokultureller Art.

«Geschichte lehren» betrachtet den Unterricht aus Sicht der Lehrperson. Dahinter steht die Überzeugung, dass Lehrerinnen und Lehrer von zentraler Bedeutung für den Unterrichtserfolg sind. Lehrpersonen können durch ihre Diagnose, ihre Planung, ihre Durchführung des Unterrichts und durch ihre Reflexion viel dazu beitragen, damit historisches Lernen gelingt. Wenn Lernende allerdings Vergangenes nicht wahrnehmen oder deuten wollen, bleiben alle Bemühungen der Lehrperson nutzlos. Das Lernen von Schülerinnen und Schülern ist letztlich nicht in der Verfügungsgewalt von Lehrpersonen.

Historisches Lernen ist möglich in der Muttersprache der Lernenden und in einer Fremdsprache. Es kann im Teamteaching oder durch eine einzige Lehrperson angebahnt werden. Historisches Lernen ist möglich in einem reinen Fachunterricht oder in einem fächerverbindenden Unterricht. Das Buch «Geschichte lehren» skizziert ein gegenstandsspezifisches Modell für historisches Lernen und zeigt geschichtsdidaktische Lernwege und Lernsituationen auf. Dadurch werden sowohl inhaltliche wie didaktische Anschlussmöglichkeiten deutlich, und es wird klar, dass sich das Fach Geschichte durchaus für einen fächerverbindenden Unterricht eignet. «Geschichte lehren» will eine Plattform anbieten, die hoffentlich zur kritischen Auseinandersetzung und zum Weiterbauen einlädt. Wenn das Buch aber Lehrerinnen und Lehrer ermuntert, die vorgestellten Lernwege und Lernsituationen auszuprobieren und zu reflektieren, dann ist die Hauptzielsetzung erreicht.

Peter Gautschi

Literatur
- Hobsbawm, Eric: *On History*. London: Weidenfeld & Nicolson, 1997 (deutsch: *Wieviel Geschichte braucht die Zukunft?* München; Wien: Carl Hanser, 1998)
- Rüsen, Jörn: *Historisches Lernen*. Köln; Weimar; Wien: Böhlau, 1994
- Voss, James F.; Wiley, Jennifer: Geschichtsverständnis: Wie Lernen im Fach Geschichte verbessert werden kann. In: Gruber, Hans; Renkl, Alexander (Hrsg.): *Wege zum Können*. Bern: Hans Huber, 1997. S. 74–90
- Wittmann, Erich Christian: Design und Erforschung von Lernumgebungen als Kern der Mathematikdidaktik. In: *Beiträge zur Lehrerbildung, Heft 3/1998*. S. 329–342

Geschichte lehren

Wer Geschichte lehrt, versucht historisches Lernen zu ermöglichen. Schülerinnen und Schüler sollen ihre Aufmerksamkeit auf Vergangenes richten, dieses wahrnehmen und für sich rekonstruieren und deuten. Um diesen Lernprozess günstig zu unterstützen, agieren Lehrpersonen im Geschichtsunterricht in drei Dimensionen: Sie beschäftigen sich erstens mit dem Lerninhalt «Geschichte», sie setzen sich zweitens mit den Lernerinnen und Lernern auseinander, und sie gestalten drittens Lernwege und Lernsituationen, um die zur Verfügung stehende Zeit günstig zu rhythmisieren. Guten Geschichtsunterricht können Lehrpersonen dann ermöglichen, wenn es ihnen gelingt, ihr Handeln in diesen drei Dimensionen optimal zu verknüpfen.

Traditionellerweise werden die verschiedenen Momente des Unterrichts mit dem Didaktischen Dreieck veranschaulicht. In der folgenden Darstellung ist das geschichtliche Universum, die Sache, um die es im Geschichtsunterricht geht, oben links dargestellt. Dieses wird konstituiert durch die Zeit, den Raum und die Inhaltsbereiche. Die Schülerinnen und Schüler, welche sich im Unterricht mit dem geschichtlichen Universum auseinander setzen sollen, sind oben rechts dargestellt. Sie nehmen Vergangenes wahr und deuten es. Dieser Rekonstruktionsprozess wird durch ein kognitives Bezugssystem, das so genannte Geschichtsbewusstsein, geleitet. Historisches Lernen ist also der Prozess, der sich zwischen Lernerinnen, Lernern und dem historischen Universum abspielt. In der Schule sollen Kinder und Jugendliche in die Lage versetzt werden, sich kompetent und selbstständig mit Vergangenem zu beschäftigen, um für ihre Zukunft zu lernen. Lehrpersonen, welche Geschichte lehren, können historisches Lernen unterstützen. Sie bahnen den Lernprozess an, indem sie Themen aus dem historischen Universum auswählen und strukturieren, indem sie durch ihre Beziehung zu Lernerinnen und Lernern ein lernförderliches Klima aufbauen und indem sie Lernwege anbieten und Lernsituationen für historisches Lernen arrangieren.

Kernaufgaben von Lehrpersonen

Das vorliegende Buch «Geschichte lehren» beschäftigt sich mit dem Unterrichtsgeschehen aus der Sicht von Lehrpersonen. Die leitende Frage ist: Wie kann Geschichte heute angesichts der vielfältigen professionellen Ansprüche gelehrt werden? In fünf Kapiteln werden fünf wichtige Tätigkeiten von Lehrerinnen und Lehrern vorgestellt. Der Kern der Lehrerarbeit ist die «Durchführung» von Unterricht, also die Gestaltung von Lernwegen (Kapitel 3) und Lernsituationen (Kapitel 4). Eng mit der Durchführung von Unterricht verknüpft sind Planung (Kapitel 2) sowie Reflexion und Evaluation (Kapitel 5) von Unterricht. Als weitere Aufgabe ist im vorliegenden Buch die Diagnose (Kapitel 1) erwähnt, weil es hin-

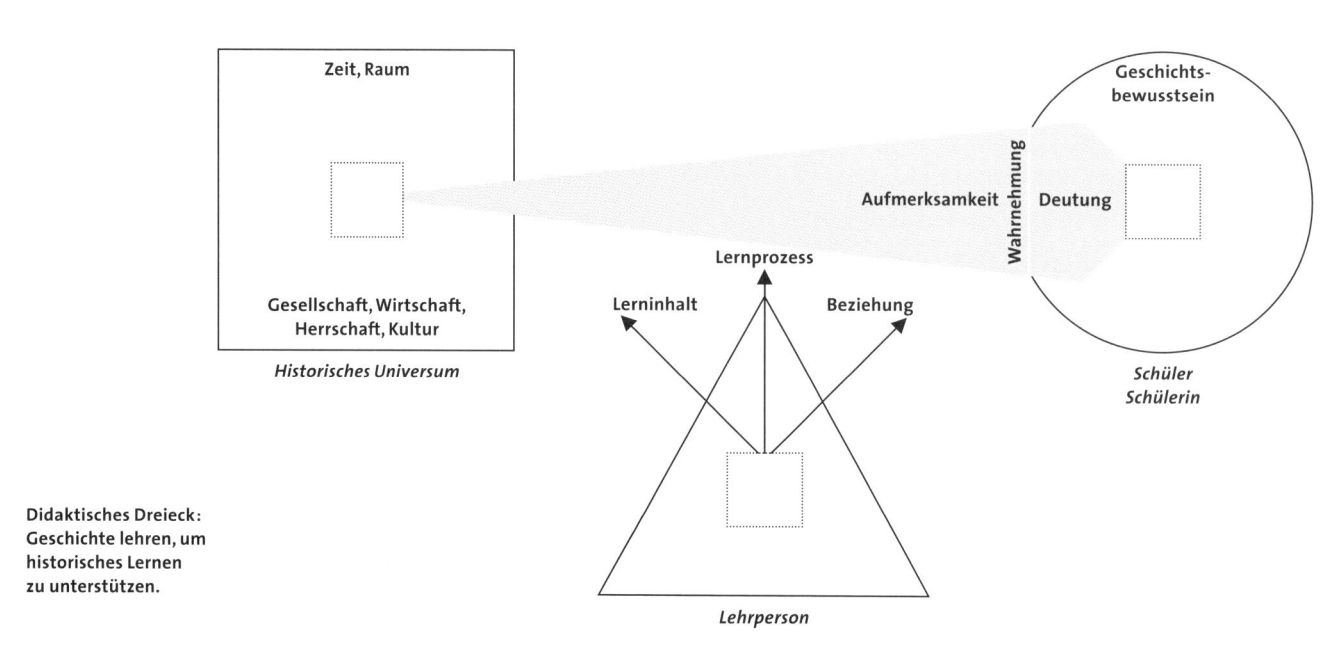

Didaktisches Dreieck: Geschichte lehren, um historisches Lernen zu unterstützen.

reichend belegt scheint, dass der Erfolg von Unterricht stark davon abhängt, ob geeignete Lernwege und Lernsituationen auf die speziellen Lernprobleme der einzelnen Schülerinnen und Schüler abgestimmt werden können. Nur die Kombination der analytisch getrennten Kompetenzen auf Seiten der Lehrpersonen, welche sich in deren alltäglichem Handeln verknüpfen, führt zu guten Schülerleistungen und zu einem erfolgreichen historischen Lernen.

Diagnose

Geschichtliche Phänomene, Sachverhalte und Personen sind durch ihre Einordnung in die beiden Dimensionen Zeit und Raum näher charakterisiert, und sie lassen sich den vier grundlegenden Bereichen Gesellschaft, Wirtschaft, Herrschaft und Kultur zuordnen. Die Beschäftigung mit Geschichte hilft mit, Grundorientierungen auszubilden, um sich in diesen Dimensionen und Bereichen zurechtzufinden. Wer über ein gut entwickeltes Temporalbewusstsein zum Umgang mit Zeit verfügt, kann zum Beispiel länger und weniger lang zurückliegende Ereignisse unterscheiden, und wer ein ausgebildetes Raumbewusstsein hat, kann vom eigenen Standort abstrahieren. Wer Geschichte versteht, kann Entscheidungsträger und Unterdrückte identifizieren, kann Situationen aus seiner eigenen Perspektive betrachten und ist in der Lage, dieselbe Situation auch aus Sicht von anderen nachzuvollziehen. Wer Geschichte begreift, erkennt Wohlstand und Armut, unterscheidet Veränderungen und Kontinuität und weiss zu differenzieren zwischen dem, was durch Fakten belegt, und dem, was der menschlichen Fantasie entsprungen ist. Wer Geschichte studiert, rekonstruiert sich methodisch bewusst ein Bild von Vergangenem und urteilt im Verlauf des Erkennungsprozesses aufgrund seiner moralischen Massstäbe.

Dieses kognitive Bezugssystem zum Umgang mit Geschichte heisst Geschichtsbewusstsein. Es setzt sich zusammen aus einer Reihe von Grundorientierungen und ermöglicht eine eigenständige und reflektierte Urteilsbildung. Lehrpersonen müssen in der Lage sein, Schülerinnen und Schüler dort abzuholen, wo sie stehen, und Inhalte zu lehren, welche dazu beitragen, die Grundorientierungen weiter auszudifferenzieren. Um das Geschichtsbewusstsein von Lernenden als Lehrperson in den Blick zu bekommen, sind diagnostische Kompetenzen notwendig. Wer als Lehrerin, als Lehrer das Geschichtsverständnis von Lernenden fördern möchte, braucht deshalb ein Grundwissen zum Geschichtsbewusstsein. Dieses bietet das erste Kapitel des Buches «Geschichte lehren» an.

Planung

Geschichtsunterricht planen ist eine anspruchsvolle und zeitaufwendige Tätigkeit. Bevor man als Lehrperson zum Unterrichten kommt, hat man sich günstigerweise bereits dreimal mit dem zu inszenierenden Unterricht auseinander gesetzt, nämlich erstens bei der Jahresplanung, zweitens bei der thematischen Planung von Unterrichtseinheiten und drittens bei der Lektionsplanung. Im zweiten Kapitel, «Planung», wird der Entwicklungsprozess von Unterrichtseinheiten näher betrachtet. Hier beschäftigen sich Lehrpersonen mit Planungsfragen, welche fünf didaktischen Feldern zugeordnet werden können, nämlich den Lerninhalten, Bedingungen, Begründungen, Lernzielen und Inszenierungen. Die aus der Beschäftigung mit diesen Feldern resultierende Einheitsplanung ist allerdings nicht mehr als ein offener Entwurf. Denn auch die beste Planung garantiert noch keinen guten Unterricht. Viel hängt vom Geschick und von der Präsenz der Lehrperson im Unterricht ab, vom richtigen Gefühl, wenn nötig im Hintergrund zu bleiben oder lenkend zu intervenieren.

Lernwege

Wer Geschichte lehrt, organisiert Situationen und gestaltet Lernwege, welche die Schülerinnen und

Schüler in Lerntätigkeiten verwickeln. Für den Geschichtsunterricht gibt es eine Reihe von erprobten und erfolgreichen Lernwegen oder Methoden. Methoden sind die Grossformen in der Unterrichtsgestaltung. Die verschiedenen Methoden unterscheiden sich hinsichtlich ihres typischen Ablaufs, ihrer angestrebten Ziele, ihrer Berücksichtigung bestimmter didaktischer Prinzipien und ihres Ausmasses an Fach- und Schülerorientierung. Methodisch kompetente Geschichtslehrerinnen und -lehrer können Geschichte sowohl homogenisiert als auch binnendifferenziert unterrichten.

Im dritten Kapitel, «Lernwege», werden zuerst Methoden für die Klassenarbeit vorgestellt, wo die Schülerinnen und Schüler relativ homogenisiert lernen. Es sind dies zum Beispiel die Erzählung und die Erklärung. Anschliessend werden Methoden für die Planarbeit vorgestellt, wo die Schülerinnen und Schüler differenzierter lernen können, weil die Lehrperson den Lerninhalt schriftlich aufbereitet und mit Lernaufgaben versehen hat. Es sind dies zum Beispiel die Lernwerkstatt oder die Fallmethode. Im letzten Abschnitt wird noch das Forschende Lernen in Geschichte vorgestellt, das den Lernenden ein projektartiges Arbeiten ermöglicht. Schülerinnen und Schüler können hier in einer grossen Selbstständigkeit relativ unabhängig von der Lehrperson Geschichte lernen. Jede Methode hat ihre Vorzüge und ihre Nachteile, ihre Indikation und ihre Kontraindikation. Methoden, so verstanden, sind «Rekonstruktionen von Unterrichtswirklichkeit». Die Anzahl der Methoden scheint begrenzt. Im Buch «Geschichte lehren» werden fünfzehn Lernwege vorgestellt.

Lernsituationen

Mit den Methoden stehen den Lehrpersonen also eine Reihe von Mustern für den Unterricht zur Verfügung, die allerdings nur ein geschultes Auge im Unterricht auf Anhieb zu erkennen vermag. Was beim Unterrichtsbesuch oder bei der Beobachtung unmittelbar ins Auge springt, ist nicht die Methode, sondern es sind Lernsituationen oder Figuren. Figuren sind Gestaltungselemente von relativer Selbstständigkeit. Es gibt Figuren, die in vielen Fächern eingesetzt werden können. Für den Unterrichtsbeginn und -abschluss eignet sich zum Beispiel bei verschiedenen Themen eine Viereckenfigur oder ein Brainstorming. Einige im Geschichtsunterricht erprobte allgemeine Figuren werden in den Abschnitten «Lernsituationen zum Anfangen» und «Lernsituationen zum Abschliessen» präsentiert. In jedem Fach gibt es aber eine Reihe von spezifischen Lernsituationen mit ihren eigenen Gesetzmässigkeiten und Regeln. Diese Figuren sind die Elemente, mit denen die Methoden gebaut werden, und sie lassen sich an verschiedenen Orten in verschiedensten Methoden einfügen. Methodisch kompetente Geschichtslehrpersonen beherrschen also die unterrichtliche Umsetzung von Lernsituationen. Sie setzen Karikaturen, Karten, Video, Bilder ein, sie kennen die Vorzüge von Zeitleisten und die Probleme beim Internet und sind in der Lage, methodisch kompetent Quellen einzusetzen.

Lernsituationen können besser und weniger gut inszeniert werden, und Lernsituationen können richtig oder falsch platziert werden. Sie haben ihre Gesetze. Diese werden im vierten Kapitel vorgestellt. Wer gut lehren will, muss diese Gesetze kennen und umsetzen, und wem dies als Lehrerin, als Lehrer gelingt, der ermöglicht historisches Lernen von Schülerinnen und Schülern.

Reflexion und Evaluation

Der Erfolg und der Misserfolg des eigenen Lehrens bleiben oft im Dunkeln. Gerade weil das unterrichtliche Handeln ein kompliziertes Gefüge ist, bei dem Ursache und Wirkung schwer zu erkennen sind, ist es notwendig, sich nach dem Unterrichten ein klareres Bild des Abgelaufenen zu machen, damit man nicht blind in seinen Erfahrungen gefangen bleibt.

Wichtige Merkmale kompetenter Lehrpersonen scheinen ein gewisses Mass an Skepsis gegenüber den eigenen Erfahrungen und eine typische Vorläufigkeit und Prozesshaftigkeit des Wissens zu sein. Expertinnen und Experten wenden nicht einfach fertiges Wissen zur Lösung anstehender Probleme an, weil sie erkannt haben, dass die Lehre durch ihre Komplexität gerade dadurch charakterisiert ist, dass es gar keine Standardprobleme gibt. Man muss versuchen, die Probleme überhaupt zu sehen, und man muss sie aus verschiedenen Perspektiven sehen. Wenn man das geschafft hat, ist die grösste Schwierigkeit bereits überwunden. Daher sind Expertinnen und Experten informationshungriger als zum Beispiel Neulinge und verwenden viel Zeit und Energie darauf, die spezifischen Anforderungen von konkreten Situationen zu ergründen. Nach ihren Aktionen investieren sie Kraft in deren Reflexion, entwickeln eine praktische Theorie, probieren diese in ihrer nächsten Aktion aus, reflektieren wieder usw. Wer es sich zur Gewohnheit macht, nach seiner Aktion die Reflexion zu etablieren, hat Chancen, aus dem eigenen Tun zu lernen und sein Handeln zu optimieren. Eine Reihe von solchen Möglichkeiten zur Reflexion werden im abschliessenden fünften Kapitel vorgestellt.

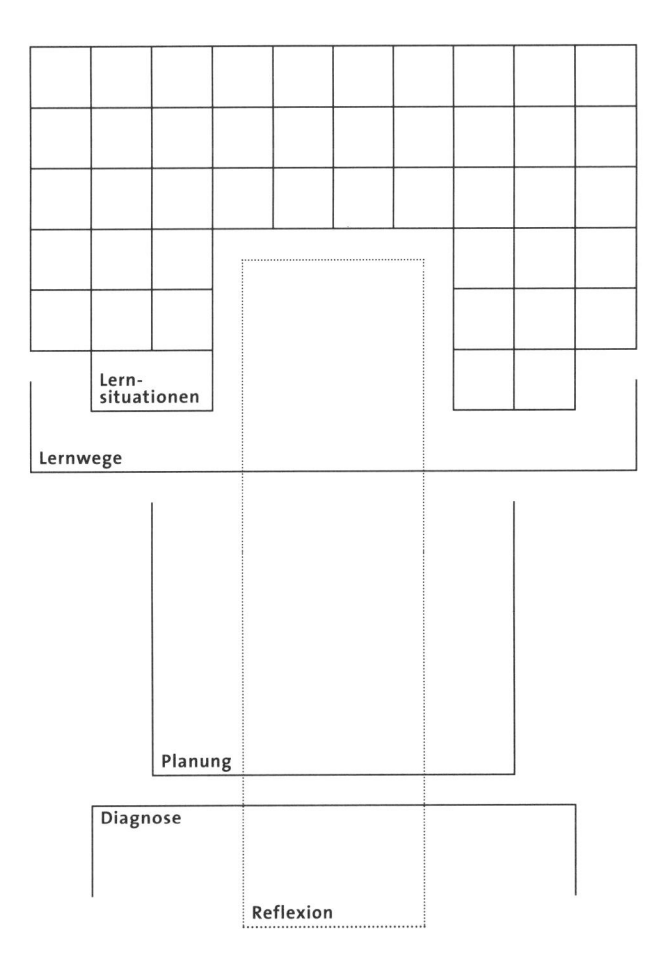

Ein Baum als Modell für das Lehren von Geschichte

Im vorliegenden Buch «Geschichte lehren» werden also fünf Aufgaben von Lehrerinnen und Lehrern näher beschrieben und mit Beispielen erläutert. Um historisches Lernen zu ermöglichen, müssen Lehrpersonen erstens Geschichtsbewusstsein diagnostizieren, zweitens Geschichtsunterricht planen, drittens Lernwege arrangieren, viertens Lernsituationen gestalten und fünftens ihren Unterricht reflektieren. Die Diagnose ist dabei wie die Wurzel eines Baumes: Sie verleiht Standfestigkeit. Die Planung ist wie der Stamm: Sie bündelt die Energie und gibt Halt. Lernwege sind wie Äste: Sie geben dem Unterricht eine charakteristische Struktur. Lernsituationen schliesslich sind wie Blüten, Blätter und Früchte eines Baumes. Sie geben dem Unterricht Farbe und ein typisches Aussehen. Das Ganze wird verknüpft durch die Reflexion. Sie ist die Energiequelle und erlaubt eine permanente professionelle Weiterentwicklung.

Literatur
- Bromme, R.: Kompetenzen, Funktionen und unterrichtliches Handeln des Lehrers. In: Weinert, F.E. (Hrsg.): *Psychologie des Unterrichts und der Schule*. Göttingen; Bern; Toronto; Seattle: Hogrefe, 1997 (Bd. 3 der Enzyklopädie der Psychologie. Hrsg. von Birbaumer, Niels; u.a.). S. 177–204
- Künzli, R.: Spielen, was wir leben, verstehen, was wir lehren! In: *Bildung und Erziehung, Heft 2/1994*. S. 195–208
- Rohlfes, J.; u.a. (Hrsg.): *Geschichtsunterricht heute. Grundlagen, Probleme, Möglichkeiten. Sammelband der Zeitschrift GWU*. Seelze-Velber: Friedrich, 1999
- Schönemann, Bernd; u.a. (Hrsg.): *Geschichtsbewusstsein und Methoden historischen Lernens*. Weinheim: Deutscher Studienverlag, 1998
- Shulman, L.S.: Those Who Understand: Knowledge Growth in Teaching. In: *Educational Researcher, Heft 2/1986*. S. 4–21 (dt. übersetzt, in: Terhart, E. (Hrsg.): Unterrichten als Beruf. Köln: Böhlau, 1991. S. 145–160)
- Terhart, Ewald: *Lehr-Lern-Methoden*. Weinheim; München: Juventa, 1997 (2., überarb. Auflage)
- Weinert, F. E.: «Der gute Lehrer», «die gute Lehrerin» im Spiegel der Wissenschaft. In: *Beiträge zur Lehrerbildung, Heft 2/1996*. S. 141–151

Baum als Modell für das Lehren von Geschichte und als Veranschaulichung für den Aufbau des Buches «Geschichte lehren».

10 Diagnose

Die Diagnose des Geschichtsbewusstseins von Jugendlichen und
deren Lernprozess verleiht Lehrpersonen Standfestigkeit und Sicherheit für Planung, Durchführung
und Reflexion von Geschichtsunterricht.

Diagnose

Umgang mit Zeit: Temporalbewusstsein	12
Umgang mit Raum: Raumbewusstsein	14
Umgang mit Gesellschaft: Identitätsbewusstsein	16
Umgang mit Wirtschaft: ökonomisch-soziales Bewusstsein	18
Umgang mit Herrschaft: politisches Bewusstsein	20
Umgang mit Kultur: Historizitätsbewusstsein	22
Real oder fiktiv? Wirklichkeitsbewusstsein	24
Richtig oder falsch? Moralisches Bewusstsein	26

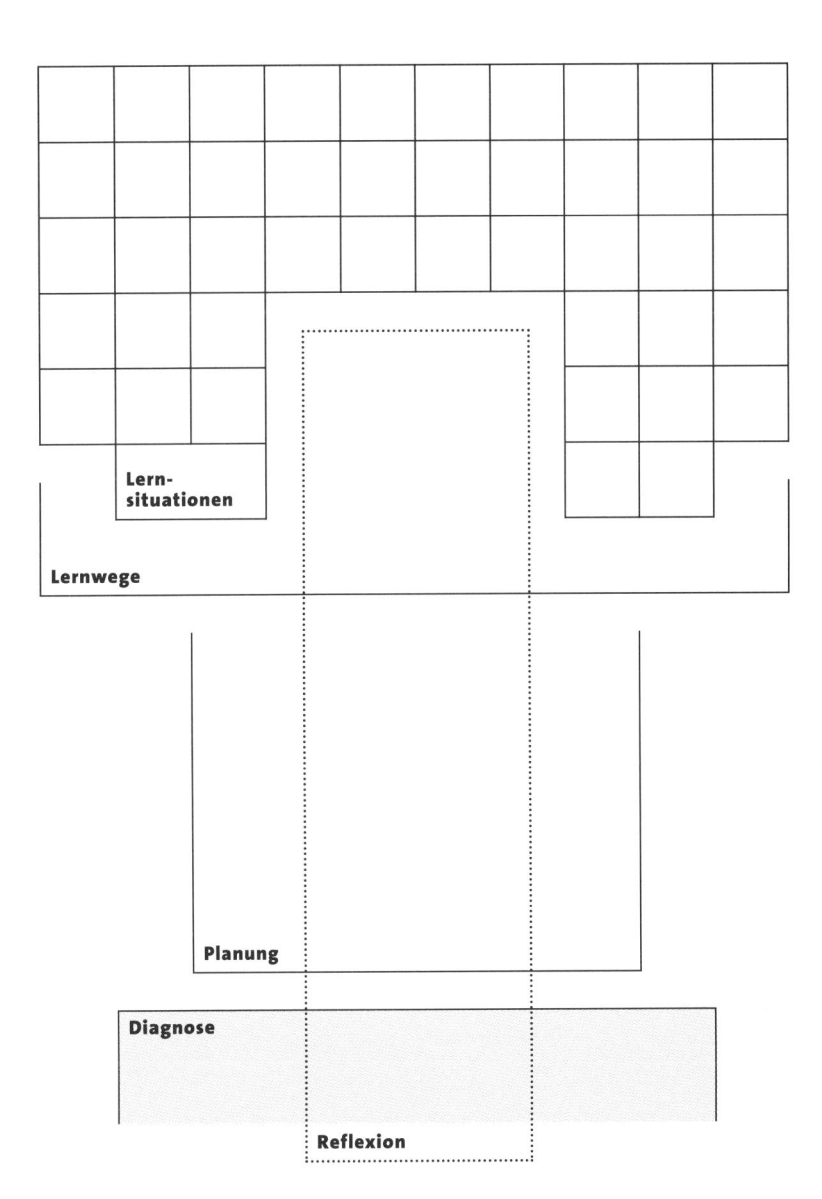

Historisches Lernen ist ein Vorgang, bei dem Menschen ihre Aufmerksamkeit auf Vergangenes richten, dieses wahrnehmen und für sich rekonstruieren und deuten. Da geschichtliche Phänomene durch ihre Einordnung in Zeit und Raum näher charakterisiert werden, ist der Umgang mit diesen beiden Dimensionen wesentlich für historisches Lernen. Weitere wichtige Orientierungen erlauben einen reflektierten Umgang mit den vier grundlegenden Bereichen Gesellschaft, Wirtschaft, Herrschaft und Kultur. Und für das Richten der Aufmerksamkeit, die Wahrnehmung sowie die Deutung und die Rekonstruktion sind das Wirklichkeitsbewusstsein und das moralische Bewusstsein zentral. Wer als Lehrerin, als Lehrer historisches Lernen anbahnen will, muss in der Lage sein, die Standorte und Denkwege der Schülerinnen und Schüler zu erkennen. Wer das Geschichtsverständnis von Lernenden fördern möchte, muss deren Geschichtsbewusstsein in den Blick bekommen. Dafür sind diagnostische Kompetenzen notwendig.

Umgang mit Zeit: Temporalbewusstsein

Sowohl die menschliche Existenz als auch das historische Universum, also alles Geschehen in der Vergangenheit, wird durch die Zeit strukturiert. Ein reflektierter Umgang mit der Dimension Zeit, zum Beispiel die Fähigkeit des geistigen Voraus- und Zurückschreitens in der Zeit, ist zugleich Voraussetzung und Folge der Beschäftigung mit Geschichte. Deshalb wird vom Geschichtsunterricht erwartet, dass dieser Zeitverständnis und Zeitbewusstsein zu entwickeln habe. Schülerinnen und Schüler lernen im Geschichtsunterricht, Ereignisse und Entwicklungen zeitlich einzuordnen. Für den individuellen formalen Umgang mit Zeit hat sich in der Geschichtsdidaktik der Begriff «Temporalbewusstsein» durchgesetzt.

Geschichtliche Zeit ist ein individuell unterschiedlich strukturiertes System. Nicht alle Menschen erfahren die gleiche Zeitdauer als gleich lang. Während für die einen der Kalte Krieg in ihrem Denken noch völlig präsent ist, ist dieser für die anderen schon längst vergangen. Geschichtliche Zeit ist auch ein kulturell und sozial je unterschiedlich strukturiertes System: In Agrarkulturen wird Zeit oft zyklisch erfahren, wohingegen Industriekulturen in der Regel von einem linearen Zeitverständnis mit permanenten Fortschritts- und Wachstumserwartungen ausgehen. Geschichtliche Zeit zeichnet sich schliesslich durch eine Gleichzeitigkeit von Ungleichzeitigem aus: In der heutigen Welt leben Astronauten neben Jägern und Sammlern.

Aspekte des Temporalbewusstseins

In sprachlichen Äusserungen von Kindern und Jugendlichen lassen sich Aspekte des Temporalbewusstseins und deren Veränderungen dokumentieren. Ein erster Aspekt ist derjenige der Zeitausdehnung. Während jüngere Kinder als maximale Zeitausdehnung die Dauer ihres Lebens betrachten – aus unserer Perspektive also scheinbar sehr begrenzt –, so beginnen Jugendliche diese Spanne zu durchbrechen. Auch sind Jugendliche erst ab einem fortgeschrittenen Entwicklungsstadium in der Lage, in der Vergangenheit zwischen länger zurückliegenden Ereignissen und weniger lang zurückliegenden Ereignissen zu unterscheiden und so überhaupt eine Reihenfolge von Ereignissen festzustellen. Dies hängt auch mit einem zweiten Aspekt des Temporalbewusstseins, mit dem Zäsurbedürfnis, zusammen. Wenn Lernerinnen und Lerner beginnen, den Zeitverlauf zu gliedern, wird es plötzlich plausibel, dass die Erfindung der Dampfmaschine vor dem Ersten Weltkrieg erfolgte. Ein dritter Aspekt ist die Dichtigkeit von Ereignissen für bestimmte Epochen. Während Studierende für das 19. Jahrhundert viele Details und Personen aufzuzählen wissen, kommt ihnen zum Mittelalter nur wenig in den Sinn. Ein vierter Aspekt des Temporalbewusstseins ist die Akzentuierung der Zeitdimension. Einzelne Erwachsene ziehen immer wieder die Vergangenheit für Vergleiche oder als Vorbild heran, andere schmieden Zukunftspläne und entwickeln Utopien, und wieder andere möchten vor allem die Gegenwart geniessen und begründen dies philosophisch. Es wird behauptet, tendenziell verändere sich die Akzentuierung mit dem Alter: Bei Jugendlichen habe die Zukunftsgegenüber der Vergangenheitsperspektive ein relatives Übergewicht; bei Erwachsenen kehre sich dieses Verhältnis tendenziell um; im Alter gewinne die Vergangenheitsperspektive entschiedenes Übergewicht.

Entwicklung des Temporalbewusstseins

Die Entwicklung des Temporalbewusstseins vollzieht sich wahrscheinlich auf der Grundlage von Lebensalter, schulischen Lern- und ausserschulischen Erfahrungsprozessen. Jean Piaget konnte erst bei Jugendlichen ab dem zehnten Lebensjahr nachweisen, dass sie in der Lage sind, reflektiert über den Faktor Zeit zu verfügen. Da Zeit «an sich» nicht wahrnehmbar, sondern an Ereignisse, Bewegungen und Geschwindigkeiten gebunden ist, sind Zeit- und Zahlenentwicklung nach Piaget parallel zu sehen.

Während Orientierungspunkte im Raum stets gegenwärtig sind, kann man Zeitpunkte nur gedanklich und in Ziffern festhalten. Das Zeitverständnis entwickelt sich nach Piaget in drei Stadien:
- ▶ Anschaulicher Zeitbegriff (ca. 4.–8. Lebensjahr): Erst mit etwa drei Jahren lernen Kinder, zwischen Vergangenheit und Zukunft zu unterscheiden. Vorher bestimmt ein zyklisches Zeiterleben den Tageslauf (Schreien, Stillen, Verdauen, Schlafen usw.). Danach stützt sich die Zeitvorstellung auf räumliche und gegenständliche Vorstellungen (grösser = älter).
- ▶ Gegliederter Zeitbegriff (ca. 8.–12. Lebensjahr): In dieser Phase lernt das Kind, Zeiträume zu gliedern. Dazu dienen z. B. die bewusste Wahrnehmung des Jahreskreislaufes oder biologische Phänomene. «Zeitalter» oder «Jahrhundert» bleiben inhaltsleere Begriffe.
- ▶ Operativer Zeitbegriff (ab 11./12. Lebensjahr): Erst ab diesem Alter können durch formales Denken sowohl Reihenfolge als auch Dauer bewusst gesehen und verstanden werden. In dieser Phase der Entwicklung dehnt sich die Zeitperspektive sprunghaft aus, und Jugendliche beginnen sich für fernste Epochen zu interessieren (Urgeschichte und erste Hochkulturen). Offenbar in diese Phase fällt auch die Erfahrung für Jugendliche, dass Zeit nicht umkehrbar und die eigene Lebenszeit begrenzt ist.

Temporalbewusstsein diagnostizieren und fördern
Um schülergerecht unterrichten zu können, muss die Entwicklung des Temporalbewusstseins bei Lernenden differenziert beobachtet werden: Nach welchen Odnungsmustern organisieren sie Zeit? Welche Zeitspannen nehmen sie wahr? Über welche Zeitperspektive verfügen sie? Eine gute Möglichkeit der Diagnose für Lehrpersonen ist, verschiedenen Schülerinnen und Schülern gezielt dieselben Fragen zu stellen, zum Beispiel: Erzähl mir etwas, das schon lange vergangen ist / das kürzlich geschehen ist / was jetzt passiert / das bald geschieht / das einmal in ferner Zukunft geschehen wird. Die Antworten auf diese Fragen werden Anhaltspunkte für die maximale Zeitausdehnung von Kindern und Jugendlichen liefern. Eine weitere Erfolg versprechende Möglichkeit ist das so genannte «laute Denken» von Schülerinnen und Schülern. Diese sollen laut und permanent erzählen, was sie denken, während sie etwas tun. Man kann zum Beispiel Schülerinnen und Schüler auffordern, Bilder aus unterschiedlichsten Epochen zu ordnen. Die meisten werden versuchen, eine zeitliche Ordnung zu finden. Andere ordnen die Bilder nach Räumen oder nach andern Kriterien. Wer Kindern und Jugendlichen beim Ordnen zuhört, wie sie ihr Vorgehen begründen, wird oft verblüfft sein über die plausiblen Gliederungsgesichtspunkte, die sie anwenden.

Genauso bedeutsam wie der Einsatz aller möglichen isolierten Diagnosearten ist für Lehrpersonen, im alltäglichen Unterricht den Lernenden aufmerksam zuzuhören. Wer das Konzept des Temporalbewusstseins kennt und genau aufpasst, was Schülerinnen und Schüler sagen, wird viele Aufschlüsse über deren Entwicklungsstand beim Temporalbewusstsein bekommen. Und wichtig ist es schliesslich, sich als Lehrperson beim Unterrichten zu bemühen, mit der Dimension Zeit bewusst umzugehen, Daten genau zu nennen und sie einzuordnen. Aus diesem Grunde gehört in jedes Geschichtszimmer ein grosser Geschichtsfries (vgl. Seite 140), welcher die Zeit für die Lernenden veranschaulicht.

Literatur
- Pandel, Hans-Jürgen: Geschichtlichkeit und Gesellschaftlichkeit im Geschichtsbewusstsein. In: Borries, Bodo von (Hrsg.): *Geschichtsbewusstsein empirisch*. Pfaffenweiler: Centaurus, 1991. S. 1–23
- Piaget, Jean: *Die Bildung des Zeitbegriffs beim Kinde*. Stuttgart: Klett-Cotta, 1980
- Rohlfes, Joachim: *Geschichte und ihre Didaktik*. Göttingen: Vadenhoeck und Ruprecht, 1986
- Straub, Jürgen (Hrsg.): *Erzählung, Identität und historisches Bewusstsein*. Frankfurt: Suhrkamp, 1998

Umgang mit Raum: Raumbewusstsein

Räumliche Vorstellungen prägen das Handeln von Menschen. Dies zeigt sich sowohl in der Gegenwart, etwa beim Einkaufsverhalten oder bei der Ferienplanung, als auch in der Vergangenheit: Hätte Kolumbus daran geglaubt, dass die Erde eine flache Scheibe ist, wäre er nicht nach Westen quer über das Meer gesegelt. Wer deshalb Menschen und ihr Handeln besser verstehen will, muss deren räumliche Vorstellungen kennen lernen. Notwendigerweise ist deshalb der reflektierte Umgang mit dem Raum eine zweite Voraussetzung bei der Beschäftigung mit Geschichte, verstanden als Gesamtheit der Vorstellungen und Kenntnisse von der Vergangenheit in ihrer Verknüpfung mit unserer Gegenwart und Zukunft.

Zu häufig spielten allerdings das Raumverständnis und das Raumbewusstsein im Geschichtsunterricht keine grosse Rolle. Diese Aufgabe wurde traditionellerweise aus dem Fach wegdelegiert und zum Beispiel der Geografie zugeschrieben, welche den Zusammenhang zwischen den verschiedenen Lebensräumen und Lebensformen aufzeigen sollte. Erst die Bemühungen, im Unterricht weniger vom althergebrachten Disziplinendenken oder von Stoffkatalogen, sondern von gesellschaftlichen Schlüsselproblemen oder Lernsituationen auszugehen und einen neuen Blick auf die Lerninhalte zu wagen, haben bewirkt, dass dem Raumverständnis und dem Raumbewusstsein auch im Geschichtsunterricht neue Beachtung geschenkt wird.

Räumliche Vorstellungsbilder

Wenn wir uns Räume vorstellen, dann spiegeln sich in diesen Vorstellungen sowohl unsere Erfahrungen damit als auch unser Wissen davon. Wer jeden Tag mit dem Auto vom Wohnort zum Arbeitsort fährt, dem erscheint sein Arbeitsort näher als demjenigen, der vor vier Jahren eine Wanderung von der einen Stadt zur andern unternommen und sich dabei erst noch zwei Blasen an den Füssen geholt hatte. So unterscheiden sich denn die räumlichen Vorstellungen von verschiedenen Personen aufgrund unterschiedlicher Erfahrungen und aufgrund unterschiedlicher Kenntnisse erheblich. Diese Unterschiede werden dann besonders augenfällig, wenn die räumlichen Vorstellungen in Form von so genannten «mental maps» oder «kognitiven Karten» vorliegen. «Kognitive Karten» sind zeichnerische Darstellungen von gedachten Räumen. Mit Bildern, Symbolen oder Strichen werden Grenzen, Wege und Distanzen auf Papier festgehalten. Wenn man verschiedene solche «kognitive Karten» miteinander oder mit einer massstäblichen Darstellung vergleicht, so kann man Rückschlüsse auf die Erfahrungen und auf das Wissen der Zeichnerinnen und Zeichner oder auf ihren Entwicklungsstand hinsichtlich des Raumverständnisses ziehen.

Entwicklung des Raumbewusstseins

Schülerinnen und Schüler beginnen erst ab etwa 12 Jahren, Räume selber in Form von Karten darzustellen. Vorher zeichnen sie die Gegend, die sie sich vorstellen, bildlich auf. Piaget in den 50er-Jahren und Inhelder in den frühen 80er-Jahren haben die Entwicklung des räumlichen Denkens intensiv studiert und ausführlich dargestellt. Bis im Alter von etwa 7 Jahren ordnen Kinder alle Objekte im Raum egozentrisch an, das heisst, sie verknüpfen die Objekte mit Wegen und Strecken zu ihrem eigenen Standort. Die Vorstellung des Raums beschränkt sich zudem auf einzelne Orte (Zuhause, Kindergarten, Bushaltestelle), die noch kaum in einem Zusammenhang stehen. Das rührt daher, dass die Kinder den Raum zuerst handelnd erleben. Wer sich verläuft, findet nicht nach Hause, weil die Voraussetzungen für ein planmässiges Orientieren fehlen. Der Raum gewinnt erst etwa im Alter von 10 Jahren eine vom Kind unabhängige Struktur. Das räumliche Denken wird projektiv, das heisst, es werden Perspektiven erfasst, die vom eigenen Standpunkt unabhängig sind. Jetzt werden Zusammenhänge erkannt, etwa der

Umstand, dass, wenn Christa östlich von Bern wohnt, dann für Christa Bern im Westen liegt. Die Schülerinnen und Schüler sind nun in der Lage, Verbindungen zwischen verschiedenen Orten direkt und nicht nur via individuellen Standort zu denken. Nach der Schule kann Sandra direkt zu Claudia gehen, und erst nachher kommt sie nach Hause. Vom eigenen Standort allerdings können die Jugendlichen noch nicht gut abstrahieren. Die Darstellungen der eigenen Vorstellungen sind detaillierter und genauer, aber oft immer noch bildlich dargestellt. Damit eine Karte gezeichnet werden kann, müssen Schülerinnen und Schüler in der Lage sein, ihre egozentrische Sichtweise aufzugeben, sich vom eigenen Standpunkt zu distanzieren und einzelne Orte im Raum symbolisch darzustellen. Erst in der Phase der «formalen Operation» im Alter von etwa 12 Jahren löst sich das Denken von der Orientierung an konkreten Gegenständen.

Heute werden viele Kinder durch ihren Umgang mit Computern, Fernsehen oder Kinderbüchern früher, häufiger und intensiver mit Karten konfrontiert als vor einigen Jahren. Neuere Beobachtungen und Erkundungen lassen den Schluss zu, dass viele Kinder deutlich früher in der Lage sind, Kartensymbole zu lesen und dazu Vorstellungen aufzubauen, als bei den Untersuchungen von Piaget oder Inhelder. Allerdings wurde schon immer darauf hingewiesen, dass sich die Denkweisen auf der gleichen Altersstufe stark unterscheiden können. Auch in der Entwicklung der Raumvorstellung können die individuellen Unterschiede von Gleichaltrigen erheblich deutlicher sein als Unterschiede zwischen Ungleichaltrigen.

Folgerungen für den Geschichtsunterricht
Bei vielen Themen kann Geschichte nur verstehen, wer erkennt, in welchem Raum Menschen handeln. Deshalb muss Geschichtsunterricht anstreben, die räumlichen Vorstellungen der Schülerinnen und Schüler so weit zu versachlichen, wie es für das Verständnis von Geschichte und für das Handeln in der Welt heute notwendig ist. Um dies zu erreichen, müssen sich Lehrpersonen bei jedem Lerninhalt überlegen, ob die Raumvorstellung der Lernenden hinreichend ausdifferenziert ist. Wer sich diese Überlegungen macht, wird danach streben, viele Inhalte fächerverbindend zu unterrichten oder zumindest in fast jeder Geschichtsstunde eine Karte einzusetzen. Die individuellen Unterschiede von Jugendlichen in Bezug auf das Verständnis von und den Umgang mit Karten sind allerdings erheblich. Viele haben grosse Mühe, mit Karten umzugehen, sie zu lesen, geschweige denn selber Karten zu entwickeln. Das bedeutet einerseits, dass man sich auch gerade wegen dieser Jugendlichen bemühen wird, möglichst oft mit Karten zu arbeiten, um hier einen Entwicklungsschritt bei der Ausdifferenzierung des Raumverständnisses anzustossen (vgl. Seite 132). Es soll andererseits aber auch bedeuten, dass oft andere Darstellungsformen von Räumen gewählt werden, die leichter zu verstehen sind als Karten. So können zum Beispiel Luftbilder mit ihren realen und oft identifizierbaren Inhalten wie Seen, Häusern und Brücken den Zugang zu Räumen ebenso erleichtern wie gezeichnete oder gemalte Schrägbilder.

Literatur
- Downs, R. M., u. Stea, D.: *Kognitive Karten. Die Welt in unseren Köpfen.* New York 1982 (UTB 1126)
- Graves, N. J. (Hrsg.): *New Unesco Source Book for Geography Teaching.* Harlow; Paris 1982
- Haubrich, Hartwig: *Didaktik der Geografie konkret.* München: Oldenburg, 1997
- Piaget, Jean: *Die Entwicklung des räumlichen Denkens beim Kinde.* Stuttgart: Klett-Cotta, 1973 (2.) (Piaget, Jean: Gesammelte Werke. Band 6)

Umgang mit Gesellschaft: Identitätsbewusstsein

Zu Identität existieren verschiedene Konzepte und unterschiedliche Definitionen, zu deren Ausbildung verschiedene Modelle. Identität bezeichnet den zentralen Bereich des Selbstbildes und antwortet auf die Frage: Wer bin ich? Identität als Grundorientierung des Geschichtsbewusstseins beeinflusst persönliche und kollektive Haltungen gegenüber Fragen im politischen Leben und vermittelt einen allgemeinen Kompass für Entscheidungen. Identität wird sowohl individuell wie sozial definiert. Sie äussert sich einerseits darin, «ich» sagen und die eigene Meinung vertreten zu können. Kennzeichen einer entwickelten Identität ist andererseits die Fähigkeit und Neigung des Individuums, zu verschiedenen Gruppen «wir» sagen und sich so in Gesellschaft einbringen zu können.

Die Grösse der Gruppe, zu der jemand «wir» sagt, kann unterschiedlich sein und von der Familie über den Verein, die Heimatstadt bis hin zur Nation reichen. «Wir» zu sagen und sich also mit einer Gruppe zu identifizieren, bedeutet auch, nein zu sagen zu einer Ihr-Gruppe. Diese wird oft abgewertet, besonders wenn es sich um Minderheiten handelt. Die Wir-ihr-Opposition entspricht einem Freund-Feind Gegensatz. Damit dieser nicht zu scharf werde, entwickelten sich verschiedene Ansätze, etwa die Toleranz den andern gegenüber oder die Solidarität.

Verschiedene Phasen der Identitätsentwicklung

Jugendliche derselben Klasse können sich in unterschiedlichen Phasen der Identitätsentwicklung befinden.

- ▶ Übernommene Identität: Hier legen sich Jugendliche frühzeitig auf ein Selbstbild fest. Politische Meinungen und Standpunkte werden von den Eltern übernommen. Jugendliche mit übernommener Identität sind stark auf die Zustimmung anderer angewiesen.
- ▶ Diffuse Identität: Die übernommenen Standpunkte werden durch Kolleginnen, Kollegen und durch neues Wissen in Frage gestellt. Die Jugendlichen können auf verschiedene Art und Weise auf diese Verunsicherung reagieren: Sie können gleichgültig werden, in einem ungebundenen Zustand verharren, abwehrend reagieren oder sich aktiv mit der Verunsicherung auseinander setzen.
- ▶ Suchende Identität: Falls die Jugendlichen sich aktiv mit der Verunsicherung auseinander setzen, beginnen sie Meinungen in der Interaktion auszuprobieren, sie nehmen Positionen ein, machen Meinungsexperimente und beobachten die Reaktionen. Jugendliche erproben spielerisch verschiedene Möglichkeiten ihrer Identität, oft in krassem Widerspruch zu Erwartungen ihrer Eltern.
- ▶ Erarbeitete Identität: Hier werden die Standpunkte begründet und differenziert eingenommen. Die Jugendlichen sind sich ihrer Position sicher.

Auch wenn dieses oben skizzierte Modell nicht zutreffend sein sollte, so zeigt es doch Lehrpersonen zumindest drei Situationen auf, in welchen sich Jugendliche befinden könnten: Entweder sind Jugendliche sich ihrer Standpunkte sicher, sei es, weil sie diese übernommen haben, sei es, weil sie selber erworben wurden. Oder die Jugendlichen sind verunsichert (diffus), oder sie sind am Suchen und Ausprobieren. Wenn Lehrpersonen an eine Identitätsentwicklung glauben, so könnte es ihre Aufgabe sein, Jugendliche zu verunsichern, wenn sie zu sicher sind, Jugendliche zur aktiven Auseinandersetzung zu ermuntern, wenn sie verunsichert sind, Jugendlichen ihre Meinung und ihre Standpunkte darzulegen, wenn sie in der Suchphase sind. Diese Aufgabe ist eine schwierige, weil die Jugendlichen derselben Klasse in unterschiedlichen Situationen sein können. So oder so scheint es für die Identitätsentwicklung der Jugendlichen günstig zu sein, wenn die Lehrperson offen zu ihren Meinungen und Wertungen steht.

Günstige Unterrichtsarrangements

Inhalte per se wirken nicht immer identitätsfördernd. Dies geschieht meist durch die Art und Weise der Vermittlung. Um die Identität von Jugendlichen günstig zu befördern, braucht es im Unterricht erstens Angebote der Lehrperson, damit Jugendliche sich mit andern identifizieren oder von andern distanzieren können. Im Geschichtsunterricht sollen also als Lerninhalt auch Jugendliche vorkommen. Erzählungen können dies gut leisten (vgl. Seite 42). Es braucht zweitens Möglichkeiten, damit Schülerinnen und Schüler Perspektivwechsel üben können, um andere besser zu verstehen. Während die Möglichkeit der Identifikation vor allem die Selbsterkenntnis fördert, soll das Fremdverstehen dadurch verbessert werden, dass bewusst und spielerisch andere Positionen als die eigene eingenommen werden. Dies lässt sich gut anhand von Bildern, auf denen mehrere Personen zu sehen sind, durchführen. Lernende können sich hineindenken und die Geschichte vor- oder rückwärts weiterentwickeln (vgl. Seite 112). Es braucht drittens Aufforderungen, damit sich Jugendliche bei kontroversen Themen ein Urteil bilden und ihre Meinung äussern können. Dies bietet vor allem die Zeitgeschichte. Aber die Meinungsbildung der Jugendlichen lässt sich grundsätzlich an allen offenen Entscheidungssituationen fördern, in denen die Handlungslogiken der Beteiligten detailliert rekonstruiert werden. Als Lernweg eignet sich dafür natürlich die Fallmethode bestens (vgl. Seite 94) oder auch das Spiel (vgl. Seite 78). Wenn es gelingt, für die Lernenden Situationen des Wagens und Sichbewährens in einem Klima der sozialen Wertschätzung zu inszenieren, wird eine günstige Identitätsentwicklung unterstützt.

Diagnose des Identitätsbewusstseins

Um das Identitätsbewusstsein näher zu ergründen, eignen sich verschiedene Fragen, so zum Beispiel: Was ist deine Heimat? Lernende sollen Begriffe wie Kanton / Wohnort / Europa / Quartier / Region / Schweiz usw. so ordnen, dass derjenige Begriff, welcher am stärksten mit Heimat verbunden wird, die Nummer 1 bekommt. Dabei werden ganz erstaunliche Unterschiede manifest. Während einzelne «Europa» ganz am Schluss erwähnen, nennen andere diesen Begriff schon als zweiten oder dritten. Eine weitere interessante Frage ist die folgende: «In der Schweiz leben einige Albanerinnen und Albaner. Glaubst du, sie oder ihre Kinder können Schweizer werden, wenn sie hier schon lange gelebt haben oder hier geboren sind?» Aufschlussreich bezüglich der Identitätsentwicklung ist hier einmal die Antwort selbst. Ebenso aufschlussreich ist zudem die Reaktion der Jugendlichen auf die Nachfragen «Würden deine Eltern auf diese Frage gleich wie du antworten?» oder «Kannst du auch die gegenteilige Position nachvollziehen?».

Wie bei allen geschichtlichen Grundorientierungen können Lehrpersonen auch durch aufmerksames Beobachten im alltäglichen Unterrichtsverhalten der Lernenden viel über deren Geschichtsbewusstsein erfahren. Folgende Beobachtungsaufgaben geben Aufschluss zur Identitätsentwicklung: Wie häufig äussern sich die Schülerinnen und Schüler im Unterricht? Wie oft stellen sie Fragen? Wie viele Personalpronomen brauchen sie? Wenn Jugendliche im Unterricht lernen, «ich» und «du» und «wir» zu gebrauchen, und nicht bloss Antworten geben wie «1848», «mehr Soldaten» und «AHV», dann entwickeln sie ihr Identitätsbewusstsein weiter.

Literatur
- Bergmann, Klaus: *Geschichtsdidaktik*. Schwalbach/Ts.: Wochenschau-Verlag, 1998
- Bönsch, Manfred: Identitätsfindung. In: *Pädagogische Welt*, Heft 12/1997. S. 560–562
- Mussen, P. H.; u. a.: *Lehrbuch der Kinderpsychologie*. Stuttgart: Klett-Cotta, 1993 (4.). Bd. 2
- Pandel, Hans-Jürgen: Geschichtlichkeit und Gesellschaftlichkeit im Geschichtsbewusstsein. In: Borries, Bodo von (Hrsg.): *Geschichtsbewusstsein empirisch*. Pfaffenweiler: Centaurus, 1991. S.1–23
- Pandel, Hans-Jürgen: Geschichte und politische Bildung. In: Bergmann, Klaus; u. a. (Hrsg.): *Handbuch der Geschichtsdidaktik*. Seelze-Velber: Kallmeyer, 1997. S. 319–323

Umgang mit Wirtschaft: ökonomisch-soziales Bewusstsein

Dass ökonomische Sachverhalte den Verlauf von Geschichte mitbestimmen, ist unbestritten. Existenzbedingungen prägten geschichtliche Epochen und gaben ihnen den Namen: Jäger und Sammler, Ackerbauern und Viehzüchter. Das Handeln von Menschen wird massgeblich dadurch bestimmt, ob sie ihren Lebensunterhalt durch Arbeit erschaffen können oder in Armut geraten, ob sie wirtschaftliche Macht ausüben oder ausgebeutet werden. Die marxistische Geschichtsauffassung geht sogar davon aus, dass es letztlich immer wirtschaftliche Profit- und Machtinteressen sind, welche die historische Entwicklung lenken.

Zentrale Begriffe einer marxistischen Geschichtsauffassung sind die Produktionsverhältnisse und die Klassenkämpfe. Die Produktionsweise bestimme den geistigen Lebensprozess. Es sei nicht das Bewusstsein der Menschen, das ihr Sein bestimme, sondern umgekehrt ihr gesellschaftliches Sein, welches ihr Bewusstsein bestimme, schrieb Marx in seiner Kritik der politischen Ökonomie. Somit wären Verfassung, Recht, Wissenschaft, Kunst, Bildung und Moral nur Spiegelbilder der materiellen Lebensverhältnisse und der ökonomischen Machtverteilung. Das grosse Verdienst dieser Geschichtsauffassung liegt zweifelsohne darin, dass seither die Wichtigkeit solcher wirtschaftlicher Faktoren allgemein anerkannt ist. Wer demnach Geschichte verstehen will, muss ökonomische und soziale Unterschiede erkennen, muss soziale Ungleichheiten analysieren, muss Armut von Reichtum unterscheiden.

Kindliche Bezugssysteme für Reichtum

Kindern und Jugendlichen fällt dies jedoch nicht leicht, weil Armut und Reichtum erschlossen werden müssen, zum Beispiel daran, wie jemand wohnt oder was für Fahrzeuge er besitzt: Wer in einem Einfamilienhaus lebt und einen Porsche besitzt, ist reich, wer in einer Mietskaserne wohnt und kein Auto hat, ist arm. Dieses Bezugssystem zur Einschätzung von arm und reich wird aber erst im Verlaufe der Jugend dank eigener Erfahrungen und im Umgang mit Geld ausgebildet. Jüngere Kinder setzen «reich» oftmals mit «gross» gleich, und glänzende Münzen scheinen viel wertvoller als Papiergeld. Auch nehmen die meisten mitteleuropäischen Kinder an, dass der Erwerb von enormem Reichtum prinzipiell denkbar sei. Sie glauben an die Möglichkeit, zu viel Geld zu kommen und sich ein Überschallflugzeug kaufen zu können. Mit etwa 12 Jahren wird dann eine realitätsadäquate Einschätzung von Armut und Reichtum für Jugendliche in ihrer Umgebung und in ihrer Gegenwart immer häufiger. Grosse Unterschiede zeigen sich bei den Jugendlichen allerdings hinsichtlich der Erklärung dieser wirtschaftlichen Zustände. Während die einen dazu neigen, arm und reich als selbst verschuldet bzw. selbst erworben einzuschätzen, schreiben andere Armut oder Reichtum dem Unglück oder Glück zu. Auch lässt sich eine optimistische Sichtweise der weiteren ökonomischen Entwicklung der Individuen – arm wird reich, reich bleibt reich – von einer eher pessimistischen unterscheiden.

Diese Deutungsmuster wenden Jugendliche auch auf ökonomische Verhältnisse in der Vergangenheit an. Allerdings bereitet es ihnen grosse Mühe, Armut und Reichtum in andern Zeiten überhaupt zu erschliessen. Hier muss ein anderes Bezugssystem erlernt werden, zum Beispiel dass in bestimmten Zeiten das Reiten eines Pferdes oder der Besitz von Waffen auf Reichtum schliessen lässt. Auch können erst relativ komplizierte Proportionsrechnungen deutlich machen, dass 100 000 Franken heute viel wert sind, gegen Ende des 19. Jahrhunderts sogar sehr viel wert waren, dass 100 000 Mark im November 1923 praktisch keinen Wert hatten und heute 100 000 Lire weniger wert sind als 100 000 Dollar. Solche Verhältnisrechnungen können Jugendliche systematisch erst etwa im Alter von 11 bis 15 Jahren selber anstellen, wenn sie in der Lage sind, ihr Denken von konkreten Gegebenheiten loszulösen und deduktiv vorzugehen. Piaget hat die kognitive Entwicklung von Kindern und Jugendlichen beschrieben und drei Hauptphasen unterschieden: die voroperatorisch-anschauliche, die konkret-operatorische und die formal-operatorische. In der zweiten Phase ab etwa dem 3. bis zum 11. Lebensjahr vermögen Kinder sich Sachverhalte auch ohne die reale Präsenz vorzustellen. Dabei bleibt die Vorstellung jedoch an konkrete Zusammenhänge gebunden. Für den Geschichtsunterricht bedeutet dies, dass man als Lehrperson immer bemüht sein soll, eine grosse Anschaulichkeit zu ermöglichen und konkrete Beispiele heranzuziehen.

Umgang mit Geld im Geschichtsunterricht
Weil nach Piaget diese kognitive Entwicklung durch eine lernende Auseinandersetzung der Kinder und Jugendlichen anhand von Aufgaben geschieht, ist es günstig, die Heranwachsenden mit Problemen zu konfrontieren, die zu einem aktiven Umgang damit einladen. Immer wieder bieten sich im Geschichtsunterricht Situationen an, um Geld zum Lerninhalt zu machen. Bereits in der Antike sind Phänomene wie etwa die Inflation zu studieren: So erschütterten römische Kaiser dadurch, dass sie minderwertiges Geld in Umlauf setzten, das Vertrauen in Geld grundsätzlich. Auch Schatzfunde sind Ereignisse, die in die Fantasie von Jugendlichen greifen. Das Mittelalter und die beginnende Neuzeit bieten eine Reihe von Anknüpfungspunkten, um das ökonomisch-soziale Bewusstsein von Jugendlichen zu fördern. Der Umgang mit Quellen, wo zum Beispiel Bauern ihre Abgabe entrichten oder sich von Sünden loskaufen, kann zu vertieften Kenntnissen der Zeit führen. Schliesslich ist das 20. Jahrhundert geprägt von einer Reihe von Ereignissen und Prozessen, die erst verstanden werden, wenn grundlegendes Wissen über die Wirtschaft erarbeitet ist. Gerade der Umbau des europäischen Geldmarktes ist Verpflichtung, dies im Geschichtsunterricht zu thematisieren. Die Einführung des Euros hat weit reichende Folgen auf das Alltagsleben von Europäerinnen und Europäern, und der Abschied von der Landeswährung fällt der Bevölkerung nicht leicht. Viele unbestimmte Ängste werden geäussert, man möchte gerne am Bewährten festhalten und sich nicht auf Neues einlassen.

Gerade solche emotionsbeladenen Themen ermöglichen einen Einblick ins Geschichtsbewusstsein: Wie würden Jugendliche Geldscheine gestalten? Welche Motive sind ihnen wichtig? Wählen sie auch Fenster, Türen und Brücken als Symbole der Offenheit und Verbundenheit, wie dies auf den neuen Euroscheinen geschah? Oder ziehen sie nationale Symbole vor? Auch beim ökonomisch-sozialen Bewusstsein eignen sich Bilder, um dieses zu diagnostizieren. Als Lehrperson kann man Jugendlichen eine Reihe von Bildern vorlegen und sie bitten, Personen herauszusuchen, die sie als reich einschätzen. Spannend und aufschlussreich ist es dann zu erfahren, wie die Jugendlichen ihre Einschätzung erklären: Woran erkennen Jugendliche den Reichtum? Wie glauben sie, ist dieser Reichtum zustande gekommen? Die Antworten weisen Lehrpersonen in vielen Fällen darauf hin, wie wichtig eine vertiefende Auseinandersetzung mit ökonomisch-sozialen Fragen im Geschichtsunterricht ist.

Literatur
- Borries, Bodo von: *Jugend und Geschichte*. Opladen: Leske und Budrich, 1999
- Claar, Annette: *Was kostet die Welt? Wie Kinder lernen, mit Geld umzugehen*. Berlin: Springer Blu, 1996
- El Darwich, Renate: Zur Genese von Kategorien des Geschichtsbewusstseins bei Kindern im Alter von 5 bis 14 Jahren. In: Borries, Bodo von; u. a. (Hrsg.): *Geschichtsbewusstsein empirisch*. Pfaffenweiler: Centaurus, 1991. S. 24–52
- Henke-Bockschatz, Gerhard: Geld und Währung. In: *Geschichte lernen, Heft 67/1999*. S. 9–16
- Mayer, U.; Pandel, H.-J.: *Kategorien der Geschichtsdidaktik und Praxis der Unterrichtsanalyse*. Stuttgart: Klett, 1976
- Rohlfes, J.; u. a.: *Umgang mit Geschichte. Tempora. Historisch-politische Weltkunde*. Stuttgart: Klett, 1992

Umgang mit Herrschaft: politisches Bewusstsein

Wer Jugendliche einlädt, Assoziationen zu Politik zu formulieren, kann oft erleben, dass diese eher negative Begriffe festhalten. Viele Jugendliche scheinen nur wenig Vertrauen in die Politik zu haben, wie auch die Shell-Studie 1997 deutlich aufzeigte: «Den politischen Institutionen traut die junge Generation eine Lösung der grossen gesellschaftlichen Probleme nicht zu.» Weil offenbar sowohl «Politik» als auch «Partei» für viele Schülerinnen und Schüler ein unattraktiver Lerninhalt ist, beschäftigen sich die meisten Lehrerinnen und Lehrer im Unterricht weder gerne noch intensiv mit Fragen der Herrschaft. Das trägt vielleicht dazu bei, dass viele Jugendliche nicht in der Lage sind zu erklären, dass in einer Demokratie öffentlich gewählte Volksvertreterinnen und Volksvertreter das Land regieren. Auch neuere Untersuchungen zeigen, dass das politische Bewusstsein von vielen Jugendlichen schlecht entwickelt ist.

Vielen Lehrpersonen der Sekundarstufe I erscheint Politische Bildung ein sinnloses Unterfangen zu sein. Sie ziehen Erkenntnisse aus der Lernpsychologie heran und behaupten: Was Hänschen heute lernt, wird er morgen vergessen und übermorgen nicht anwenden können. Lernen auf Vorrat ist nicht die wirksamste Art. Politische Bildung auf der Sekundarstufe I aber geschieht, bevor die Jugendlichen ihre politische Mündigkeit erreicht haben, und die Ausländerkinder werden auch später weder stimm- noch wahlberechtigt sein. Weiter wird eingewendet: Wieso Politische Bildung betreiben, wenn die Politik unsere Gegenwart und Zukunft gar nicht mehr wesentlich bestimmt? Was in Verfassung und Gesetz vereinbart wurde, prägt immer weniger den Alltag. Dies sind nicht bloss Stammtischbehauptungen («Die machen ja sowieso, was sie wollen»), sondern sowohl bei internationalen wirtschaftlichen Vorgängen als auch bei der Auslegung von Gesetzen im Inland lässt sich nachweisen, dass lebensbestimmende Entscheide nicht primär von der Politik getroffen werden.

Zwei Wege der politischen Bildung

Aufgrund dieser schwierigen Ausgangslage gibt es unter Lehrpersonen zwei Umgangsweisen mit dem Phänomen «Politik» in der Schule.

Die einen plädieren dafür, dass ein Grundwissen über Politik und Herrschaft vermittelt werde müsse. Wer nicht wisse, wie er sich selbstständig an der öffentlichen Auseinandersetzung beteiligen könne, wer die Institutionen und Entscheidungsabläufe nicht kenne, sei ein «politischer Analphabet». Dies scheint in einer demokratischen Gesellschaft besonders verheerend und geradezu systemzersetzend zu sein, denn als Fundament der Demokratie gilt, dass alle Bürgerinnen und Bürger im Rahmen eines öffentlichen Verfahrens rational entscheiden, wie sie mit den Herausforderungen an ihre Gesellschaft umgehen wollen. Sind sie dazu nicht mehr in der Lage, ist die Demokratie durch Irrationalität und Demagogie gefährdet. Es ist aber ein Trugschluss, dass diejenigen wählen und abstimmen, welche wissen, was Demokratie heisst. Oft passiert genau das Gegenteil. Auch politisch gut Gebildete bleiben der Urne fern. Die Güte von Politischer Bildung ist also nicht ablesbar am inhaltlichen Wissen, und inhaltliches Wissen wirkt sich nicht unmittelbar auf die Stimmbeteiligung oder auf bestimmte Abstimmungsresultate aus. Es wäre kurzsichtig zu glauben, dass, wenn in der Schule vermehrt Wissen über Herrschaft vermittelt würde, etwa wer in der UNO das Sagen hat oder wie die Entscheidungsabläufe in der EU sind, die Schweiz dann bald der UNO oder der EU beitreten würde. Der Weg vom Wissen zum Handeln ist kein geradliniger.

Andere Lehrpersonen plädieren aus dieser Erkenntnis heraus, dass der Umgang mit Herrschaft in der Öffentlichkeit bloss durch das direkte Einüben von politischem Handeln in der Schule gefördert werden könnte: Sie inszenieren die gerechte Schule und hoffen, dadurch etwas zur Entwicklung einer gerechten Gesellschaft beizutragen. Auch hier bewirkt der Unterricht oft genau das Gegenteil dessen, was mit guter Absicht angestrebt wird. Weil in der öffentlichen Schule die Entscheidungsabläufe nicht den Modellen entsprechen, welche im Rahmen der politischen Bildung als erstrebenswert deklariert werden, weil die Strukturen zum Teil notwendigerweise nicht demokratisch sind, weil die Lehrpersonen oder allenfalls die Schulaufsicht und die Eltern schliesslich doch Entscheidungen befördern oder verhindern können, bekommen Schülerinnen und Schüler oftmals das schlechte Gefühl, politisches Handeln in der Schule sei wie ein scheinheiliger Trockenschwimmkurs.

Realistische Zielperspektive für Politische Bildung

Eine realistische Zielperspektive für Politische Bildung könnte für das Unterrichten entlastend wirken. Politische Bildung hat erstens etwas mit Wissen und Erkenntnissen zu tun: Ein politisch Gebildeter weiss, dass in der Schweiz Stimmbürgerinnen und Stimmbürger die Möglichkeit haben, zu gewissen Parlamentsbeschlüssen ein Referendum zu ergreifen, um eine Volksabstimmung zu erwirken. Politische Bildung entwickelt zweitens Fähigkeiten und Fertigkeiten: Ein politisch Gebildeter kann herausfinden, an wen er gelangen muss, um einen Kredit für eine Verkehrsberuhigung im Quartier zu bekommen. Politische Bildung hat drittens eine Werte- und Einstellungsdimension. Ein politisch Gebildeter ist ermutigt zu sozialem und politischem Handeln. Er wehrt sich zum Beispiel gegen eine Einschränkung der Meinungsfreiheit. Wer also davon ausgeht, dass politisch gebildete Jugendliche erstens Mächtige von weniger Mächtigen unterscheiden können, zweitens in der Lage sind, Entscheidungsträger zu identifizieren und Entscheidungsprozesse zu analysieren, und drittens gesellschaftliche Ungleichheiten wahrnehmen können, der wird die drei genannten Ziele bei verschiedensten Lerninhalten auszubilden versuchen.

Diagnose und Förderung des politischen Bewusstseins

Um das politische Bewusstsein näher zu ergründen, gibt es viele Erkundungsbögen. Die Antworten auf die folgende Frage sind hilfreich für die Diagnose und führen oft zu weiterführenden Diskussionen: Wer ist heute in der Schweiz mächtig und hat viel Einfluss? Überlege dir, wer grosse Möglichkeiten und viel Macht hat, um Veränderungen durchzusetzen oder zu verhindern, und begründe kurz. Aufschlussreich wird sein, wie die Jugendlichen die Begriffe Wirtschaft, Militär, Bundesrat, Wissenschaft, Verwaltung, Parlament, Konsumentinnen, Konsumenten, Kirchen, Stimmberechtigte, Medien rangieren.

Oft genug ergeben sich zudem im Unterricht situative Gesprächsanlässe aus dem Alltag von Jugendlichen: Wenn Jugendliche eine Rollhockeyanlage fordern oder eine Kletterwand initiieren, wenn sie nachfragen, wieso der Schwimmbadeintritt teurer geworden oder ein Klassenlager im Ausland nicht erlaubt ist, wenn sie sich für lehrreichen und spannenden Schulunterricht einsetzen, dann engagieren sie sich politisch. Dieses Engagement läuft oft neben und manchmal gegen die Schule. Wenn es im Unterricht gelingt, diese Anlässe hinsichtlich Herrschaft zu reflektieren, dann geschieht politische Bildung. Schule bekommt dann eine aufklärerische Wirkung und etabliert sich bei der Ausbildung und Entwicklung des politischen Bewusstseins zu einer bedeutsamen Instanz neben der Familie oder dem Kreis der Gleichaltrigen.

Literatur
- George, S.; Prote, I.: *Handbuch zur politischen Bildung in der Grundschule*. Schwalbach/Ts: Wochenschau-Verlag, 1996 (Reihe Politik und Bildung; Bd.7)
- Jugendwerk der deutschen Shell; Fischer, Arthur; Münchmeier, Richard (Hrsg.): *Jugend 97 – Zukunftsperspektiven, Gesellschaftliches Engagement, Politische Orientierungen*. Opladen: Leske u. Budrich, 1997
- Kahl, Reinhard: Auf dem Sprung. Jugendliche zwischen Abkehr von der Politik und Aufbruch zu neuem Engagement. In: *Pädagogik*, Heft 7–8/1997. S. 66 ff.
- Pandel, Hans-Jürgen: Geschichtlichkeit und Gesellschaftlichkeit im Geschichtsbewusstsein. In: Borries, Bodo von (Hrsg.): *Geschichtsbewusstsein empirisch*. Pfaffenweiler: Centaurus, 1991. S. 1–23

Umgang mit Kultur: Historizitätsbewusstsein

Für Kinder und viele Jugendliche ist die Welt, so wie sie sie sehen, vorerst etwas Statisches und Dauerhaftes. Die Fähigkeit, Wandel und Kontinuität zu unterscheiden und Veränderungen auch dann zu erkennen, wenn sie sich mit einer geringen Veränderungsgeschwindigkeit vollziehen, sodass sie nicht unmittelbar wahrzunehmen sind, sondern gedanklich erschlossen werden müssen, setzt ein grosses Abstraktionsvermögen voraus. Die Schülerinnen und Schüler sollen im Geschichtsunterricht lernen, dass das Geschehen der Vergangenheit wie der Gegenwart von Entwicklungsprozessen bestimmt wurde, die nicht rückgängig zu machen sind und die oft auch hätten anders verlaufen können. Wer dies erkennt und über ein ausdifferenziertes Historizitätsbewusstsein verfügt, ist in der Lage, reflektiert entweder an Tradition festzuhalten oder sich für Emanzipation einzusetzen.

Was uns Erwachsenen als so einleuchtend erscheint, liegt für Jugendliche gar nicht auf der Hand. Nach Veränderungen fragen zu können, wird dann erleichtert, wenn man Veränderungen selber erfahren und erlebt hat. Kinder vermögen Veränderungen dann zu erkennen, wenn diese mit einer relativ grossen Geschwindigkeit ablaufen. Wenn sie beispielsweise dem Neubau eines Hauses in ihrer Umgebung zuschauen können, dann sind sie bereits im Alter von sechs oder sieben Jahren in der Lage, dies zu schildern. Veränderungen zu sehen, vermag schliesslich nur, wer die Bereitschaft aufbringt, mögliche Veränderungen auch sehen zu wollen. Es gibt Religionsgemeinschaften, welche an der Welterschaffung, wie sie in der Bibel dargestellt ist, wörtlich festhalten und andere Erkenntnisse nicht gelten lassen. Bei Schülerinnen und Schülern aus solch einem Umfeld wird es schwerlich gelingen, die Entstehungsgeschichte der Erde anders zu erklären.

Förderung des Historizitätsbewusstseins

Wer das Historizitätsbewusstsein seiner Schülerinnen und Schüler fördern will, wird im Unterricht Inhalte thematisieren, wo Veränderungen für Jugendliche leicht nachvollziehbar sind. Oft ist dies in der so genannten Alltags- und Erfahrungsgeschichte möglich, welche es den Jugendlichen erlaubt, Geschichte von innen wahrzunehmen. Wenn Jugendliche zum Beispiel ältere Fotografien von sich selber betrachten und zeitlich reihen, dann werden die Veränderungen augenfällig. Auch die nähere Umgebung eignet sich zur Betrachtung des Statischen und des Veränderlichen. Was blieb gleich? Was hat sich verändert? Was könnte sich in nächster Zeit verändern? Und wie? Es ist deshalb sicher eine gute Idee, Geschichtsunterricht mit solchen Inhalten zu beginnen und der persönlichen Geschichte nachzugehen, indem man etwa der Geschichte des Schulhauses nachspürt, Dokumente wie die Geburtsurkunde sucht oder Fotografien der eigenen Familie betrachtet. Lernende wissen in der Regel verblüffend wenig über Sachverhalte, welche das Leben ihrer Eltern verändert haben. Wenn man sie einlädt zu vermuten, welche konkreten wirtschaftlichen Entwicklungen das Leben ihrer Eltern verändert haben, welche technischen Erfindungen und Maschinen, sozialen Bewegungen und sozialen Konflikte, welchen Persönlichkeiten ihre Eltern prägten und ob es Kriege und bewaffnete Konflikte gegeben hat, wissen sie oft kaum etwas zu sagen.

Die Entwicklung des Historizitätsbewusstseins prägt die Einstellung von Jugendlichen gegenüber dem Fach Geschichte. So ist die Bereitschaft von Schülerinnen und Schülern, Veränderungen sehen zu können und sehen zu wollen, eine wichtige Voraussetzung dafür, dass Geschichtsunterricht gelingen kann. Wer die Evolution nicht akzeptieren kann, unterläuft den Unterricht zur Vor- und Urgeschichte. Wer findet, dass Geschichte etwas Totes und Vergangenes sei, das mit dem eigenen Leben nichts zu tun hat, wird schwerlich für den Geschichtsunterricht zu motivieren sein. So spiegelt die Einschätzung auf die Frage, was Geschichte für Lernende bedeutet, oft in einem hohen Masse das Historizitätsbewusstsein. Das Antwortspektrum deckt die Unterschiede auf: Geschichte kann erlebt werden als eine Ansammlung von Grausamkeiten und Katastrophen, als eine Chance, aus dem Scheitern und den Erfolgen anderer zu lernen, oder als ein Mittel, das eigene Leben als einen Teil geschichtlicher Veränderungen zu meistern. Wenn aber mehr als die Hälfte der Klasse glaubt, dass Geschichte etwas Totes und Vergangenes sei, das mit dem eigenen Leben nichts zu tun hat, dann wird die Lehrperson wohl einen grossen Teil ihrer Energie für die Motivation aufwenden müssen.

Veränderungen deuten

Veränderungen wahrzunehmen, ist die Voraussetzung dafür, sie auch deuten zu können. Historizitätsbewusstsein beinhaltet auch individuelle Geschichtstheorien. Bei Kindern und Jugendlichen sind dies durch Erfahrung gewonnene Annahmen darüber, wie eine Veränderung zu interpretieren und zu werten ist. Wenn man individuelle Lebensentwürfe von Kindern und Jugendlichen erfragt, so fällt auf, dass es für sie ganz selbstverständlich ist, dass sich vieles zum Bessern verändern wird: Sie bekommen mehr Sackgeld, sie dürfen abends länger aufbleiben oder ausgehen, sie können besser Handball spielen. Der Fortschritt scheint selbstverständlich zu sein und wird als positive Veränderung erhofft. Dank diesem Fortschrittsglauben erwachsen den Jugendlichen grosse Zukunftsmöglichkeiten. Tritt der Fortschritt nicht ein, so wird dies als Störung und Abnormität erachtet. Wer Geschichte unterrichtet, tut gut daran, diese grundlegende Denkfigur von Jugendlichen in Betracht zu ziehen. Sie steht nämlich in Widerspruch zu den kollektiven Erfahrungen der letzten Jahrzehnte, dass die als Fortschritt eingeschätzte Entwicklung zum Beispiel der Industrialisierung krisenhafte, zum Teil katastrophale Nebenwirkungen gezeigt hat. Bessere Maschinen können grössere Arbeitslosigkeit bedeuten, billigere Produkte sind vielleicht möglich dank geringeren Löhnen. Es gibt mehrere Möglichkeiten, wie Jugendliche auf diesen Widerspruch zwischen individuellem positiven Fortschrittsglauben und kollektiven negativen Fortschrittserfahrungen reagieren können. Eine Möglichkeit ist die Flucht in eine heile Welt. Die Lebensweise der Indianer anderswo oder der Ritter früher wird idealisiert. Andere Möglichkeiten sind das Zurückweisen der grossen Veränderungslinien und der Rückzug auf die eigene eingeschränkte Lebenswelt. Beide geschilderten Auswege können zu einer grundsätzlichen Abneigung gegenüber Geschichtsunterricht führen.

Jörn Rüsen unterscheidet idealtypisch vier Arten von Deutungsmustern (vgl. auch Seite 49): Das traditionale Deutungsmuster stellt die Kontinuität ins Zentrum und verweist auf Altbewährtes oder auf optimistischen Fortschrittsglauben. Das kritische Deutungsmuster widerlegt eingefahrene Klischees und kann dem Fortschrittsglauben eine Rückschrittsbehauptung gegenüberstellen. Das exemplarische Deutungsmuster erinnert an konkrete isolierte Sachverhalte der Vergangenheit, welche auch die heutigen Lebensverhältnisse erklären können. Das genetische Deutungsmuster schliesslich thematisiert Veränderungen in der Vergangenheit, welche die früheren Lebensverhältnisse in die heutigen haben münden lassen. Die Art und Weise, wie Wandel und Kontinuität, wie Tradition und Emanzipation gesehen, wahrgenommen und gedeutet werden, prägt Denkfiguren, Ideologien, Werte und Einstellungen, die Kultur überhaupt. Wer als Lehrperson den Schülerinnen und Schülern bei ihren Deutungen und Rekonstruktionen aufmerksam zuhört, wird deren dominante Muster erahnen und so vielleicht ihren Lernprozess besser verstehen.

Literatur
– Geschichte lernen, Heft 1/1987. *Fortschritt*. Seelze-Velber: Friedrich
– Lanthaler, Franz (Hrsg.): *Jugend und Geschichte*. Bozen: Pädagogisches Institut, 1997
– Pandel, Hans-Jürgen: Geschichtlichkeit und Gesellschaftlichkeit im Geschichtsbewusstsein. In: Borries, Bodo von (Hrsg.): *Geschichtsbewusstsein empirisch*. Pfaffenweiler: Centaurus, 1991. S. 1–23

Real oder fiktiv? Wirklichkeitsbewusstsein

Wenn alltagssprachlich von jemandem gesagt wird, er oder sie verfüge über ein gutes Geschichtsbewusstsein, dann wird in der Regel damit ausgedrückt, dass diese Person über ein grosses geschichtliches Wissen verfügt und sicher weiss, ob etwas real oder fiktiv ist. Wer hingegen alles als Tatsache nimmt, was über Asterix, Wilhelm Tell und Robin Hood geschrieben wurde, dem wird ein naives Geschichtsbewusstsein zugeschrieben. Ob etwas als Geschehenes oder Erdachtes gedeutet wird, prägt das Denken und das Handeln von Menschen.

Während Historikerinnen und Historiker Quellen heranziehen, um zu rekonstruieren, ob Phänomene geschehen oder gedacht sind, deuten Jugendliche und auch die meisten Erwachsenen aufgrund anderer Kriterien: Ob etwas als real oder fiktiv gedeutet wird, hängt einmal von den Medien der Darstellung ab: Eine Fotografie wird tendenziell als realer beurteilt als eine Zeichnung; einer ikonischen Repräsentation (Karte, Bild, Modelle) traut man mehr als einer symbolischen (Erzählung, Vortrag usw.). Weiter werden eigene Erfahrungen als vertrauenswürdiger eingestuft als die sekundäre Anschauung. Hier aber den Umkehrschluss zu ziehen, die primäre Anschauung sei in jedem Fall die günstigere als die sekundäre, wäre falsch. Vor Ort lässt man sich häufig von Nebensächlichkeiten und Zufälligkeiten ablenken, und wichtige Punkte werden wegen ihrer Komplexität und Unübersichtlichkeit völlig übersehen. Auch hängt die Einschätzung, ob etwas Erzähltes als real oder fiktiv gedeutet wird, stark von der Erzählerin, vom Erzähler ab: Nachrichtensprecherinnen und -sprechern vertraut man stärker als Politikerinnen und Politikern. Wen Jugendliche als «vertrauenswürdig» einschätzen, ist allerdings für Erwachsene häufig überraschend und unerwartet. Wer die Frage stellt, zu welchen Darstellungen von Geschichte Schülerinnen und Schüler am meisten Vertrauen hätten, ob zu Schulbüchern oder zu historischen Dokumenten und Quellen, ob zu historischen Romanen, Spielfilmen, Fernsehdokumentationen, Erzählungen der Lehrerin, des Lehrers, Erzählungen Erwachsener, Museen und historischen Stätten oder sogar zu Internet, und dann erfährt, dass Internet als vertrauenswürdigste Instanz eingeschätzt wird, kommt nicht mehr darum herum, Internet in den Geschichtsunterricht einzubeziehen (vgl. Seite 144).

Entwicklung des Wirklichkeitsbewusstseins

Kinder gehen im Laufe ihrer Entwicklung zuerst davon aus, dass es die Personen tatsächlich gibt, von denen sie hören oder die sie sehen, sei dies im Film, auf Fotos oder auf Bildern. Sie müssen zuerst lernen, dass diese Personen vielleicht erfunden sind. Solche Existenzvorbehalte bei Personen und Sachen zu machen, fällt auch Jugendlichen noch nicht leicht. Noch komplizierter wird diese Deutung bei Vergangenem: Cäsar und Asterix, die auf der Leinwand miteinander reden, gibt es heute nicht, könnte es aber früher gegeben haben. In modernen Medien wie im Film und in Comics, in Romanen und Theaterstücken werden virtuos Fakten und Fiktion gemischt. Diese Vermischung ist mittlerweile durch technische Hilfsmittel so perfekt zu inszenieren, dass auch Fachleute die Manipulationen kaum mehr durchschauen können. Damit die Situation nach dem Terrorüberfall auf einen Tempel noch dramatischer aussieht und damit sich so die Boulevardzeitung noch besser verkauft, wird Wasser auf dem Bild umgefärbt, sodass es wie Blut aussieht, das in grossen Lachen vor dem Tempel liegt.

Um dem Wirklichkeitsbewusstsein von Jugendlichen auf die Spur zu kommen, eignen sich Bilder, bei denen die Jugendlichen Stellung nehmen sollen, ob sie diese als real oder fiktiv einschätzen. Schöne Beispiele sind Zeichnungen, die einen Sachverhalt metaphorisch darstellen, etwa das Bundeshaus, welches die Schweiz repräsentiert, auf einer Felseninsel mitten im Meer. Für jüngere Kinder ist es selbstverständlich, dass das Gebäude ein Schloss ist und tatsächlich irgendwo im Meer steht. Hier wird ein König drin leben, und falls er nicht gestorben ist, dann lebt er noch heute dort. Ältere Kinder vermuten, dass es das Schloss im Meer nicht gibt, denn falls es doch existieren würde, dann hätte man das Schloss fotografiert, aber sicher nicht gezeichnet. Andere Kinder sind überzeugt, dieses Hotel gebe es nicht. Auf einer solch kleinen Insel ohne Sandstrand könne gar kein Hotel stehen, weil hier niemand in die Ferien gehen würde. Jugendliche sind ebenfalls davon überzeugt, dass das Bild erfunden ist, weil das Schweizer Bundeshaus ja in Bern steht, und Bern liegt nicht am Meer. Ältere erklären, man müsse das Bild metaphorisch verstehen. Es symbolisiere die Schweiz als Insel im heutigen Europa. Geschichtskundige oder Kunstsachverständige schliesslich erkennen, dass das Bild aus der Zeit des Ersten Weltkriegs stammt und die Schweiz als Friedensinsel im kriegsversehrten Umfeld darstellt.

Spätestens hier zeigt sich auch, dass die Entwicklung des Wirklichkeitsbewusstseins nicht ein für allemal abgeschlossen ist, sondern sich durch Lebenserfahrungen und Ereignisse permanent verschiebt. Wenn also für Jugendliche das Internet als vertrauenswürdige Instanz gilt, obwohl sie noch nie gesurft haben, werden Erfahrungen im selbstständigen Umgang mit diesem Medium das Urteil revidieren helfen.

Das Wirklichkeitsbewusstsein schärfen
Lernende bauen eigene Vorstellungen von Vergangenem auf. Sie deuten und rekonstruieren geschichtliche Vorgänge, Prozesse, Ereignisse. Solche Vorstellungen werden oft mit fiktionalen Erzählungen weit besser ausgebildet als mit wissenschaftlich verbürgten Tatsachen. Auch sind bekanntlich Mythen und Legenden ebenso handlungsleitend wie quellengestützte Überlieferungen. So darf es im Geschichtsunterricht nicht geschehen, dass Mythen und Legenden ausgeblendet und als nicht relevant zur Seite gelegt werden. Allerdings soll es auch nicht dazu kommen, dass mit Fiktionalem gewissermassen die Leerstellen beim Faktischen aufgefüllt werden, um die Fantasie anzuregen. Häufig aber gelingt es, die Lernenden durch eine Gegenüberstellung von Mythen und Quellen zu irritieren oder sogar zu provozieren. Vielleicht wächst dann eine intellektuelle Neugier, die Triebfeder eines Lernprozesses werden kann. Plötzlich entsteht ein Eigeninteresse der Lernenden, welche nun genau wissen wollen, wie es gewesen ist: Hat nun Tell Gessler in der hohlen Gasse mit dem Pfeil getroffen oder nicht? Diese Neugier, es genau wissen zu wollen, führt dazu, dass Jugendliche ihre Aufmerksamkeit erhöhen, ihre Wahrnehmung schärfen, ihre Deutung überprüfen. Sie lernen, sich methodisch bewusst im Spannungsfeld von Geschehenem und Gedachtem zu bewegen und damit ihr historisches Lernen selber zu steuern.

Literatur
– Boldt, Werner: *Subjektive Zugänge zur Geschichte*. Weinheim: Deutscher Studienverlag, 1998
– Borries, Bodo von (Hrsg.): *Geschichtsbewusstsein empirisch*. Pfaffenweiler: Centaurus, 1991
– Evans, Richard J.: *Fakten und Fiktionen. Über die Grundlagen historischer Erkenntnis*. Frankfurt; New York: Campus Verlag, 1998
– Lanthaler, Franz (Hrsg.): *Jugend und Geschichte*. Bozen: Pädagogisches Institut, 1997
– Pandel, Hans-Jürgen: Legenden – Mythen – Lügen. In: *Geschichte lernen, Heft 52/1996*. S. 15–19
– Schörken, Rolf: *Historische Imagination und Geschichtsdidaktik*. Paderborn: Schöningh, 1994
– Veit, Georg: Von der Imagination zur Irritation. In: *Geschichte lernen, Heft 52/1996*. S. 9–12

Richtig oder falsch? Moralisches Bewusstsein

Wer Geschichte lernt, richtet seine Aufmerksamkeit auf Vergangenes, nimmt dieses wahr und rekonstruiert und deutet es. Zusammenhänge werden als gut oder schlecht, Handlungen als richtig oder falsch bewertet. Je nach Entwicklungsstadium der Moral verwenden Jugendliche unterschiedliche Massstäbe für ihr Urteil. Kohlberg hat diese Stufen des moralischen Urteilens beschrieben und dargestellt, wie sich Kinder vorerst an Autoritätspersonen orientieren, wie später die Erhaltung von Sozialbeziehungen wichtig ist und wie dann übergreifende Systeme, zum Beispiel der Staat und die Religion, orientierende Kraft gewinnen. Ausgerechnet dann, wenn viele Jugendliche durch diese übernommene gesellschaftliche Perspektive eine gewisse Urteilssicherheit bekommen, sollten sie im Geschichtsunterricht lernen, dass was aus heutiger Sicht als falsch erscheint, zu andern Zeiten aus damaliger Sicht durchaus als richtig eingeschätzt werden konnte. So ist denn das moralische Bewusstsein eine besonders komplizierte Grundorientierung: Jugendliche sollen ihr Urteil nicht nur bewusst und nach individuell sowie sozial vermittelten Regeln fällen, sondern sie sollen darüber hinaus den Unterschied zwischen heutigen Normen und denjenigen von früher berücksichtigen und wenn möglich noch grundlegende Prinzipien wie etwa die Menschenwürde als richtig erkennen.

Massstäbe für Deutungen verändern sich mit der moralischen Entwicklung. Nach Kohlberg durchläuft der Mensch nacheinander drei Stadien: das vorkonventionelle, das konventionelle und das postkonventionelle Stadium. Im vorkonventionellen Stadium orientiert das Kind sein Handeln an Gehorsam, Belohnung und Strafe. Es hat Respekt vor der überlegenen Macht und vor Autoritätspersonen, etwa den Eltern oder der Polizei. Das Kind ist auf diese von aussen gesetzten Massstäbe angewiesen, weil es selber noch keine eigenen ausgebildet hat. Im konventionellen Stadium orientiert sich das ältere Kind an einer individuellen Bezugsgruppe und ist bemüht, andern zu gefallen. Es verhält sich so, wie das die Mehrheit tut. Einmal gesetzte Regeln werden anerkannt. Auch übergreifende Systeme wie Religion und Staat werden wichtig. Im postkonventionellen Stadium orientieren sich Jugendliche und Erwachsene an grundlegenden Prinzipien wie Gerechtigkeit, Verantwortung, Menschenrechten. Unter diesen Gesichtspunkten kann auch die bestehende Gesellschaftsordnung in Frage gestellt werden.

Diese moralische Entwicklung vollzieht sich nicht automatisch entlang des Lebensalters. Offenbar ist die Moralentwicklung nicht biologisch angelegt wie etwa das Wachstum. Auch bedeutet das Erreichen eines neuen Stadiums nicht, dass man das dahinter liegende überwunden hat. Im Alltag, zum Beispiel im Strassenverkehr, gibt es immer wieder Situationen, in denen man beobachten kann, wie Menschen, die das vorkonventionelle Stadium schon lange überschritten haben, genau nach diesen Massstäben handeln: Solange die Polizei nicht zu sehen ist, geht man bei Rot über den Fussgängerstreifen und fährt zu schnell. Auch können die Prinzipien je nach Rolle, die man gerade einnimmt, wechseln.

Verschiedene Beurteilungsmassstäbe

Was im Alltag oft irritierend ist, dass nämlich jemand verschiedene Beurteilungsmassstäbe anwendet, ist im Umgang mit Geschichte erstrebenswert. Als naiv gilt hier, was viele tun, nämlich Vergangenes spontan und distanzlos mit den eigenen gegenwärtigen Massstäben zu beurteilen. Historische Situationen sollen gerade nicht blind mit den eigenen Prinzipien bewertet werden. Wenn es im Geschichtsunterricht gelingt, Jugendliche dazu zu bringen, sich von ihren Beurteilungsmassstäben zu lösen, andere Perspektiven auszuprobieren, so ist dies ein wichtiger Beitrag zur moralischen Entwicklung. Wer erkennt, dass auch übergreifende Systeme wie die Kirche unterschiedliche Prinzipien verfolgten, beispielsweise die Inquisition mit der Menschenverbrennung früher und das päpstliche Plädoyer zur Abschaffung der Todesstrafe heute, wird angeregt, nach grundlegenden Prinzipien zu suchen. So baut sich jeder und jede ein eigenes persönliches Weltbild auf. Eine Auseinandersetzung mit Geschehen der Vergangenheit kann dazu beitragen, dass das persönliche Weltbild nicht allzu geschlossen wird, dass die Jugendlichen nicht alles kritiklos übernehmen, was in dieses Weltbild passt.

Gespräche in der Klasse über das, was als richtig eingeschätzt wird, können mithelfen, verschiedene Beurteilungsmassstäbe klarzumachen. Am besten geschieht dies eingebettet in adäquate Lerninhalte. So wird etwa die Frage, wer für Spätfolgen der Geschichte zu zahlen hat, in verschiedensten Zusammenhängen immer wieder aktuell. Wenn eines Tages die afrikanischen Völker, die früher kolonisiert waren, vor einem Weltgericht auf Schadensersatz klagen würden, wer müsste dann zahlen? Wären das die Schweiz und andere europäischen Länder oder diejenigen Staaten, die Kolonien hatten? Müsste jeder Staat auf der Welt im Verhältnis zu seinem gegenwärtigen Wohlstand Geld zur Verfügung stellen, oder gibt es vielleicht gar keinen Anspruch auf Schadensersatz? Von Zeit zu Zeit ist es durchaus auch möglich, die verschiedenen Beurteilungsmassstäbe isoliert zu erkunden und zu diskutieren. Wer als Lehrperson die Frage stellt, was richtig ist, und dazu verschiedene Antwortmöglichkeiten vorgibt, zum Beispiel «Richtig ist, was den Gesetzen des Staates entspricht, was Gott will, was meinem Nächsten nicht schadet, was mir Spass macht, was nützt usw.», wird auch hier merken, wie gross die Unterschiede in einer Klasse sein können.

Zusammenhang verschiedener Grundorientierungen

All die bisher erwähnten Grundorientierungen des Geschichtsbewusstseins, verstanden als kognitives Bezugssystem des Individuums zur Wahrnehmung und Deutung von Vergangenem, haben unterschiedliche wissenstheoretische Voraussetzungen. Auch lassen sich mit Sicherheit noch weitere Grundorientierungen definieren, welche entscheidend zum Verständnis von Geschichte beitragen. So wurde mehrfach auf die Bedeutung des Geschlechtsbewusstseins hingewiesen. Die in diesem Kapitel «Diagnose» erfolgte Aufzählung ist also nicht abschliessend.

Die verschiedenen Grundorientierungen können unter verschiedensten Gesichtspunkten gegliedert werden. Pandel zum Beispiel unterscheidet die Geschichtlichkeit, zu der Temporal-, Wirklichkeits- und Historizitätsbewusstsein gehören, und die Gesellschaftlichkeit, zu der Identitätsbewusstsein, politisches, ökonomisch-soziales und moralisches Bewusstsein gehören. Die verschiedenen Dimensionen haben untereinander viele Berührungspunkte. Moralisches Urteilen ist zum Beispiel gebunden an kognitive Entwicklungen, welche wiederum Auswirkungen auf die Ausdifferenzierung des Zeitbewusstseins haben. Moralisches Urteilen ist auch verknüpft mit der bisher ausgebildeten Identität. Auf jeden Fall ist das Geschichtsbewusstsein zentral für die Wahrnehmung und die Deutung von Vergangenem, für die Sinnbildung über Zeiterfahrung und somit für das Verständnis von Geschichte. Nur wer einige Grundorientierungen des Geschichtsbewusstseins und deren Entwicklungsstand bei den Schülerinnen und Schülern kennt, ist in der Lage, historisches Lernen zu planen und durchzuführen und damit das Geschichtsbewusstsein der Lernenden wiederum weiterzuentwickeln.

Literatur
– Bergmann, K. und Thurn, S.: Beginn des Geschichtsunterrichts. In: *Geschichte lernen, Heft 62/1998*. S. 18–25
– Jeismann, Karl-Ernst: Geschichtsbewusstsein als zentrale Kategorie der Geschichtsdidaktik. In: Schneider, Gerhard (Hrsg.): *Geschichtsbewusstsein und historisch-politisches Lernen*. Pfaffenweiler: Centaurus, 1988
– Pandel, Hans-Jürgen: Geschichtlichkeit und Gesellschaftlichkeit im Geschichtsbewusstsein. In: Borries, Bodo von (Hrsg.): *Geschichtsbewusstsein empirisch*. Pfaffenweiler: Centaurus, 1991. S. 1–23

Die Unterrichtsplanung gibt
Lehrenden den notwendigen Halt,
bündelt die Energie und ermöglicht
dadurch wirksames, bedeutsames
und angenehmes Unterrichten.

Planung

Lerninhalte	30
Bedingungen	32
Begründungen	34
Lernziele	36
Inszenierungen	38

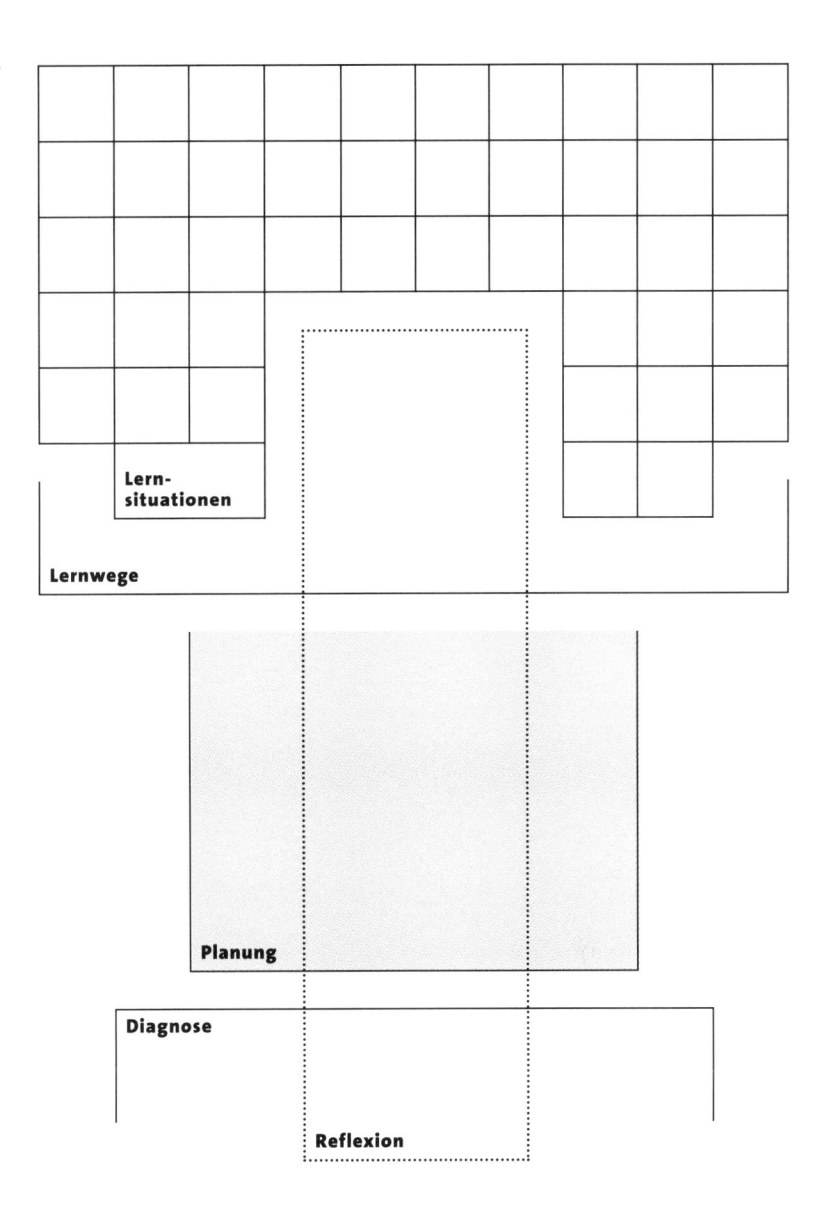

Lern-situationen

Lernwege

Planung

Diagnose

Reflexion

Geschichtsunterricht planen ist eine anspruchsvolle und zeitaufwendige Tätigkeit. Bevor man als Lehrperson zur eigentlichen Kerntätigkeit, dem Lehren, kommt, hat man sich günstigerweise bereits dreimal mit dem zu inszenierenden Unterricht auseinander gesetzt, nämlich erstens bei der Jahres-, zweitens bei der Unterrichtseinheits- oder Quartals- und drittens bei der Lektionsplanung. Im vorliegenden Kapitel wird der Prozess der Planung von Unterrichtseinheiten näher betrachtet. Bei diesem Prozess beschäftigen sich Lehrpersonen mit Planungsfragen, welche in fünf didaktische Felder gegliedert werden können, nämlich Lerninhalte, Bedingungen, Begründungen, Lernziele und Inszenierungen. Die aus der Beschäftigung mit diesen Feldern resultierende Einheitsplanung will allerdings nicht mehr sein als ein offener Entwurf. Er soll zu reflektiertem Lehren führen.

Lerninhalte

Wer Geschichtsunterricht plant, überlegt sich, wie eine Beziehung zwischen Jugendlichen und dem geschichtlichen Universum ermöglicht werden kann. Lehrende können einen solchen Lernprozess zwischen Kind und Fach nur dann gut anbahnen, wenn sie selber den Inhalt sachlich durchdrungen haben und gründlich kennen. Für Geschichte bedeutet dies, dass Lehrende die zu thematisierenden Phänomene hinsichtlich ihrer Dimensionen Zeit und Raum sowie der vier Grundbereiche Wirtschaft, Herrschaft, Gesellschaft und Kultur analysieren und sich Gedanken machen zu eigenen Wahrnehmungen und Deutungen der Phänomene. Ein guter Einstieg in die Unterrichtsplanung ist für Lehrende also eine vertiefte Beschäftigung mit dem Lerninhalt.

Verschiedene Fragen können helfen, den Lerninhalt aufzuschliessen: Welches sind wichtige Aspekte eines Sach- oder Sinnzusammenhanges? In welchem Zusammenhang stehen die einzelnen Momente? Welche Begriffe sind notwendig? Erst der, dem es gelingt, die Stellung des Lerninhaltes im Fachzusammenhang zu erschliessen, erkennt die Bedeutung des Phänomens. Auch die Wissenschaftsgeschichte der Lerninhalte dient oft zum besseren Verständnis. Und schliesslich ist es gerade im Fach Geschichte, wo Wahrnehmung und Deutung eine zentrale Rolle spielen, wichtig, die eigene Stellung zum Lerninhalt festzuhalten.

Viele Lehrerinnen und Lehrer greifen bereits in diesem Zeitpunkt der Planungsarbeit zu Schulbüchern. Da Schulbuchwissen aber immer schon Wahrnehmung und Deutung sowie didaktisch erschlossen ist, empfiehlt es sich für Profis, von aktuellen Fachbüchern und Fachzeitschriften auszugehen. Natürlich ist dies im Berufsalltag nicht immer zu leisten, aber beim Verzicht darauf sollte einem bewusst bleiben, dass man in Kauf nimmt, einer einseitigen Gewichtung zum Opfer zu fallen und die Lernumgebung dadurch nicht optimal für die Kinder gestalten zu können.

Zugriffe auf Geschichte

Wer einen geschichtlichen Lerninhalt analysiert, kann die Dimension Zeit in den Vordergrund rücken. Man kann Geschichte erfassen, indem man Phänomene chronologisch-progressiv oder -regressiv betrachtet, das heisst, man verfolgt Ereignisse und Personen der Zeitachse entlang vor- oder rückwärts. Verhältnisse erscheinen so als Resultat einer Entwicklung. Oft geschieht dabei eine Begradigung, bei der aus dem Blick gerät, dass es leicht auch anders hätte passieren können, dass Alternativen möglich gewesen wären, dass Zufälle, Glück oder Pech eine grosse Rolle gespielt haben. Natürlich muss bei solchen Längsschnitten ein bestimmter Gegenstand isoliert betrachtet werden, und dadurch gehen viele Beziehungen und Bedingungen des Prozesses verloren. Sofern dies nicht zu einer gewollten Manipulation der Wahrnehmung führt, kann dies sehr wohl Geschichte in einem klareren Licht erscheinen lassen und die Deutung erleichtern.

Auch wenn die Dimension Raum im Zentrum ist, eignet sich der historische Längsschnitt. Anhand der Geschichte des Kantons Aargau von 1803 bis heute können Entwicklungen gezeigt werden, welche die letzten beiden Jahrhunderte exemplarisch veranschaulichen und konkretisieren, etwa die Veränderungen bei den Erwerbssektoren. Natürlich eignet sich auch der historische Querschnitt, um einen bestimmten Raum zu einem definierten Zeitpunkt genauer zu analysieren. Eine solche Momentaufnahme dient einer umfassenden Ansicht des gleichzeitig Existierenden: Der Aargau am Vorabend der Helvetischen Revolution; die Schweiz am Ende des Zweiten Weltkrieges. Durch die Breite und Vielfalt eines solchen Zugriffes werden die Verknüpfungen zwischen den verschiedenen Grundbereichen anschaulich dargestellt, dafür geraten die Entwicklungs- und Veränderungsaspekte aus dem Blick.

Sollen einzelne Phänomene möglichst konkret, anschaulich und genau erfasst werden, eignet sich der historische Einzelfall. Eine solche Einzelfallanalyse wirkt wie eine Lupe. Solche Verdichtung lohnt sich natürlich nur da, wo der Einzelfall über sich hinaus auf einen grösseren Zusammenhang verweist, wo der Einzelfall exemplarisch für ein Ganzes steht. Hier wie bei den anderen Zugriffen zeigt sich, dass Unterrichtsplanung nie beim Feld Lerninhalt beginnt und dann linear zu den andern Feldern weiterentwickelt werden kann. Alle Felder hängen miteinander zusammen. Wer als Lehrperson aufgrund seiner Bedingungsanalyse möglichst konkret und anschaulich arbeiten will, wird bei der Analyse des Lerninhaltes eher einen solchen exemplarischen Zugriff wählen als etwa eine Strukturanalyse, wo Geschichte vom Ganzen her begriffen werden soll.

Ein für die Schule oftmals besonders ergiebiger Zugriff ist der Vergleich. Hier werden zwei aus unterschiedlichen Zeiten, Räumen oder Gegenstandsbereichen stammende Phänomene miteinander in Beziehung gesetzt, um das Besondere und Typische der einzelnen Erscheinungen herauszuarbeiten: Man versteht den Verlauf der Reformation in Zürich besser, wenn man ihn mit demjenigen in Genf vergleicht. Natürlich lässt sich nicht alles mit allem vergleichen. Es müssen plausible Gemeinsamkeiten vorhanden sein, damit das je Eigentümliche sichtbar wird.

Zusammenhang von Zugriff und Lernweg
Nicht auf jeden Lerninhalt kann mit allen dargestellten Möglichkeiten zugegriffen werden. Oftmals verbieten die Regeln des gewissenhaften Vorgehens einen Vergleich. Wo Vergleiche möglich sind, etwa wenn verschiedene Entdeckungsfahrten zu Beginn der Neuzeit gut dokumentiert sind, dann ist auch eine starke Spur für einen denkbaren Lernweg gelegt. Wenn auch Schülerinnen und Schülern dieses vergleichende Vorgehen ermöglicht werden soll, dann drängt sich ein Gruppenpuzzle oder eine Lernwerkstatt auf. Eine Erzählung wäre in diesem Fall weniger geeignet. Soll aber anhand eines einzelnen Menschen gezeigt werden, wie jemand Geschichte macht, etwa bei Karl V. oder bei Kolumbus, dann wird eine Werkstatt nicht die plausible Lernumgebung sein, weil hier das Vorher und Nachher nur sehr rudimentär nachvollzogen werden kann. Eine Erzählung dagegen drängt sich hier eher auf, weil dann anhand eines roten Fadens das Wechselspiel von Mensch und Welt, von Person und Struktur anschaulich wird. Die Unterrichtsmethode muss also solche immanenten Ziele des Zugriffs und Strukturen des Lerninhaltes aufnehmen und für den Unterricht umsetzen. Aber auch hier gilt, dass die Umkehrung möglich ist: Wer eine Fallmethode inszenieren möchte, kann versuchen, im historischen Universum einen Einzelfall zu finden, um diesen intendierten Lernweg zu gestalten.

Darstellung des Lerninhaltes
Wie ein Lerninhalt im Rahmen der Unterrichtsplanung dargestellt wird, hängt natürlich von den Vorlieben ab, welche die planenden Lehrpersonen haben. Günstig ist sicher die Technik des Mind Mapping, weil dadurch sowohl das Synthetische wie das Analytische eines Themas klar vor Augen liegt. Vielleicht hilft aber eine tabellarische Darstellung oder ein Fliesstext besser. Wichtig ist bei allen Darstellungen, dass diese die Sachstruktur verdeutlichen. Und nur wenn die Planerin, der Planer diese Sachstruktur erfasst hat, besteht Gewähr, dass für künftige Lernerinnen und Lerner ein bedeutsamer Lernprozess in Gang kommen kann.

Literatur
– Borries, Bodo von: Inhalte oder Kategorie. In: *Geschichte in Wissenschaft und Unterricht*, Heft 7, 8/1995. S. 421–435
– Dewey, John: *Demokratie und Erziehung*. Weinheim und Basel: Beltz, 1993
– Haas, Anton: *Unterrichtsplanung im Alltag*. Regensburg: Roderer, 1998
– Janssen, Bernd: *Konzepte zur Sachanalyse und Unterrichtsplanung*. Schwalbach/Ts.: Wochenschau Verlag, 1996
– Klafki, Wolfgang: *Neue Studien zur Bildungstheorie und Didaktik*. Weinheim und Basel: Beltz, 1991 (2.)

Bedingungen

Geschichtslernen geschieht nicht nur in der Schule. Es gibt sogar schlüssige Hinweise darauf, dass das Geschichtsbewusstsein Jugendlicher ausserhalb der Schule viel stärker geprägt wird als in schulischen Zusammenhängen. Was Kinder im Fernsehen zum Zweiten Weltkrieg erfahren, was sie im Elternhaus über den Balkankonflikt zu hören bekommen, was sie in Museen und auf Reisen sehen, kann sowohl im Umfang als auch in der Wirkung bei weitem das übersteigen, was die Schule im Geschichtsunterricht anbieten kann. So ist denn der schulische Lernprozess in Geschichte abhängig von dem, was die einzelnen Jugendlichen bereits an Interessen, Vorwissen und Arbeitsgewohnheiten mitbringen. Darüber hinaus prägen natürlich auch die situativen Rahmenbedingungen wie etwa die Raumgrösse, die Medienausstattung oder das mögliche Zeitbudget den Unterricht wesentlich. Und schliesslich bestimmt der Lehrplan mit seinen Vorschriften zu den Zielen und Inhalten oder seinen Hinweisen zur Lernorganisation das Geschichtslernen erheblich. Wer Geschichtsunterricht plant, muss all diese bestimmenden Bedingungen berücksichtigen, um angemessenes Geschichtslernen anbahnen zu können.

Das Feld der Bedingungen lässt sich auch unterscheiden in anthropologisch-psychologische Faktoren und soziokulturelle Voraussetzungen. Anthropologisch-psychologische Faktoren sind solche, die von den am Unterricht beteiligten Personen eingebracht werden, zum Beispiel der Lernstatus, der Reifestand, die Sprachfähigkeit, die physische Konstitution der Schülerinnen und Schüler. Soziokulturelle Faktoren sind die aus der Gesellschaft im weiteren Sinn und aus kulturellen Zeitströmungen in den Unterricht hineinwirkenden Faktoren, zum Beispiel ein bestimmtes Menschenbild oder verfügbare finanzielle Mittel. Als Lehrperson ist man in der Lage, einzelne Faktoren dieser unterrichtsrelevanten Bedingungen kurzfristig zu ändern und seinem Unterricht anzupassen. Andere sind kaum veränderbar.

Umgang mit der Zeit

Der Umgang mit der zur Verfügung stehenden Unterrichtszeit scheint eines der Hauptprobleme von Geschichtslehrerinnen und -lehrern zu sein. Man könnte als Lehrperson immer mehr Zeit brauchen, als tatsächlich zur Verfügung steht. Um also am Schluss des obligatorischen Geschichtsunterrichts nicht erst mitten im Programm angelangt zu sein, braucht es ein rigoroses Zeitmanagement. Schülerinnen und Schüler erleben Schule häufig von Ferien zu Ferien. Aus diesem Grund ist es empfehlenswert, auch als Lehrperson von Ferien zu Ferien zu planen, die zur Verfügung stehende Zeit zu kalkulieren und darauf aufbauend eine Unterrichtsplanung zu entwickeln, die flexibles Unterrichtshandeln ermöglicht. Diese Flexibilität wird durch grössere Zeitgefässe erleichtert. Wer Doppelstunden unterrichten kann, ist besser in der Lage, einmal für eine Lernsituation mehr Zeit als geplant einzuräumen und ein anderes Mal den Lerninhalt zu straffen.

Geschichtszimmer

Natürlich werden geplante Lernwege und Lernsituationen erheblich durch die Lernumgebung geprägt. Wer keine Videoabspieleinheit zur Verfügung hat, plant ohne Videoausschnitte. Wer keine Wandkarten aufhängen kann, muss sich Alternativen überlegen. Auch die Sitzordnung der Schülerinnen und Schüler spielt für die Kommunikationsstruktur eine grosse Rolle. Vierertischgruppen erleichtern ein Gruppenpuzzle, die klassische Reihenbestuhlung ermöglicht den Schülerinnen und Schülern einen besseren Blick auf die vorne angebrachte Leinwand und auf die Wandtafel, ein Hufeisen ist geeignet für Klassengespräche. Für einen guten Fachunterricht ist es günstiger, wenn die Lehrpersonen den Lernraum selber mitgestalten können und nicht den Klassen hinterherwandern müssen.

Natürlich kann man sich als Lehrperson nicht jeden Wunsch für die Gestaltung eines Geschichtszimmers erfüllen, aber hartnäckiges pädagogisches Argumentieren kann auf die Dauer helfen. So ist es für eine abwechslungsreiche Gestaltung von Lernwegen günstig, wenn im gleichen Raum neben der gewählten Standardbestuhlung Platz vorhanden ist für einen Diskussionskreis und für individuelle Arbeitsplätze. Verschiedene Lernsituationen sind nur dann möglich, wenn die entsprechenden Medien vorhanden sind: Neben dem Hellraumprojektor, der Wandtafel, einer Pinwand und dem Kartenständer gehören für einen modernen Geschichtsunterricht eine Video- und Audioabspieleinheit sowie ein Diaprojektionsapparat entweder ins Unterrichtszimmer oder gut greifbar in einen Fachstützpunkt. Ideal wäre zudem, wenn pro Zimmer zwei Computerstationen mit Internetanschluss und eigenem Drucker zur Verfügung stünden. Wenn das Computerbild via Hellraumprojektor auf den grossen Bildschirm oder die Leinwand projiziert werden kann, erhöhen sich die Präsentationsmöglichkeiten.

Ein schülerzentrierter Unterricht wird dann erleichtert, wenn im Zimmer eine kleine Handbibliothek mit geschichtlichen Nachschlagewerken, Jugend- und Bilderbüchern sowie Comics zur Verfügung steht. Natürlich soll gut sichtbar ein Geschichtsfries aufgehängt sein, damit sich die Schülerinnen und Schüler leicht am Zeitenstrahl orientieren können, und Plakate oder Anschauungsmaterial visualisieren die Themen, die gerade bearbeitet werden. Und schliesslich kann eine Geschichtszeitschrift, eine Tages- oder Wochenzeitung, die fürs Geschichtszimmer abonniert ist, das Interesse von Schülerinnen und Schülern für aktuelle und geschichtliche Fragestellungen wecken.

Schülerinnen- und Schülerinteresse

Eine der prägendsten Bedingungen von Geschichtsunterricht ist das Interesse der Jugendlichen. Dieses scheint das Ergebnis von Erfahrungen und durchlaufenen Lernprozessen zu sein und in erheblichem Ausmass durch die Herkunft bestimmt. Während man als Lehrperson das Vorwissen bei einem bestimmten Lerninhalt mit einem Pretest relativ leicht erheben kann und die Arbeitsgewohnheiten sowie den Leistungsstand von bereits durchgeführtem Unterricht kennt, ist die Situation beim Interesse ungleich komplizierter. Offenbar können Inhalte, die Lehrpersonen für den Geschichtsunterricht auswählen, so beschaffen sein, dass sie die Schülerinnen und Schüler unmittelbar ansprechen und einen grossen Lernanreiz ausüben. Aber auch der Bezug zur Erlebnis- oder Erfahrungswelt der Kinder und Jugendlichen kann bestimmte Vorgehensweisen nahe legen. Um das Interesse der Schülerinnen und Schüler bei der Unterrichtsplanung adäquat mit einzubeziehen, ist es deshalb wichtig, mit steigendem Alter der Lernenden diese in zunehmendem Masse an der Unterrichtsplanung zu beteiligen. In diesem Prozess der wachsenden Mitbestimmung wird den Schülerinnen und Schülern auch klar werden, dass man kein Interesse für etwas entwickeln kann, das man überhaupt noch nicht kennt, dass es auch wichtig ist, sich auf einen Lernweg zu begeben, von dem man noch nicht weiss, wohin er führen wird.

Ob solche Lernwege allerdings überhaupt begangen werden sollen, hängt nicht zuletzt vom Lehrplan oder andern verbindlichen Richtlinien ab. So werden also Lehrpersonen, welche ökonomisch planen wollen, diese in einem frühen Planungsstadium zu Rate ziehen.

Literatur
- Becker, Georg E.: *Planung von Unterricht*. Weinheim und Basel: Beltz, 1997 (7.)
- Bergmann, Klaus; u.a.: *Handbuch der Geschichtsdidaktik*. Seelze-Velber: Kallmeyer, 1997 (5., überarb. Auflage)
- Glöckel, H.: *Geschichtsunterricht*. Bad Heilbrunn/Obb.: Klinkhardt, 1979
- Meyer, Hilbert: *Leitfaden zur Unterrichtsvorbereitung*. Frankfurt a.M.: Scriptor, 1993 (12.)
- Rohlfes, J.: *Geschichte und ihre Didaktik*. Göttingen: Vandenhoeck und Ruprecht, 1986

Begründungen

Es gibt unendlich viele geschichtliche Phänomene, die Inhalt von Geschichtsunterricht werden könnten. Und weil sich jeden Tag Neues ereignet, wird die Beantwortung der Frage, was sich die Jugendlichen aus der Fülle des geschichtlich Lernbaren tatsächlich aneignen sollen, immer anspruchsvoller. Für die Auswahl der Lerninhalte braucht es deshalb einen Kompass, welcher sich sowohl an der Sache als auch an den Jugendlichen und der Gesellschaft orientiert. Wolfgang Klafki hat mit drei Aspekten den Begründungshorizont für eine Inhaltsauswahl abgesteckt: Wenn ein Inhalt erstens einen allgemeinen Sinn- oder Sachzusammenhang vertritt, zweitens im Leben der Schülerinnen und Schüler bedeutungsvoll ist und drittens für die Zukunft der Jugendlichen und der Gesellschaft relevant ist, dann lohnt es sich, diesen Inhalt zum Thema im Geschichtsunterricht zu machen.

Alle drei Aspekte, also die exemplarische Bedeutung, die Gegenwarts- und die Zukunftsbedeutung, müssen nachgewiesen sein, damit ein Thema didaktisch gerechtfertigt ist. Die Beschäftigung mit diesem Begründungszusammenhang liefert gewissermassen einen Filter für die Unterscheidung von wesentlichen und unwesentlichen Phänomenen. Sie kann Lehrpersonen vom Stoffdruck entlasten und Antworten auf die Frage liefern, wieso man eigentlich in der Schule dies oder jenes behandeln müsse. Jeder der drei Aspekte lässt sich mit einer Reihe von Fragen untersuchen.

Exemplarische Bedeutung
Der Aspekt der exemplarischen Bedeutung ist zentral im didaktischen Feld der Begründungen. Hier wird sichtbar, dass für den Geschichtsunterricht Inhalte in Frage kommen, die über sich hinausweisen, die aufgrund ihrer exemplarischen, repräsentativen Struktur eine allgemeine Zielsetzung verwirklichen helfen. Ein konkreter geschichtlicher Inhalt hat dann exemplarische Bedeutung, wenn die Schülerinnen und Schüler daran Einsichten gewinnen, Gesetzmässigkeiten erkennen oder Zusammenhänge erarbeiten können, die sie auch auf andere geschichtliche Phänomene übertragen können. Die exemplarische Bedeutung einer Sache bestimmen zu können, setzt umfassendes Sachwissen voraus. Erst wer selber eine Sache durchdrungen hat, kann die Fragen zur exemplarischen Bedeutung kompetent beantworten, die da sind: Welchen grösseren oder welchen allgemeinen Sinn- oder Sachzusammenhang vertritt oder erschliesst ein Inhalt? Welches Phänomen oder Grundprinzip, welches Problem, welche Methode, Technik oder Haltung lässt sich in der Auseinandersetzung mit diesem Inhalt exemplarisch erfassen? Um diese Fragen zu beantworten, ist jeweils ein Rückbezug auf die Grunddimensionen Zeit und Raum sowie auf die Grundbereiche Gesellschaft, Wirtschaft, Herrschaft und Kultur hilfreich. Ein Inhalt kann aber auch helfen, die Wahrnehmung oder Deutung von Geschichte exemplarisch zu erlernen.

Gegenwartsbedeutung
Während die Auseinandersetzung mit der exemplarischen Bedeutung von der Lehrperson eine vertiefte Kenntnis der Sache voraussetzt, rückt bei der Gegenwartsbedeutung die Kenntnis der Kinder und Jugendlichen ins Zentrum der Aufmerksamkeit: Welche Bedeutung hat der betreffende Inhalt oder die an diesem Thema zu gewinnende Erfahrung, Erkenntnis, Fähigkeit oder Fertigkeit bereits im geistigen Leben der Schülerinnen und Schüler, welche Bedeutung sollte er – vom pädagogischen Gesichtspunkt aus gesehen – darin haben? Die Antworten auf diese Fragen fallen von Kind zu Kind unterschiedlich aus. Das, was Jugendliche interessiert, das, was sie ängstigt oder beschäftigt, hängt von ihrem sozialen Umfeld und ihren Lebenserfahrungen ab. Dies bestimmt mit, ob ein Inhalt für Jugendliche bedeutsam ist. Wenn der Planungsprozess in Zusammenarbeit mit den Jugendlichen erfolgt, können diese durch ihre Fragen, die sie an die Geschichte stellen, mit-

helfen, sinnvolle Themen zu finden. Wer Geschichte befragt, äussert ein gegenwärtiges Bedürfnis an Information oder Orientierung und versucht, durch Rekonstruktion von Vergangenem sein künftiges Handeln besser zu leiten. Er vollzieht eine Denkbewegung, welche in der Gegenwart ansetzt, sich in die Vergangenheit fortsetzt, um ein Handeln in der Zukunft zu ermöglichen.

Eigenständige Auseinandersetzung mit Geschichte verknüpft also notwendigerweise Gegenwart mit Vergangenheit und Zukunft. Es sind dabei drei Grundtypen von Gegenwartsbezügen der Geschichte zu unterscheiden. Erstens können vergangene Ereignisse die Vorgeschichte der Gegenwart darstellen und zum Beispiel Ursache von gegenwärtigen Problemen sein. In diesem Fall lassen sich zwischen den vergangenen Ereignissen und der Gegenwart Veränderungen oder Kontinuitäten aufzeigen. Zweitens können vergangene Strukturen als Modell zur Erklärung von aktuellen Situationen dienen. Wer das vergangene Modell studiert, kann die Gegenwart besser deuten. Drittens können vergangene Strukturen oder Ereignisfolgen als Kontrast zur Gegenwart betrachtet werden. Dadurch schärfen sie den Blick für die Besonderheiten des Aktuellen.

Zukunftsbedeutung
Die Zukunftsbedeutung von geschichtlichen Inhalten ist nicht so leicht zu erschliessen wie die Gegenwartsbedeutung, wo die Jugendlichen im Blick sind, oder die exemplarische Bedeutung, wo die Sache im Zentrum steht. Bei der Zukunftsbedeutung kann höchstens vermutet werden, inwiefern ein zu behandelnder Inhalt für die Jugendlichen und die Gesellschaft bedeutsam wird. Das setzt eine Analyse der Gegenwart voraus. Klafki zeigt auch hier einen möglichen Weg, indem er versucht, Schlüsselprobleme zu identifizieren, in welchen sich unsere aktuellen Grundfragen spiegeln und mit denen sich die Jugendlichen in Zukunft auseinander setzen müssen.

Es sind dies:
▶ Völkerverständigung und Friedenssicherung
▶ Verwirklichung von Menschenrechten
▶ Herrschaft und Demokratisierung
▶ Soziale Ungerechtigkeit
▶ Geschlechter- und Generationenverhältnis
▶ Umgang mit Minderheiten
▶ Arbeit
▶ Umwelterhaltung
▶ Sucht, Aggression und Gewalt
▶ Massenmedien und Alltagskultur
▶ Globale Ungleichheiten

Wenn die Beschäftigung mit einem geschichtlichen Inhalt dazu beiträgt, eines oder mehrere der oben genannten Schlüsselprobleme besser zu verstehen oder sich kompetenter damit auseinander zu setzen, dann darf eine Zukunftsbedeutung angenommen werden.

Trotz der Notwendigkeit, sich je individuell mit den drei Begründungsaspekten exemplarische Bedeutung, Gegenwartsbedeutung und Zukunftsbedeutung zu beschäftigen, können ein Austausch mit den Lernenden und anderen Lehrenden sowie ein Studium von Lehrerhandbüchern oder Lehrplänen hilfreich sein. Gerade planerische Überlegungen im Feld der Begründungen werden vorzugsweise im gemeinsamen Gespräch und im Team angegangen.

Literatur
– Bergmann, Klaus: *Geschichtsdidaktik – Beiträge zu einer Theorie historischen Lernens*. Schwalbach/Ts.: Wochenschau-Verlag, 1998
– Hug, Wolfgang: *Geschichtsunterricht in der Praxis der Sekundarstufe I*. Frankfurt am Main: Diesterweg, 1985 (3.)
– Klafki, Wolfgang: *Neue Studien zur Bildungstheorie und Didaktik*. Weinheim und Basel: Beltz, 1991 (2., erweiterte Auflage)
– Pädagogik, Heft 4/1996. *Unterrichtsplanung*. Hamburg: Pädagogische Beiträge Verlag
– Reeken, Dietmar von: Wer hat Angst vor Wolfgang Klafki. In: *Geschichte in Wissenschaft und Unterricht, Heft 5,6/1999*. S. 292–304
– Schmidt-Wulffen, W.: Schlüsselprobleme als Grundlage zukünftigen Geografieunterrichts. In: Schulze A. (Hrsg.): *40 Texte zum Geografieunterricht*. Gotha: Gotha-Verlag, 1996. S. 340ff.
– Vettiger, Heinz (Hrsg.): *Unterricht planen, durchführen, auswerten lernen*. Hannover: Schroedel, 1998

Lernziele

Das Festlegen von Lernzielen ist eine Schlüsselstelle bei der Planung von Unterricht. Wer die Ziele festlegt, bekommt erstens Klarheit, wie der Unterricht verlaufen könnte. Sie machen zweitens deutlich, was weggelassen werden kann. Lernziele bieten drittens eine Verständigungsplattform zwischen Lehrenden und Lernenden, aber auch für Eltern, Schulaufsichtspersonen und andere Interessierte. Lernziele verknüpfen viertens die abschliessende Erfolgskontrolle mit dem tatsächlich beabsichtigten Unterricht: Es soll nur das geprüft werden, was auch angestrebt und realisiert wurde. Angesichts der herausgehobenen Bedeutung von Zielentscheidungen kann man durchaus behaupten, dass dieses Feld der Unterrichtsplanung das zentrale ist.

Aus diesem Grund beginnen viele Lehrpersonen ihre Unterrichtsplanung damit, dass sie Lernziele formulieren. Wer allerdings so vorgeht, muss die getroffenen Entscheidungen anhand der übrigen didaktischen Felder prüfen. Nur wenn die Zielentscheidung abgestimmt ist auf den Lerninhalt, die Bedingungen und Begründungen, besteht die Chance, dass der intendierte Unterricht gelingt. Hier wie anderswo zeigt sich deutlich, dass eben alle fünf Felder der Planung mit allen andern eng zusammenhängen. Ausserdem tendieren viele Lehrpersonen, die ihre Unterrichtsplanung mit der Zielentscheidung beginnen, dazu, sich zu fragen, was sie selber erreichen und was sie bei ihren Schülerinnen und Schülern fördern möchten. Eine solche Optik verführt zu einem lehrerzentrierten Unterricht, bei dem die Lernprozesse der Jugendlichen aus den Augen geraten. Günstiger ist es deshalb bei der Zielformulierung, eine möglichst eindeutige Beschreibung des erwünschten und in der Vorstellung vorweggenommenen Verhaltens der Lernenden festzuhalten und sich als Lehrperson bei der Planung zu fragen, was die Schülerinnen und Schüler am Schluss des Unterrichts wissen, können und wollen sowie was sie während des Unterrichts tun, um dies zu erreichen.

Drei Lernzielbereiche

Geschichtsunterricht soll Jugendlichen ermöglichen, ihr Geschichtsbewusstsein zu entwickeln. Da dies ein kognitiver Bezug zum Umgang mit Geschichte ist, liegt ein hauptsächlicher Schwerpunkt der Ziele von Geschichtsunterricht im kognitiven Bereich. Jugendliche sollen über ein Basiswissen in den vier Grundbereichen Gesellschaft, Wirtschaft, Herrschaft und Kultur verfügen. Sie sollen über die Schlüsselprobleme der Welt, in der sie leben, Bescheid wissen und eine Reihe von Beispielen kennen, wie die Menschen zu andern Zeiten und an andern Orten mit solchen zentralen Fragen umgegangen sind. Darüber hinaus sollen sie Einsichten bekommen in fundamentale geschichtliche Zusammenhänge, sie sollen zum Beispiel kulturelle Phänomene verstehen, Machtausübung analysieren und wirtschaftliche Entwicklungsprozesse beurteilen können.

Die Ausdifferenzierung des Geschichtsbewusstseins darf aber mit dem Ende des Geschichtsunterrichts nicht abgeschlossen sein. Schülerinnen und Schüler sollen in der Lage sein, selbstständig Geschichte wahrzunehmen und zu deuten. Sie müssen deshalb fähig sein, selber einen Geschichtsatlas zu brauchen, Karten zu zeichnen, Tabellen in Grafiken umzusetzen, Quellen zu entschlüsseln, Ausstellungen zu besichtigen, kritisch im Internet zu suchen usw. Jugendliche sollen die wesentlichen fachspezifischen Techniken, Arbeitsmittel und Verfahren anwenden können. Ein zweiter Schwerpunkt der Ziele von Geschichtsunterricht liegt deshalb im psychomotorischen Bereich.

Schliesslich sollen die Jugendlichen auch eine Bereitschaft gewinnen, im Umgang mit Geschichte, in der Wahrnehmung wie der Deutung von Geschichte, eine aufgeklärte Haltung einzunehmen und Werte zu vertreten, die mit der als richtig erkannten Gesellschaftsordnung übereinstimmen. Ein dritter Schwerpunkt der Ziele von Geschichtsunterricht liegt also im affektiven Bereich. Jugendliche sollen zum Beispiel unterscheiden wollen zwischen Fakten und Fiktion, sie sollen mündig und aufgeklärt Entscheidungen darüber treffen, wo sie sich für Kontinuität einsetzen und wo sie Veränderungen anstreben wollen.

Wissen, Können und Wollen sind nicht voneinander zu trennen. Man kann diese Lernzielbereiche im Lernen selber oft nur schwer unterscheiden. Wenn Schülerinnen und Schüler eine Quelle interpretieren, eignen sie sich im günstigen Fall neues Wissen an, sie schulen die Fähigkeit zum Umgang mit Quellen und sie festigen ihre Haltungen oder stellen diese in Frage. Kognitive, psychomotorische und affektive Lernziele sind eng verknüpft. Dennoch hat diese Trennung der drei Lernzielbereiche durchaus nicht nur theoretische Bedeutung. Für die konkrete Unterrichtsplanung ist es wichtig, sich und andern darüber Rechenschaft zu geben, welche Bereiche besonders gewichtet werden. Man darf wohl davon ausgehen, dass Einseitigkeiten beim Lehren oft negative Effekte produzieren, und so scheint denn auch eine Ausgewogenheit der Lernzielbereiche durchaus ein tauglicher Weg zu sein, um nachhaltige Lernprozesse anzubahnen.

Anspruchsniveau der Ziele
Nicht alle Leistungen von Schülerinnen und Schülern sind von gleichem Schwierigkeitsgrad. Das Anspruchsniveau von Geschichtsunterricht hängt von vielen Faktoren ab. Zu jedem Lernzielbereich gibt es so genannte Lernzielhierarchien oder Taxonomien, welche Aussagen zum jeweiligen Anspruchsniveau erlauben. Für den kognitiven Bereich hat B. Bloom plausibel dargestellt, wie die Komplexität von der Wissensreproduktion über das Verständnis, die Anwendung, die Analyse, die Synthese bis zur Beurteilung zunimmt. Es ist also weniger anspruchsvoll, den Ablauf der Russischen Revolution nach dessen Behandlung im Unterricht zu wiederholen, als selbstständig eine unbekannte Quelle in diesen bekannten Ablauf einzuordnen, den Verfasser der Quelle aufgrund seiner Meinungen im Spannungsfeld der Revolution zu verorten oder sogar die mögliche Wirkung der Quelle auf den Revolutionsverlauf zu beurteilen. Natürlich hängt das Anspruchsniveau nicht nur von dieser steigenden Komplexität der Schülerleistungen ab, sondern auch von der Kompliziertheit einer Sache. Je mehr Ursachen zum Beispiel ein Prozess hat und je vielschichtiger er abläuft, desto schwieriger ist es, diesen zu reproduzieren, zu verstehen usw. Und schliesslich ist nicht jeder Sachverhalt für jeden Jugendlichen gleich anspruchsvoll. Wer über ein grosses Vorwissen und eine hohe Intelligenz verfügt, wird einen Lerninhalt besser verstehen als andere.

Solche Lernzielhierarchien oder Taxonomien gibt es auch für den psychomotorischen und den affektiven Bereich: Es ist wenig anspruchsvoll, eine aus Zahlen entwickelte Grafik vom Hellraumprojektor abzuzeichnen. Und es ist weniger anspruchsvoll, ein Urteil von einer Respektsperson zu übernehmen, als aufgrund von eigenen Wertmassstäben reflektiert zu einem eigenen Urteil zu kommen.

Reflexionen zum Anspruchsniveau im Rahmen der Unterrichtsplanung können Lehrpersonen helfen, dass sie Schülerinnen und Schüler weder unter- noch überfordern, sondern die Sachen so in Beziehung zu den Jugendlichen bringen, dass Lernen möglichst optimal erfolgen kann.

Literatur
- Bergmann, Klaus: *Geschichtsdidaktik – Beiträge zu einer Theorie historischen Lernens*. Schwalbach/Ts.: Wochenschau-Verlag, 1998
- Bloom, Benjamin; u.a.: *Taxonomie von Lernzielen im kognitiven Bereich*. Weinheim: Beltz, 1972
- Dubs, Rolf: *Unterrichtsvorbereitung*. St. Gallen: Institut für Wirtschaftspädagogik, 1996
- Gies, Horst: *Repetitorium Fachdidaktik Geschichte*. Bad Heilbrunn/Obb.: Klinkhardt, 1981
- Peterssen, W.H.: *Handbuch Unterrichtsplanung. Grundfragen, Modelle, Stufen, Dimensionen*. München: Oldenburg, 1998 (8.)
- Schulz, W.: Ein Hamburger Modell der Unterrichtsplanung. In: Adl-Amini, B.; Künzli, R. (Hrsg.): *Didaktische Modelle der Unterrichtsplanung*. Weinheim: Juventa, 1991 (3.). S. 49–87

Inszenierungen

Geschichtsunterricht planen heisst Lernwege und Lernsituationen entwerfen. Wer Geschichte lehren will, muss Lernumgebungen inszenieren, welche Schülerinnen und Schüler anleiten und es ihnen erlauben, sich Geschichte anzueignen. Für den Geschichtsunterricht gibt es eine Reihe von erprobten und erfolgreichen Lernwegen oder Methoden. Jede Methode stützt sich auf eine eigene pädagogische Konzeption ab. Die verschiedenen Methoden unterscheiden sich hinsichtlich ihres typischen Ablaufs, ihrer angestrebten Ziele, ihrer Umsetzung charakteristischer didaktischer Prinzipien und ihres Ausmasses an Fach- und Schülerorientierung. Wer sich bei der Lehre von Geschichte an eine Methode hält, hat Gewähr, dass er einen vollständigen Lernprozess ermöglicht.

Lehrpersonen müssen sich beim Vorbereiten im didaktischen Feld der Inszenierungen fragen, welche Zugänge den Jugendlichen die Sache erschliessen, wie der Lernprozess aufgebaut sein soll, in welchem Ausmass sie den Lernprozess steuern wollen, inwiefern allen Schülerinnen und Schülern derselbe Prozessverlauf angeboten oder inwiefern binnendifferenziert werden soll, welche organisatorischen Massnahmen und Sozialformen den Lernprozess sichern und welche Medien ihn unterstützen können. Die Schwierigkeit beim Planen von Inszenierungen ist, diese richtig auf die Lerninhalte, die Bedingungen und Begründungen sowie auf die Lernziele abzustimmen. Nicht jeder Lernweg passt zu jeder Sache, zu jeder Klasse, zu jedem Ziel und zu jeder Lehrperson. Erleichternd wirkt sich allerdings aus, dass die Anzahl möglicher Lernwege im Geschichtsunterricht begrenzt scheint.

Klassen-, Plan- oder Projektarbeit?
Zudem lassen sich die möglichen Lernwege drei Organisationsformen zuordnen.
- ▶ Die erste Organisationsform ist diejenige der Klassenarbeit. Hier steuert die Lehrperson den Unterricht der ganzen Klasse in einem hohen Ausmass, weil sie gleichzeitig in den drei Handlungsdimensionen, der Inhalts-, der Beziehungs- und der Lernprozessdimension, agiert.
- ▶ Die zweite Organisationsform ist die Planarbeit. Auch hier ist das Ausmass der Lenkung durch die Lehrperson gross. Jedoch erlaubt die Planarbeit eine viel stärkere Differenzierung, weil die Lehrperson sowohl die Inhalts- als auch die Lernprozessdimension vorher aufgearbeitet hat.
- ▶ Die dritte Organisationsform ist die Projektarbeit. Hier ist die Selbststeuerung der Schülerinnen und Schüler bedeutend grösser als in der Klassen- oder Planarbeit, weil sie mitbestimmen, welche Inhalte sie wie lernen wollen.

Wer zum Beispiel aufgrund der Klassensituation stark homogenisieren will oder muss, organisiert Klassenarbeit, wo die Lehrperson während des Unterrichts gleichzeitig Inhalt vermittelt, Lernprozesse steuert und Schülerinnen und Schüler beim Lernen begleitet. Wenn vielleicht aufgrund des Lerninhalts eine stärkere Differenzierung günstig erscheint, organisiert die Lehrperson Planarbeit, bei welcher die Jugendlichen aufgrund von schriftlich ausgearbeiteten Plänen selbstständig arbeiten. Will die Lehrperson aber aufgrund des eigenen Unterrichtskonzeptes und der Begründungen Schülerinnen und Schüler dazu bringen, selber Fragen an die Geschichte zu stellen und Geschichte selber wahrzunehmen und zu deuten, dann wird sie Projektarbeit arrangieren.

Die Wahl des Lernweges
Wer die Organisationsform gewählt hat, ist nicht mehr frei in der Wahl der Methoden. Für die Klassenarbeit eignen sich eine Erzählung oder eine Erklärung, ein Gespräch über Geschichte, Lernaufgaben, Aufsätze, Referate, Klassenlektüren und anderes mehr. Für die Planarbeit eignen sich ein Leitprogramm, eine Lernwerkstatt oder eine Fallmethode.

Und wer Projektarbeit organisiert, wählt vielleicht die Projektmethode. Die Wahl der Methode hängt wesentlich von den Überlegungen in den andern Feldern der Unterrichtsplanung ab und lässt sich oft von da her ableiten. Wer Wissen vermitteln will, wählt vorzugsweise Lektionsmodelle, zum Können passen eher pragmatische Modelle und zum Wollen eher Erlebnismodelle. Es ist allerdings nicht so, dass die Ziele oder auch die Inhalte direkt die Methode bestimmen. Zwar gibt es gewisse Themen, die entziehen sich der einen Methode und sind ideal geeignet für eine andere. Aber welche Methode schliesslich die plausible ist, hängt auch von den andern Feldern ab. Die Methodenwahl ist stets gebunden an konkrete Situationen, an konkrete Lerngruppen, an konkrete Inhalte. Sie unterliegt Einflussfaktoren und wirkt selber auf andere Faktoren ein. Knoll hat für diese Wirkungszusammenhänge das Bild eines Mobiles gewählt: «In diesem Mobile sind die einzelnen Elemente einander zugeordnet – aber nicht fixiert wie in einem Kristall, sondern beweglich. Dabei sind Gewicht und Stellung gleichermassen von Bedeutung: Schon feinste Veränderungen in der Schwerpunktverteilung können das Gleichgewicht stören oder herbeiführen.» Während das vorliegende Buch die einzelnen Elemente des Mobiles beschreibt, sich Gedanken zum Gleichgewicht und den Beziehungen zwischen den Elementen macht sowie Baupläne entwickelt, haben Lehrpersonen tagtäglich die Aufgabe, konkrete Mobiles zu konstruieren, diese ins Gleichgewicht zu bringen, aufzuhängen und zu beobachten, wie sie sich im Wind bewegen.

Gestaltung von Lernsituationen
Mit den Methoden stehen also eine Reihe von Mustern für den Unterricht zur Verfügung, die allerdings nur ein geschultes Auge im Unterricht auf Anhieb zu erkennen vermag. Was beim Unterrichtsbesuch oder bei der Beobachtung unmittelbar ins Auge springt, ist nicht der Lernweg oder die Methode, sondern es sind die einzelnen Lernsituationen oder Figuren. Für Klaus Prange sind Figuren Gestaltungselemente von relativer Selbstständigkeit. Für das Fach Geschichte gibt es eine Reihe von spezifischen Figuren mit ihren Gesetzmässigkeiten und Regeln. Diese Figuren sind die Elemente, mit denen die Lernwege gebaut werden, und sie lassen sich an verschiedenen Orten in verschiedensten Methoden einfügen. Wer Geschichtsunterricht plant, überlegt sich also auch, welche Figuren im Verlauf eines Unterrichtsprozesses eingesetzt werden: Wo sollen die Schülerinnen und Schüler mit Karikaturen, Karten, Video oder Bildern lernen? Wann sollen sie Zeitleisten gestalten oder im Internet recherchieren?

Bei der Planung von Unterrichtseinheiten sind schliesslich auch Überlegungen zur Einstiegssituation zentral: Wie kann der Lerninhalt für die Schülerinnen und Schüler erfahrbar gemacht werden? Welches sind mögliche Anknüpfungspunkte und Problemstellungen? Welche Kernidee, welches Bild oder welches Modell schliesst den ganzen Lerninhalt exemplarisch auf? Die Bedeutung des Anfangs ist für einen Lernprozess kaum hoch genug einzuschätzen. Wem ein guter Einstieg gelingt, der erspart sich viel Mühe beim weiteren Unterrichten.

Literatur
- Aebli, Hans: *Zwölf Grundformen des Lehrens*. Stuttgart: Klett-Cotta, 1989 (4.)
- Bönsch, Manfred: *Variable Lernwege – Ein Lehrbuch der Unterrichtsmethoden*. Stuttgart: UTB, 1995 (2.)
- Flechsig, K. H.: *Kleines Handbuch didaktischer Modelle*. Göttingen: Zentrum für didaktische Studien, 1991 (3.)
- Frey, K.; u.a.: *Allgemeine Didaktik*. Zürich: ETH, Verlag der Fachvereine, 1990 (4.)
- Knoll, J.: *Kurs- und Seminarmethoden: ein Trainingsbuch zur Gestaltung von Kursen und Seminaren, Arbeits- und Gesprächskreisen*. Weinheim; Basel: Beltz, 1999 (8.)
- Oser, F.; u.a.: *Choreographien unterrichtlichen Lernens. Berichte zur Erziehungswissenschaft Nr. 89*. Freiburg: Pädagogisches Institut der Universität Freiburg, Schweiz, 1990
- Pandel, Hans-Jürgen: Postmoderne Beliebigkeit? Über den sorglosen Umgang mit Inhalten und Methoden. In: *Geschichte in Wissenschaft und Unterricht, Heft 5, 6/1999*. S. 282–291
- Prange, K.: *Bauformen des Unterrichts*. Bad Heilbrunn/Obb.: Klinkhardt, 1986 (2.)

Lernwege sind wie Äste eines Baumes. Sie geben dem Unterricht eine charakteristische Struktur.

Lernwege

Geschichte spannend erzählen	42
Geschichte wirksam erklären	46
Gespräche über Geschichte	50
Geschichte erarbeiten und entdecken lassen	54
Geschichtsaufsätze; -referate und Facharbeiten	58
Durch Geschichten Geschichte lernen	62
Im Geschichtsunterricht gestalten	66
Auf Exkursionen Geschichte begreifen	70
Geschichte im Museum und im Archiv	74
Geschichte spielen	78
Lernende als Lehrende – Geschichte im Gruppenpuzzle	82
Geschichte mit einem Leitprogramm	86
Lernen an Stationen – Geschichte in der Lernwerkstatt	90
Geschichte an einem exemplarischen Fall	94
Geschichte forschend erlernen – die Projektmethode	98

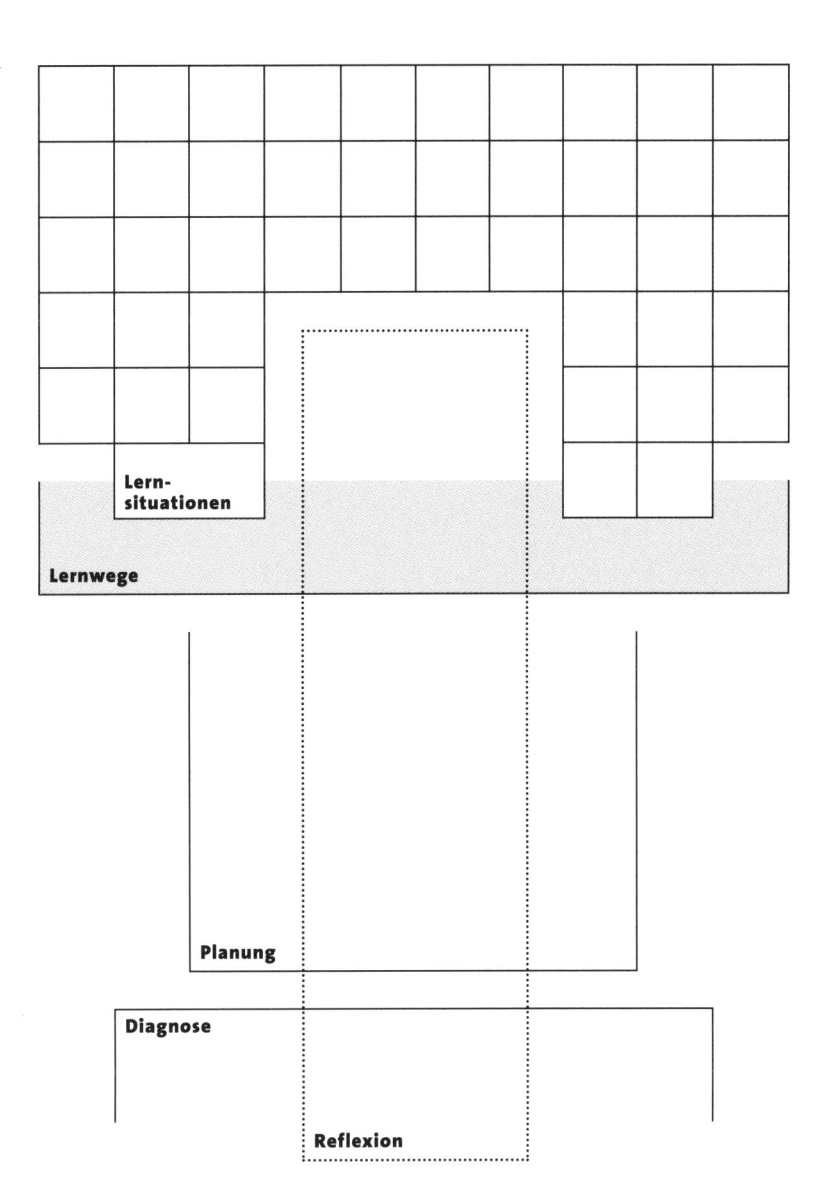

Wer Geschichte lehrt, gestaltet Lernwege, welche die Schülerinnen und Schüler in Lerntätigkeiten verwickeln. Für den Geschichtsunterricht gibt es eine Reihe von erprobten und erfolgreichen Lernwegen oder Methoden, die sich hinsichtlich ihres typischen Ablaufs, ihrer angestrebten Ziele, ihrer Umsetzung je charakteristischer didaktischer Prinzipien und ihres Ausmasses an Fach- und Schülerorientierung unterscheiden. Jede Methode hat ihre Vorzüge und ihre Nachteile, ihre Indikation und ihre Kontraindikation. Methoden, so verstanden, sind «Rekonstruktionen von Unterrichtswirklichkeit». Die Anzahl der Methoden scheint begrenzt. Im folgenden Kapitel werden 15 Lernwege vorgestellt.

Geschichte spannend erzählen

Erzählen ist eine Form des Lehrervortrags. Drei Kennzeichen charakterisieren diese Form von Unterricht: Erstens agiert die Lehrperson gleichzeitig in den verschiedenen Dimensionen Inhalt, Lernprozess und Beziehung. Dieser Umstand macht deutlich, dass der Lehrervortrag eine anspruchsvolle unterrichtliche Tätigkeit ist. Zweitens hat die Lehrerin, der Lehrer ein Informationsmonopol und bestimmt alleine den Fortgang des Unterrichts. Vielleicht wird diese Kommunikationsstruktur durch die Sitz- oder Raumordnung zusätzlich sichtbar. Drittens benutzt die Lehrperson primär die Sprache als Medium der Darstellung. Eine Erzählung erkennt man im Unterschied zu andern Formen des Lehrervortrags wie etwa der Erklärung (siehe Seite 46) daran, dass der Lerninhalt am Beispiel ausgewählter Menschen gespiegelt wird, dass mit verschiedenen Mitteln der Dramatisierung gearbeitet wird, dass eine exemplarische Gegebenheit im Zentrum steht und dass Gefühle angesprochen werden. Diese Kennzeichen führen dazu, dass einige Lehrpersonen diese Methode als undemokratisch, ungeschichtlich und deshalb als gefährlich einschätzen. Andere wiederum erachten die Erzählung als einen Königsweg zur Ausbildung der historischen Imagination.

Abgedunkeltes Zimmer, die Stühle im Erzählhalbkreis vor der Leinwand gruppiert, auf der Leinwand das Dia einer Zeichnung: Zwei römische Grenzwächter stehen hoch oben auf einem Wachturm und blicken über den Rhein nach Norden. Sie erklären dem jungen Helvetier Augustus die Rundsicht. Augustus erfährt von den Römern (und die Schülerinnen und Schüler von der Lehrperson), dass eine Pechfackel angezündet wird, wenn nachts Gefahr droht. Wenn der Wächter auf dem Nachbarturm sieht, dass hier am Rhein die Fackel brennt, weiss er, dass die Alamannen über den Rhein stürmen. Darauf zündet er seine Fackel oder den Scheiterhaufen am Fuss des Turms ebenfalls an, und so wird der Alarm von Turm zu Turm weitergegeben bis zum nächstgelegenen Heerlager, und sofort eilen die Soldaten herbei, um zu helfen. Die Schülerinnen und Schüler hören gebannt zu. Sie fragen sich mit Augustus, wie der Alarm bei Tag funktioniert, wenn man die Fackel nicht so weit sieht. Und sie zittern mit Augustus, wenn dieser als Späher über den Rhein geht, Wolfsgeheul hört und schliesslich von den Alamannen gefangen wird. Welche Strafe bekommt er? Wird er lebendigen Leibes im Moor vergraben oder einem Händler verkauft? Oder soll er gar mit dem alamannischen Heereszug zurück in seine Heimat südlich des Rheins?

Merkmale von Geschichtserzählungen

Die Geschichtserzählung gilt als besonders ökonomische Art der Wissensvermittlung, weil weniger Zeitverluste durch Um- oder Irrwege vorkommen als etwa beim fragend-entwickelnden Vorgehen. Eine gute Geschichtserzählung wird durch folgende vier Merkmale charakterisiert:

▶ Sie arbeitet mit den Mitteln der Personifizierung. Die Geschichtserzählung spiegelt den Gang der Geschichte im Leben herausgehobener Einzelner. Dies bietet den Jugendlichen die Gelegenheit zur Identifikation, schafft vor allem dann Nähe und Anteilnahme, wenn die Protagonistinnen und Protagonisten ebenfalls Kinder und Jugendliche sind, wie oben im Beispiel der Helvetierjunge Augustus. Erzählungen entwickeln so eine gewisse Suggestivität, die Jugendliche in ihren Bann zu ziehen vermag.

▶ Die Geschichtserzählung arbeitet mit den Mitteln der Dramatisierung: Es soll ein geschlossenes Ganzes vor Augen rücken, ein Geschehen, dass einen Anfang und ein Ende hat, wo die Einzelheiten ihren Sinn in Bezug auf die Geschichte haben. Die obige Geschichte beginnt mit der Ankunft Augustus in Vindonissa, erzählt seine Spählererlebnisse jenseits des Rheins, sein Zug mit den Alamannen zurück in die Heimat, wo er die Eltern warnen kann, das Gefecht der Alamannen gegen die Römer, den Beginn ihres Siedlungsbaus und endet, als Augustus durch eine Mutprobe seine Freiheit wieder gewinnt. Die Vielfalt und Unübersehbarkeit der Völkerwanderungszeit wird durch diese Erzählung auf ein Grundmuster zurückgeführt und dadurch besser verstehbar. Dies ist ein Moment, welches die Jugendlichen anspricht, weil Geschichte sonst in der Regel dermassen vernetzt und gleichzeitig mosaikhaft ist und weil fast immer alles mit allem zusammenhängt.

▶ Die Geschichtserzählung entwickelt sich an einer exemplarischen Gegebenheit. Das Thema weist über die dargestellte Epoche hinaus. Eine gute Erzählung meint immer auch die Gegenwart, wenn sie die Vergangenheit thematisiert. Es werden zeitlose Fragen angesprochen und innere Wahrheit entfaltet. So sind zweierlei Arten von Gegenwartsbezügen möglich: Dargestellte Ereignisse können als Modell und Erklärung moderner Situationen dienen, etwa um zu zeigen, wie ein einzelner Jugendlicher sich dank seinem Mut und seiner Tatkraft ein eigenes Leben gestalten kann. Dargestellte Zustände können auch als Kontrast oder Alternative zur Gegenwart aufscheinen. Das Leben eines Jugendlichen, welcher als Späher für die Römer oder als Knecht bei den Alamannen arbeitet, kann zum Nachdenken über den eigenen Tagesverlauf anregen.

▶ Geschichtserzählungen erwecken Gefühle der Betroffenheit und Anteilnahme. Sie sollen Lerninhalte auf anschauliche, konkrete und sinnstiftende Weise vermitteln. Dadurch heben sie Distanzen auf und stellen unmittelbare Bezüge her. So wird die Imagination gefördert.

Gefahren von Geschichtserzählungen

Wer diese vier Merkmale durchgeht, könnte das Gefühl bekommen, die Geschichtserzählung sei ein Wundermittel für einen guten Geschichtsunterricht. Die oben geschilderten Vorzüge kommen aber nur dann zur Geltung, wenn die Lehrperson ein gewisses Erzählgeschick und Freude hat, sich und etwas zu präsentieren. Ausserdem sind eine ganze Reihe

von Gefahren ebenso typisch für die Geschichtserzählung wie die oben erwähnten Merkmale:
- ▶ Geschichtserzählungen können Lernende in eine Passivität versetzen, welche auf die Dauer kritisches Mitdenken lähmt.
- ▶ Geschichtserzählungen vermitteln mitunter ein schiefes Bild der Geschichte. Sie schreiben einzelnen Menschen eine Wirksamkeit und Bedeutung zu, die ihnen in Wahrheit nicht gebührt. Es sind häufig nicht die einzelnen Personen, die «Geschichte machen», sondern Strukturen und Verhältnisse.
- ▶ Die suggestiven Mittel der Erzählungen haben emotionale Wirkungen und behindern die Vernunft. So können die Schülerinnen und Schüler manipuliert werden.

Einsatzmöglichkeiten

Geschichtserzählungen lassen sich immer dann einsetzen, wenn die Voraussetzungen gegeben sind, um die oben geschilderten vier Merkmale umzusetzen: Der Lerninhalt muss sich personifizieren lassen, er soll Identifikation ermöglichen, Personen mit Namen kommen vor, es muss möglich sein, einen natürlichen Anfang und ein logisches Ende zu setzen, wenn möglich auch einen Höhepunkt oder eine Schlusspointe auszugestalten. Was erzählt wird, soll nicht bloss für sich einen Wert haben, sondern etwas Allgemeingültiges aufscheinen lassen. Die Erzählung soll Gefühle auslösen.

Geschichten erzählen sollen diejenigen Lehrpersonen, die dies gerne tun. Für die andern gibt es genügend Möglichkeiten, welche dieselben Ziele anstreben. Statt selber zu erzählen, kann man die Schülerinnen und Schüler eine Erzählung lesen lassen (vgl. Seite 62), vielleicht gibt es auch einen guten Film oder eine Radiosendung zum gewählten Thema.

Was für alle andern Methoden wichtig ist, gilt auch für die Erzählung. Farbige Figuren verstärken die Wirkung: Vielleicht hilft vor der Erzählung eine orientierende Karte oder ein Lageplan, um die Geschichte besser zu verstehen, vielleicht entwickeln die Schülerinnen und Schüler zur Erzählung eine Mind Map, vielleicht fassen sie nach der Erzählung diese schriftlich zusammen, entwickeln ein Bild dazu oder füllen einen Lückentext aus.

Für die Darbietungen spielen die vier Dimensionen der Verständlichkeit (nach Schulz von Thun) eine grosse Rolle. Die Erzählung soll also einfach und mit geläufigen Wörtern daherkommen, sie soll gut gegliedert sein und einen roten Faden haben, sie soll prägnant sein, was in einer Erzählung dadurch erreicht wird, dass Wichtiges mehrfach mit andern Sätzen und Wörtern gesagt wird und deshalb nicht abgelesen ist, sie soll abwechslungsreich und medial unterstützt sein. Um als Erzählerin, Erzähler diese Vorzüge zu sichern, gibt es mehrere Hilfsmittel: Man kann zum Beispiel die wichtigsten Begriffe einer Erzählung auf Zettel schreiben und diese während des Erzählens am Boden auslegen oder an die Pinwand heften. Günstig ist es auch, einen Gegenstand mitzubringen, der typisch für eine Erzählung ist. Dadurch wird die Aufmerksamkeit erhöht. Er lädt zum Betrachten, zum Betasten ein und erinnert später als Ausstellungsstück im Klassenzimmer an die Erzählung. Man kann auch ein zentrales Wort der Erzählung auswählen und zu den einzelnen Buchstaben Stichwörter suchen (Augustus: A für Alamannen, U für ...). Das Dramatisieren einzelner Passagen auf einer improvisierten Bühne kann die Wirkung erhöhen. Man kann zu den einzelnen Kapiteln Bilder auswählen. All diese Möglichkeiten haben zudem den Vorzug, dass Schülerinnen und Schüler so leichter lernen können, selber zu erzählen. Wer die Zettel oder das zusammenfassende Wort, die Bilder oder den Gegenstand vor Augen hat, erzählt leichter und lieber.

Erzählungen eignen sich gut für einen Einstieg am Morgen oder einen Abschluss am Abend. Bei allen Vorzügen und für alle Formen der Erzählung aber gilt: Nicht zu lange erzählen! In der Regel ermüden die Lernenden schneller als die Lehrpersonen erwarten: Bei 12- bis 16-Jährigen nicht länger als 20 Minuten, und bei 16- bis 20-Jährigen nicht länger als 30 Minuten erzählen.

Geschichte und Erzählung

Der Begriff Erzählung ist vor allem in der Geschichte ein schillernder Begriff mit einer langen Tradition. Lehrerinnen und Lehrer brauchen den Begriff so wie oben ausgeführt vor allem zur Beschreibung der Unterrichtsform. Erzählung ist aber auch eine geschichtstheoretische Fundamentalkategorie: Erst wenn verschiedene Ereignisse miteinander verknüpft – eben erzählt – werden, entsteht Geschichte. Erzählung ist darüber hinaus auch ein grundlegendes Darstellungsprinzip von Geschichte, welches bis ins 19. Jahrhundert hinein als einzige Möglichkeit gesehen wurde, Geschichte weiterzugeben. Die erzählende Geschichtsschreibung wollte erbauliche und ästhetische Produkte hervorbringen. Wenn dies Lehrpersonen ansatzweise gelingt, dann ermöglichen Geschichtserzählungen einen Unterricht, der zugleich wirksam, bedeutsam und angenehm ist.

Literatur
- Bächinger, Konrad; u.a.: *Lasst hören aus alter Zeit*. Olten: Walter, 1968
- Grünauer, Karl-Heinz: *Geschichten aus der Geschichte*. Puchheim: pb-Verlag, 1995
- Pandel, Hans-Jürgen: *Historisches Erzählen*. In: *Geschichte lernen*, Heft 2/1988. S. 8–12
- Parigger, Harald: *Geschichte erzählt*. Berlin: Scriptor, 1995 (2.)
- Rohlfes, Joachim: Geschichtserzählung. In: *Geschichte in Wissenschaft und Unterricht*, Heft 12/1997. S. 736–743

	verständliche Darbietung	unverständliche Darbietung
Einfachheit	kurze einfache Sätze geläufige Wörter Fach- und Fremdwörter erklärt konkret anschaulich	lange verschachtelte Sätze seltene Wörter Fach- und Fremdwörter nicht erklärt abstrakt unanschaulich
Ordnung	gegliedert folgerichtig übersichtlich Wesentliches vom Unwesentlichen unterscheiden der rote Faden bleibt sichtbar alles kommt schön der Reihe nach	ungegliedert zusammenhanglos unübersichtlich Wesentliches und Unwesentliches vermischt kein roter Faden ersichtlich wirr, durcheinander
Prägnanz	zielorientiert auf Wesentliches beschränkt Wichtiges ausgeführt und auf verschiedene Weisen dargestellt	abschweifend zu viel Unwesentliches Wichtiges geht unter
Anregung	abwechslungsreich interessant aktivierend anregend bildhaft	monoton langweilig einschläfernd nüchtern farblos

Die Verständlichkeit von Darbietungen (nach Schulz von Thun, F.; Götz, W.: *Mathematik verständlich erklären*. München: Urban & Schwarzenberg, 1976)

Geschichte wirksam erklären

In aller Regel weiss die Lehrperson mehr über Geschichte als die Schülerinnen und Schüler. Weil es im Geschichtsunterricht unter anderem darum geht, dass sich Lernende Basiswissen und Grundbegriffe aneignen und weil dies am wirksamsten mit einer guten Erklärung von geschichtlichen Informationen geschieht, gehört diese Art der Vermittlung zu den elementaren und unerlässlichen Kernbereichen von Geschichtsunterricht. Alle Beobachtung von Unterricht bestätigt diese Aussage: Lehrpersonen erklären Strukturen, erläutern Verfassungen, beschreiben Lebenssituationen, schildern Schlachten. Trotzdem haben einige Lehrerinnen und Lehrer ein schlechtes Gewissen bei solchen Inszenierungen. Sie wissen, dass sie mit jeder Präsentation Lernende beeinflussen, weil sie die Präsentation auch ganz anders hätten aufbauen können, und es stört sie, dass Schülerinnen und Schüler in eine passive Rolle gedrängt werden. Wer dies denkt, ignoriert erstens die Tatsache, dass jeder Unterricht immer auch anders verlaufen könnte, und zweitens, dass Schülerinnen und Schüler bei einer wirksamen Darbietung keineswegs passiv oder rezeptiv sind, denn Aneignung von Information ist immer ein aktiver Vorgang. Eine gelungene Präsentation wird genau dies bewirken. Schülerinnen und Schüler eignen sich auf eine besonders ökonomische Art geschichtliches Wissen an, weil weniger Zeitverluste durch Um- oder Irrwege vorkommen als zum Beispiel bei Gesprächen über Geschichte.

Markus ist verwirrt. Mit seinem älteren Bruder Rolf bereitet er sich auf die Geschichtsprobe vor. Eigentlich war er der Meinung, er hätte die Entstehungsgeschichte der Eidgenossenschaft gut begriffen. Die Lehrerin hatte es ja auch anschaulich erklärt: Da war zuerst einmal der Unabhängigkeitskampf der seit je freiheitsliebenden Waldstätte, die sich gegen die habsburgischen Vögte wehrten, deren Burgen zerstörten und dann 1291 als Eidgenossen ein ewiges antihabsburgisches Bündnis schlossen, aus dem dann nach und nach die unabhängige Schweiz entstanden ist. Und nun behauptet Rolf, er hätte bei seinem Lehrer gelernt, dass zwischen den Waldstätten und den Habsburgern ein gutes Verhältnis bestanden habe. Der so genannte Bund von 1291 sei bloss ein Vertrag gewesen, um sich gegen allfällige Wirren nach dem Tod von König Rudolf I. abzusichern. Und überhaupt sei es abenteuerlich zu behaupten, diese Eidgenossen seien in irgendeiner Form die Urahnen der Schweiz. Diese Eidgenossen seien bloss ein Haufen undemokratischer und gewalttätiger Bauern gewesen. Markus und Rolf beschliessen in ihrer Unsicherheit, den Vater zu fragen. Dieser erklärt, seiner Meinung nach seien doch vor allem die wirtschaftlichen Faktoren wichtig gewesen. Da habe sich zu heute gar nichts verändert. Die Eröffnung des Gotthardpasses als Verbindung in den Süden habe den Bauern neu die Viehzucht in grösserem Stil erlaubt. Deshalb sei es zum Streit um Alpweiden und schliesslich zum Krieg gekommen. Natürlich muss auch noch die Mutter Auskunft geben, als sie nach Hause kommt. Für sie ist vor allem der allgemeine Aufschwung in Europa zwischen der Jahrtausendwende und dem 14. Jahrhundert wichtig, der zu einem starken Anwachsen der Bevölkerung führte. Die dadurch im Mittelland neu entstandenen Städte hätten starke Bündnispartner gesucht, um ihre Lage zu stabilisieren. – Markus nimmt sich vor, sich in Zukunft ohne Hilfe seiner Familie auf die Geschichtsprobe vorzubereiten und der Erklärung der Lehrerin zu vertrauen: Sie hat schliesslich Geschichte studiert und gibt die Noten.

Vier Erklärungsmuster zum gleichen Lerninhalt
Der gleiche Lerninhalt kann ganz unterschiedlich erklärt und erzählt werden. Jörn Rüsen unterscheidet idealtypisch vier Arten historischen Erzählens. Markus begegnete zuerst bei seiner Lehrerin dem «traditionalen historischen Erzählen». In ihrer Darbietung erinnerte sie an die Ursprünge der gegenwärtigen Lebenssituation und verstärkte damit die Identität der freiheitsliebenden unabhängigen

Schweiz. Markus' Bruder Rolf konfrontierte ihn mit dem «kritischen historischen Erzählen». Seine Erklärung will die eingefahrenen Klischees widerlegen und den Rückbezug der Schweiz auf die Eidgenossen in Frage stellen. Für Markus' Mutter scheint das «exemplarische historische Erzählen» wichtig. Sie erinnert an Sachverhalte der Vergangenheit, welche auch die heutigen Lebensverhältnisse erklären können. Für den Vater schliesslich hat das «genetische historische Erzählen» eine zentrale Bedeutung. Er erinnert an die Veränderungen in der Vergangenheit, welche die früheren Lebensverhältnisse schliesslich in die heutigen hat münden lassen.

Wer als Lehrperson eine Erklärung vorbereitet, tut gut daran, sich Klarheit zu verschaffen, welches Muster er anwenden wird, gerade in Anbetracht des Umstandes, dass er beeinflussen wird. Das Ziel einer Erklärung ist ja, einzelne Elemente eines Lerninhaltes zu einem Sinnganzen zusammenzuführen. Schülerinnen und Schüler sollen etwas besser verstehen, sollen Einsichten in Ordnungen erlangen, die ihnen ohne die Erklärung verborgen blieben, sollen etwas begreifen. Aus diesem Grunde ist es wichtig, dass die Lehrperson genau weiss, was sie mit ihrer Erklärung erreichen will.

Verständnisfördernde Massnahmen

Lernende sollen sich bei einer Erklärung den Lerninhalt aktiv aneignen. Darbietende Lehrpersonen haben deshalb über die Strukturierung des Themas und die Reflexion des Erklärungsmusters hinaus die Aufgabe, den Schülerinnen und Schülern die Aneignung des Lerninhaltes zu erleichtern. Dazu gibt es eine Reihe von Erfolg versprechenden Massnahmen:

▶ Die Lehrperson soll die Ziele, die sie sich für die Erklärung gesetzt hat, den Lernenden mitteilen. Viele Untersuchungen belegen, dass Schülerinnen und Schüler besser lernen, wenn sie von Beginn her wissen, was sie lernen sollen.

▶ Lernende können sich besser auf eine Erklärung einlassen, wenn sie genau wissen, wie die Erklärung aufgebaut ist, wie lange sie dauert, wieso sie etwas lernen sollen. Der beste Anfang für eine komplizierte Darbietung ist deshalb der Informierende Unterrichtseinstieg, bei welchem die Lehrperson für alle verständlich das Thema nennt, anschauliche Lernziele formuliert, den Ablauf erläutert und positive Erwartungen ausdrückt (vgl. auch Seite 105).

▶ Überhaupt ist die Eröffnung eine Schlüsselstelle jeder Präsentation. Wem es von Anfang an mit einer Anekdote, einer Provokation, einem Widerspruch oder einem Bild gelingt, Aufmerksamkeit zu wecken, trägt viel dazu bei, dass Schülerinnen und Schüler der Erklärung folgen werden.

▶ Wie bei der Erzählung gilt es auch bei anderen Darbietungsformen, auf die Verständlichkeit zu achten. Einfachheit, Ordnung, Prägnanz und Anregung sind nach Schulz von Thun die vier Dimensionen, die dazu beitragen, dass eine Präsentation verstanden werden kann (vgl. Seite 45). Die neuen Fach- und Fremdwörter müssen also erklärt werden, es ist auf eine übersichtliche Darstellung zu achten, die Vortragenden sollen sich auf das Wesentliche beschränken und durch anregende Impulse die Zuhörenden ermuntern, der Erklärung zu folgen.

▶ Für Erklärungen eignet sich das Regel-Beispiel-Regel-Verfahren gut. Wem es gelingt, zuerst den Sinnzusammenhang verständlich darzustellen, diesen dann anschliessend mit anschaulichen konkreten Beispielen neu zu präsentieren und abschliessend noch einmal das Wichtigste mit eigenen Worten zusammenzufassen und die Bilder vor Augen zu führen, ist mit seiner Erklärung auf einem guten Weg.

▶ Natürlich stellt auch die praktische Rhetorik eine Reihe von Elementen für eine wirksame Erklärung bereit. Wer auf einen guten Aufbau achtet und vielleicht sogar die eine oder andere Form des logischen Argumentierens beherrscht, wer bei seiner Sprache auf plastische Details achtet, damit sich die Zuhörerinnen und Zuhörer etwas vorstellen können, wer durch Akzentsetzung und Pausen, durch Tempo und Melodie sein Sprechen gestaltet, wer mit den Augen Kontakt zum Gegenüber aufnimmt und zulässt, dass sich Gestik und Mimik frei entwickeln, erleichtert den Lernenden das aktive Aneignen des Lerninhaltes.

▶ Schliesslich soll jede Erklärung grafisch unterstützt und visualisiert werden. Informationen werden dann gut aufgenommen, wenn mehrere Sinne beteiligt sind. Aus diesem Grunde gilt es, das Auge der Lernenden anzusprechen, seien das Bilder oder Statistiken, sei das an der Wandtafel, am Flipchart an der Pinwand oder auf dem Hellraumprojektor. Dabei ist allerdings zu beachten, dass ein Übermass an Folien eher verwirren kann. Am günstigsten ist ein einziges prägnantes farbiges Bild oder eine klare Mind Map.

Mind Map als visuelle Lernhilfe

Mind Mapping, ein gehirngerechtes Notieren von Gedanken, kann bei einer Erklärung sowohl von den Lehrenden als auch von den Lernenden eingesetzt werden. Das Produkt dieser Notiztechnik nennt man Gedankenlandkarte oder Mind Map. Die Mind Map soll auf einem Blatt Platz haben. In der Mitte steht eingekreist das Thema. Von diesem Kreis aus sind nun einige wenige leicht gebogene Linien, gewissermassen die Hauptäste, gezogen, auf welchen die zentralen Aspekte des Themas mit einem Schlüsselwort notiert werden. Von all diesen Hauptästen gehen nun Unteräste aus, auf welchen stichwortartig Gedanken zu den zentralen Themen stehen. Die Mind Map ist also analytisch aufgebaut, ermöglicht aber trotzdem ein synthetisches Bild des Ganzen. Jederzeit kann überall angeknüpft werden.

Entwickelt die Lehrperson eine Mind Map während ihrer Erklärung oder präsentiert sie ihre Mind Map als Einstieg oder bei der Zusammenfassung, dann gelingt es ihr damit, das Wichtigste der Erklärung zusammenzufassen und übersichtlich geordnet darzubieten. Mit geringem Aufwand wird alles auf einen Blick ersichtlich, nichts geht vergessen oder verloren. Wenn Lernende von Anfang an die Mind Map vor Augen haben, können sie der Erklärung besser folgen. In der Phase des Festhaltens können sie die Mind Map übernehmen und haben somit eine verlässliche Zusammenfassung des Lerninhaltes. Ein noch besseres Aneignen des Lerninhaltes würde den Lernenden dann gelingen, wenn sie es schaffen, während der Erklärung der Lehrperson selber eine Mind Map zu entwickeln. Dies braucht allerdings einige Übung. Doch lohnt sich das auch aus dem Grunde, weil das selbstständige Entwickeln eine gute Vorbereitung darauf ist, damit Schülerinnen und Schüler auch selber lernen sollen, Geschichte zu erklären.

Für die Lehrpersonen sind Mind Maps von Schülerinnen und Schülern ein hilfreicher Spiegel nach ihren Erklärungen. Sie können auf einen Blick sehen, wie ihre Darbietung verstanden wurde. Als Erstes wird auffallen, wie stark sich die Mind Maps der einzelnen Lernenden unterscheiden. Manchmal werden Lehrende erschüttert feststellen, dass es einzelnen Schülerinnen und Schülern nicht gelungen ist, das Thema der Erklärung zu identifizieren. Andere haben völlig anders hierarchisiert, als die Lehrperson geplant hat. Solche Rückmeldungen sind wichtig. Sie zeigen einen deutlichen Zusammenhang zwischen guten Schülerleistungen und verständlicher Erklärung. Wenn also Schülerinnen und Schüler das Gefühl haben, die Darbietung sei klar gewesen und sie hätten alles verstanden, dann besteht die grosse Chance, dass sie sich den Lerninhalt angeeignet haben. Dies herauszufinden, ist die abschliessende Aufgabe von Lehrpersonen nach Erklärungen.

Literatur
- Knill, Marcus: *natürlich-zuhörerorientiert-aussagezentriert reden*. Hölstein: Verlag SVHS, 1991
- Pädagogik, Heft 5/1993. *Wirksam präsentieren*. Hamburg. Pädagogische Beiträge Verlag
- Rüsen, Jörn: *Zeit und Sinn. Strategien historischen Denkens*. Frankfurt: Fischer, 1990
- Svantesson, Ingemar: *Mind Mapping und Gedächtnistraining*. Bremen: Gabal, 1998 (5.)

	Erinnerung	Kontinuität	Form der Kommunikation	Identität	Sinn von Zeit
traditionales Erzählen	an *Ursprünge* von Weltordnung und Lebensform	als Dauer im Wandel	*Einverständnis*	durch Übernahme vorgegebener Weltordnungen und Lebensformen *(Nachahmung)*	Zeit wird als Sinn verewigt
exemplarisches Erzählen	an *Fälle*, die allgemeine Handlungs- und Geschehensregeln demonstrieren	als *überzeitliche Geltung* von Handlungs- und Geschehensregeln	*Argumentation* mit Urteilskraft	durch Regelkompetenz in Handlungssituationen *(Klugheit)*	Zeit wird als Sinn verräumlicht
kritisches Erzählen	an *Abweichungen*, die gegenwärtige historische Orientierungen in Frage stellen	als *Bruch* in Zeitverläufen	*Abgrenzung* von Standpunkten	durch Negation angesonnener Lebensform *(Eigensinn)*	Zeit wird als Sinn beurteilbar
genetisches Erzählen	an *Veränderungen*, die Lebenschancen eröffnen	als *Entwicklung*, in der sich Lebensformen verändern, um sich dynamisch auf Dauer zu stellen	*reflexive Beziehung* von Standpunkten und Perspektiven	durch Individualisierung *(Bildung)*	Zeit wird als Sinn verzeitlicht

Jörn Rüsens vier Typen des historischen Erzählens (Rüsen, Jörn: *Zeit und Sinn. Strategien historischen Denkens*. Frankfurt: Fischer, 1990; derselbe: *Historisches Lernen: Grundlagen und Paradigmen*. Köln: Böhlau, 1994)

Gespräche über Geschichte

Obwohl das Gespräch über Geschichte als methodische Grundfigur die häufigste im Unterricht angewandte ist, werden die hierin liegenden Möglichkeiten nicht immer ausgeschöpft. Wer Gespräche über Geschichte beobachtet, muss oft ein tristes Bild zur Kenntnis nehmen: Es beteiligen sich nur wenige Schülerinnen und Schüler aktiv am Gespräch. Die meisten wirken gelangweilt. Lernende gehen in ihren Äusserungen nicht aufeinander ein; häufig sind es Einwortbeiträge. Auch auf Seiten der Lehrperson sind Phänomene wahrzunehmen, welche sich ungünstig auf die Gesprächsqualität auswirken: Die Lehrerimpulse bleiben ohne Echo, deshalb stellt die Lehrperson Mehrfach- oder Schrotschussfragen; Gesprächsregeln werden nicht durchgesetzt oder sind gar nicht bekannt; auch ein Gesprächsziel ist nicht zu erkennen; nach Fragen wartet die Lehrerin, der Lehrer nie die für Überlegungsprozesse notwendigen drei Sekunden ab. Weil keine Antworten kommen, wird das Niveau der Fragen immer tiefer. Am Schluss stellt die Lehrperson reine Wissensfragen und wird ungeduldig, weil die Schülerinnen und Schüler nicht einmal mehr die Frage beantworten, von denen die Lehrperson überzeugt ist, dass alle sie beantworten könnten, wenn sie doch nur wollten. Dabei gibt es doch so viele attraktive Gesprächsformen, sodass Lehrpersonen sicher eine taugliche Variante finden, um von den unbestreitbaren Vorzügen der Methode profitieren zu können.

Zu Beginn der Lektion verteilt die Lehrperson 30 Kärtchen mit verschiedenen Begriffen und Jahreszahlen zur Helvetik im Aargau. Immer zwei Schülerinnen und Schüler sollen gemeinsam versuchen, diese Kärtchen zu ordnen. Sofort beginnt ein reger Austausch in den Zweiergruppen. Die 5 Jahreszahlen kann man der Chronologie entlang ordnen (1798, 1803, 1815, 1830, 1848). Aber wohin legen wir «Napoleon»? Wann starb er? Wie war das doch mit der Französischen Revolution? Die Schülerinnen und Schüler stellen sich gegenseitig Fragen, äussern Vermutungen, aktivieren ihr Vorwissen über die Französische Revolution – und sind in intensive Gespräche über Geschichte verwickelt. Nach einer Viertelstunde bittet die Lehrperson die Klasse in den Kreis. Sie hat die Begriffe auf grosse Karten geschrieben und verteilt allen Schülerinnen und Schülern einen Begriff mit der Aufforderung, diese so in die Kreismitte zu legen, dass eine richtige Ordnung entsteht. Nach anfänglichem grossen Durcheinander kristallisiert sich eine Ordnung heraus (vgl. Abbildung Seite 159). Natürlich sind nicht alle einverstanden und stellen der Lehrperson Fragen: Sind Föderalisten immer konservativ? Wie war das noch mit dem Stecklikrieg? So ist die Lehrperson in der glücklichen Lage, ein Gespräch zu führen, in welchem sie Antworten auf Fragen geben kann, welche die Schülerinnen und Schüler stellen. In aller Regel verlaufen Gespräche im Geschichtsunterricht leider anders, nämlich so, dass die Lehrperson während einer Lektion etwa 80 Fragen zu Themen stellt, wo die Schülerinnen und Schüler die Antworten bloss erraten können, weil der Lerninhalt noch nicht behandelt ist und die Lehrperson eigentlich erzählen möchte, was sie jetzt mit Fragen aus den Schülerinnen und Schülern herauszulocken versucht.

Das Lehrgespräch

Die in der Unterrichtspraxis am häufigsten genutzte Gesprächsform ist das Lehrgespräch. Dieses eignet sich immer dann, wenn Schülerinnen und Schüler neugierig sind oder ein Problem lösen möchten, wenn die Situation offen ist oder mehrere Sichtweisen vorhanden sind und wenn ein Widerspruch besteht. Lehrgespräche gelingen vielfach besser, wenn auf Hilfsmittel und Prinzipien der Moderationstechnik zurückgegriffen wird. Wird zum Beispiel die Ausgangsfrage schriftlich festgehalten und an eine Pinwand geheftet und können die Schülerinnen und Schüler dazu Stichworte selber auf Kärtchen aufschreiben, entsteht eine Materialfülle, die zu Gesprächen Anlass gibt: Was gehört zusammen? Wie können wir es ordnen? Wo gibt es Lösungsansätze? Mit Klebepunkten können die Lernenden anschliessend die Zettel bewerten, was wiederum als neue Plattform für ein weiterführendes Gespräch dienen kann. So kann Schritt für Schritt ein Lerninhalt aufgebaut und entwickelt werden, und es stellen sich gelegentlich Situationen ein, wo Schülerinnen und Schüler auf diese Weise etwas entdecken, was ihnen bisher nicht bewusst war.

Einstiegsgespräche
Zu Beginn der Arbeit an einem Unterrichtsthema ist ein Sammelgespräch gut denkbar. So hängt zum Beispiel ein Bild vom Einmarsch französischer Truppen in die Schweiz an der Tafel. Jetzt äussern Schülerinnen und Schüler Fragen, Vermutungen und Assoziationen. Die Lehrperson kann während dieses Sammelgesprächs Informationen dazu sammeln, was die Schülerinnen und Schüler schon wissen und wie sie dem Lerngegenstand begegnen. Lohnenswert ist es, nicht sofort zu versuchen, alle aufgeworfenen Fragen zu beantworten. Vielmehr kann versucht werden, mittels einer Tafelskizze oder wiederum mit Hilfe von Moderationstechniken allmählich die Informationen so zusammenzutragen, dass ein stimmiges und richtiges Bild des Lerngegenstandes entsteht. Gehen vom Medium genügend Impulse aus, wird das Gespräch gut laufen. Die Lehrperson muss dann entscheiden, wie stark sie lenken soll. Bleibt die Lenkung nicht sehr ausgeprägt, so äussern Schülerinnen und Schüler vielleicht sogar eigene Betätigungswünsche, und auf diese Weise ist eine Schülerorientierung auch bei der Unterrichtsplanung möglich. So entsteht aus einem Sammelgespräch vielleicht ein Planungsgespräch.

Ein Planungsgespräch hat zum Ziel, gemeinsam den künftigen Unterricht anzubahnen. Hier versuchen die am Unterricht Beteiligten, gemeinsam zu sichten, zu organisieren, zu ordnen, zu entscheiden. Natürlich ist bei dieser Form wichtig, dass es nicht zu einer Scheinbeteiligung kommt. Die Lehrperson soll also durchaus transparent machen und allenfalls durchsetzen, was sie für unerlässlich hält. Die Vorteile eines von Schülerinnen und Schülern mitgeplanten Unterrichts liegen auf der Hand: Sie werden motivierter mitarbeiten. Sie erhalten einen Einblick in die Planungstätigkeit und können so eine Schlüsselfertigkeit entwickeln. Sie erkennen, dass nicht jeder Wunsch sich durchsetzen lässt und dass es wichtig ist, Kompromisse zu finden.

Problem- oder Reflexionsgespräche
Bei einem Problemgespräch gibt es für die Fragestellung nicht die alleinige richtige Antwort oder Lösung, zu der die Schülerinnen oder Schüler vorstossen können. Das Hauptaugenmerk liegt auf dem Vergleichen verschiedener Möglichkeiten und dem nachdenklichen Suchen der eigenen Position. Lernende tauschen Erfahrungen, Bedürfnisse und Meinungen aus. So kann eine Frage aus verschiedenen Perspektiven betrachtet werden, eine Kompetenz, welche für Schülerinnen und Schüler im Geschichtsunterricht zentral ist. Die Grundlage oder der Ausgangsimpuls für solch ein Gespräch kann ganz verschieden sein: ein Bild, eine Quelle, eine Karikatur. Ebenso können ein Tondokument oder ein Film das Gespräch in Gang bringen. Oft eignen sich aktuelle Themen dazu. Wichtig bei solchen Gesprächen ist es, auf die spontane Urteilsbildung zu achten, diese aber zu hinterfragen, woher sie entstanden sei. Urteile sollen gerade im Geschichtsunterricht begründet und wenn möglich mit Fakten belegt werden, und die Perspektive, aus der heraus geurteilt wird, muss offen gelegt werden. Dabei sind historische und gegenwärtige Blickwinkel voneinander zu unterscheiden. Weiter ist es zweckmässig, zwischen Sach- und Werturteil zu unterscheiden. Sachurteile zielen auf den historischen Gegenstand ab, welcher im Rahmen seiner historischen Wirklichkeit betrachtet wird. Werturteile werden nicht primär von der Sache, sondern vom Individuum mit seinen charakteristischen Massstäben her entwickelt. Die Massstäbe müssen somit nicht den zeitgebundenen Gegebenheiten entsprechen.

Es gibt eine Reihe von guten Formen, um ein Problem- oder Reflexionsgespräch zu inszenieren, etwa das Podiumsgespräch, das Pro-und-Kontra-Gespräch, das Aquariumsgespräch. Hier werden wenige Stühle in die Mitte des Klassenkreises gestellt. Die Lehrperson wählt Schülerinnen und Schüler aus, die sich am Gespräch beteiligen. Ein weiterer Stuhl ist frei für jemand aus dem Aussenkreis, der sich ebenfalls für einen einzigen Beitrag hineinsetzen darf. Die Lernenden im Aussenkreis sind die Zuhörenden und Beobachtenden. Diese klare Aufgabenteilung wirkt sich auch bei Rollengesprächen günstig aus (vgl. Bild auf Seite 51).

Gesprächsleitung
Wenn Lehrpersonen als Lernweg ein Gespräch über Geschichte wählen, besteht die grösste Herausforderung oft darin, das Gespräch überhaupt in Gang zu bringen. Folgende Elemente können dies bewirken:
▶ Wenn ein Widerspruch sichtbar wird, zum Beispiel durch zwei unterschiedliche Behauptungen, Vermutungen oder Meinungen, werden Lernende angeregt, diese Dissonanz zu überwinden oder zu klären.
▶ Offene Situationen, die verschiedene Sichtweisen zulassen, wo verschiedene Möglichkeiten aufscheinen und es nicht von vornherein klar ist, was richtig und falsch ist, erleichtern ein Gespräch. Jugendliche können so ohne Angst sicher und sich selber sein. Bilder bieten häufig solche vielfältigen Anknüpfungspunkte.
▶ Neugier und Interesse sind immer gute Auslöser von Gesprächen. Wenn eine Aussage nicht den Erwartungen entspricht, wenn ein Mangel ins Auge fällt, wenn ein Missverständnis offensicht-

lich wird, sind Schülerinnen und Schüler motiviert, im Gespräch Neues zu entdecken.

Natürlich läuft ein Gespräch auch leichter ab, wenn in der Klasse ein Klima von Sicherheit und Anerkennung herrscht, wenn Lernende nicht befürchten müssen, wegen falscher Äusserungen ausgelacht zu werden. Um solch ein günstiges Gesprächsklima zu sichern, besteht eine Hauptaufgabe von Gesprächsleiterinnen und -leitern, darauf zu achten, dass Gesprächsregeln eingehalten werden. Solche Regeln sind vor allem dann sinnvoll, wenn sie begründet oder gemeinsam mit Lernenden entwickelt werden. Auf Plakaten gut für alle sichtbar, könnte zum Beispiel stehen:
- Lach niemanden wegen seiner Gesprächsbeiträge aus.
- Fasse dich kurz.
- Begründe deine Meinungen.
- Knüpfe an die Beiträge anderer an.
- Höre den andern zu.
- Führe keine Seitengespräche.
- Schau die andern an, wenn du sprichst.
- Frage, wenn du etwas nicht weisst.

Weitere Gesprächsformen
In vielen Gesprächsformen sprechen wir über etwas. Im Rollengespräch sprechen wir als jemand. In dieser Form des Gespräches geht es darum, einen Ausschnitt von Geschichte nachvollziehend zu verstehen, stellvertretend für historische Figuren zu empfinden, zu denken, zu sprechen (vgl. dazu auch Seite 79 und dort vor allem die Unterscheidung von Imitations- und Simulationsspiel). Gut eignet sich zum Beispiel die Industrialisierung für ein Rollengespräch, weil hier verschiedene Rollenträger identifiziert werden können: ein Kind, seine Mutter, ein Fabrikarbeiter, der Fabrikbesitzer usw.

Im Kontroll- oder Prüfungsgespräch werden Fragen zum gelernten Inhalt gestellt, und die Antworten sollen zeigen, inwieweit der Lerninhalt gelernt, verstanden und verarbeitet worden ist. Wichtig für die Lehrperson ist es, die Anlage des Gesprächs transparent zu machen: Wie läuft das Gespräch ab? Gibt es Gegenstände, worauf sich das Gespräch beziehen wird? Damit das Kontrollgespräch gelingt, ist es unumgänglich, die Fragen und die erwarteten Antworten im Voraus schriftlich festzulegen. Damit die zu setzende Note mit andern vergleichbar bleibt, muss eine Kriterienliste entwickelt sein, anhand deren die Antworten gemessen werden können (vgl. auch Seite 152 zur Lernkontrolle).

Eine grosse Rolle im Geschichtsunterricht spielt auch das Gespräch mit an Geschichte Beteiligten. Häufig sind solche Erfahrungen für die Lernenden die prägendsten im Geschichtsunterricht, und Schülerinnen und Schüler erinnern sich jahrelang an den Gast, welcher aus seiner Optik Geschichtliches geschildert hat. In der «Oral History» sollen Menschen zu Wort kommen, von denen die üblichen Textquellen wenig übermitteln: die so genannten einfachen Leute. Jugendliche sprechen mit ihren Grosseltern über den Zweiten Weltkrieg, interviewen Asylsuchende in Aarau, diskutieren mit Lokalpolitikerinnen und -politikern, erfahren von Muslims, wie sie ihren Glauben praktizieren.

Um «Oral History» durchführen zu können, gilt es, gewisse Fertigkeiten zu beherrschen: Wie führt man offene und gelenkte Interviews, wie hält man das Gehörte fest, wie fasst man es zusammen usw.? Schülerinnen und Schüler können erprobend diesen Regeln besser auf die Spur kommen (vgl. auch Seite 54).

Literatur
- Nissen, Peter; Iden, Uwe: *KursKorrektur Schule. Ein Handbuch der ModerationsMethode im System Schule für die Verbesserung der Kommunikation und des miteinander Lernens.* Hamburg: Windmühle, 1995
- Vettiger, Heinz (Hrsg.): *Unterricht planen, durchführen, auswerten lernen.* Hannover: Schroedel, 1998
- Wenzel, Birgit: *Gespräche über Geschichte.* Rheinfelden; Berlin: Schäuble, 1995

Geschichte erarbeiten und entdecken lassen

Einer der schönsten Momente beim Lernen ist das Aha-Erlebnis. Wem es als Lehrperson gelingt, einen Lernweg so zu gestalten, dass Schülerinnen und Schüler selber etwas entdecken und begreifen, beherrscht eine der anspruchsvollsten didaktischen Aufgaben. Während beim Forschenden Lernen Schülerinnen und Schüler die Problemstellung selber erst finden, formulieren oder präzisieren müssen (vgl. Seite 98), ist beim erarbeitenden und entdeckenden Lernen die Aufgabenstellung vorformuliert, und zum Teil sind auch schon die Hilfsmittel zur Lösungsfindung angegeben. Die Lehrerin oder der Lehrer versucht, ein Arrangement zu treffen, sodass das Erarbeiten und Entdecken auch tatsächlich möglich und das Lernen effizient wird. Entdeckendes Lernen ist also zielbezogen und nicht absichtslos. Im Geschichtsunterricht spielen zwei Formen des erarbeitenden und entdeckenden Lernens eine grosse Rolle: Zum einen ist es die Lernaufgabe, wo die Schülerinnen und Schüler nach einer Einführung der Lehrperson eine weiterführende Aufgabe selber lösen, und zum andern ist es «Oral History», wo Schülerinnen und Schüler selber Zeitzeugen befragen.

Die Schülerinnen und Schüler betrachten staunend ihre Karte. Natürlich haben sie schon einiges gewusst zur Situation der Schweiz im Zweiten Weltkrieg, aber bisher stand ihnen noch nie so klar vor Augen, dass die Schweiz nach der Kapitulation Frankreichs am 17. Juni 1940 durch die Achsenmächte vollständig eingeschlossen war: im Norden und im Osten durch Deutschland, im Süden durch das mit Deutschland verbündete Italien, im Westen durch das von Deutschland besetzte Frankreich. Ursula fragt spontan, ob denn die Achsenmächte nicht daran gedacht hätten, auch die Schweiz einzunehmen. Die Lehrperson hält die Frage mit einem Stichwort an der Tafel fest, und dies scheint fast ein Signal zu sein, eine Reihe von weiteren Fragen zu stellen: Gab es da nicht einen grossen Flüchtlingsstrom? Wie kam die Schweiz zu ihren Lebensmitteln? Wie reagierte die Armee? Hatte die Bevölkerung nicht grosse Angst vor einem Angriff? Die Lehrperson hatte natürlich darauf gehofft, dass eine Reihe von Fragen kommen. Neugier ist der beste Antreiber, wenn Lernende etwas selber entdecken sollen. Nachdem die ganze Tafel mit Stichwörtern gefüllt ist, skizziert die Lehrperson das weitere Vorgehen. Schülerinnen und Schüler sollen zu diesen offenen Fragen ein Gespräch mit Zeitzeugen führen, welche den Zweiten Weltkrieg noch selber miterlebt hatten und damals schon mindestens 20 Jahre alt waren.

Vorbereitung eines Interviews

Sofort stellt sich allen Lernenden die Frage, wer denn befragt werden könnte. Denjenigen, welche noch Grosseltern in diesem Alter haben, fällt der Entscheid natürlich leicht: Sie verknüpfen einen Besuch bei den Grosseltern mit dem Interview. Andern kommt eine Nachbarin in den Sinn. Stefan weiss von einem Bekannten, welcher in der italienischen Armee gekämpft hat. Mehrere aber sind ratlos und merken, dass sie tatsächlich kaum einen älteren Menschen näher kennen. Beatrice schlägt vor, im Altersheim vorbeizuschauen, wo auch ihr Grossvater wohnt. Da gebe es eine Reihe von älteren Menschen, die sehr nett seien und auch gerne plaudern würden.

Bevor die Interviews inhaltlich genauer geplant werden, erfahren die Schülerinnen und Schüler einiges zum Umgang mit «Oral History», zur Arbeitstechnik bei der Vorbereitung, Durchführung und Nachbereitung von geschichtlichen Interviews mit Zeitzeugen. So ist es vor allem bei der Kontaktaufnahme mit unbekannten Zeitzeugen günstig, wenn diese zuerst einen Brief erhalten, wo genau festgehalten ist, wer was erfahren möchte und dass bald eine telefonische Kontaktnahme erfolgen wird. Je freundlicher der Brief gehalten ist und je besser es gelingt, die Bedeutung des Zeitzeugens für das Lernen hervorzuheben, desto grösser sind die Chancen für eine Zusage. Die Adresse der Lehrperson und der Schule sollten im Brief für allfällige Nachfragen nicht fehlen. Wer als Geschichtslehrperson nur wenige Lektionen für das Interview zur Verfügung hat, wird den Brief für alle selber schreiben. Wer fachverbindend unterrichtet, wird erkennen, dass das eigene Entwickeln des Briefes mit dazu beiträgt, dass die Schülerinnen und Schüler wichtige kommunikative Fertigkeiten erlernen. Für das Telefongespräch ist es anschliessend wichtig, dass die Lernenden einen Vorschlag hinsichtlich Zeitpunkt, Dauer und Ort des Interviews machen sollen. Günstigerweise trifft man sich mit den Zeitzeugen in einer Umgebung, die ihnen vertraut ist, am besten bei ihr oder ihm zu Hause. Dort finden diese auch schneller die Fotos zur Anbauschlacht, das Dienstbüchlein des verstorbenen Mannes, den Zeitungsausschnitt mit dem abgestürzten Bombenflugzeug.

Je sorgfältiger die Zeitzeugenbefragung inhaltlich vorbereitet ist, desto erfolgreicher wird das Lernen verlaufen. Es kann in schulischen Zusammenhängen allerdings nicht bloss darum gehen, sachbezogene Informationen zu sammeln. Dafür ist die Zeitzeugenbefragung zu umständlich, zu wenig verlässlich und zu zeitaufwendig. Aus diesem Grunde sollen zwar einige wichtige Fragen ausformuliert und eng gestellt sein. Aber die Kunst bei der Durchführung von Interviews besteht darin, auf Aspekte aufmerksam zu werden, von denen man bisher noch gar nichts gewusst hat. Dazu braucht es offenere Fragen, welche den Zeitzeugen Raum zum Erzählen geben. Deshalb eignet sich im oben geschilderten Beispiel die Aufgabe gut, dass die Lernenden ein Porträt des Zeitzeugen oder der Zeitzeugin entwickeln sollen, aus welchem neben anderem gewisse Aspekte hervorgehen, die man gemeinsam für alle Befragungen festgelegt hat, zum Beispiel wie er oder sie in diesem Zeitraum mit der Flüchtlingsfrage konfrontiert wurde oder was er oder sie heute dazu denkt.

Durchführung und Auswertung von Interviews

Während bei der Vorbereitung des Interviews die Lehrperson einen grossen Einfluss haben kann, so wird dieser bei der Durchführung klein. Jetzt lernen die Schülerinnen und Schüler selber. Sie sollen ja selber etwas entdecken. Auch hier kann die Lehrperson mit einigen Tipps mithelfen, dass tatsächlich Lernen erfolgt. So ist es zum Beispiel wichtig, dass sich Schülerinnen und Schüler für das Gespräch genügend Zeit nehmen und die Zeitzeugen nicht von allem Anfang an mit den vorbereiteten Fragen bombardieren. Wenn Lernende zudem Fotografien oder Gegenstände ausleihen dürfen, fällt ihnen später die Entwicklung des Porträts leichter. Zur Beruhigung der Lehrenden und Lernenden ist es günstig, wenn das Gespräch auf Tonband aufgezeichnet wird. Es muss aber von Anfang an klar sein, dass es nicht darum gehen kann, das ganze Gespräch abzuschreiben oder mehrfach durchzuhören. Wenn es um entdeckendes Lernen in schulischen Zusammenhängen geht, soll das Interview auch stattfinden, wenn technische Probleme auftreten oder die Zeitzeugin, der Zeitzeuge nicht will, dass das Gespräch aufgenommen wird. Deshalb müssen die Lernenden während des Gesprächs stichwortartig Notizen machen oder unmittelbar danach die Eindrücke für das Porträt festhalten. So wie sich der Gesprächsanfang vorbereiten lässt, ist es auch hilfreich zu wissen, wie man aufhört. Wie auch immer das Gespräch verlaufen mag, es ist auf jeden Fall günstig, wenn am Schluss der nächste Schritt miteinander verabredet wird. Das kann zum Beispiel ein nächster Termin sein, wenn die Lernenden den Zeitzeugen ihr Porträt vorstellen und übergeben wollen.

Oft ist die Auswertung von Interviews der schwierigste Teil der Arbeit. Die Lernenden haben für sich etwas Neues entdeckt, etwa dass auf dem Sportplatz Kartoffeln angepflanzt wurden oder dass es eine Alpenfestung gab, dass die Grossmutter allein den Bauernhof führen musste oder dass ganz in der Nähe ein Flüchtlingslager war. Aber die Motivation, dies nun festzuhalten, ist manchmal gering. Auch deshalb ist es wichtig, von Anfang an klarzumachen, wann die Aufgabe gelöst ist, eben zum Beispiel, wenn das vierseitige Porträt fertig entwickelt ist. Wenn eine Arbeit veröffentlicht werden soll oder wenn Schülerinnen und Schüler forschend lernen sollen, dann ist natürlich ein methodisch disziplinierteres Vorgehen nötig. Dann gehört das Zitieren aus den Tonbandaufnahmen ebenso dazu wie das Absichern von Verallgemeinerungen in der Fachliteratur. Auch muss das Einverständnis von Zeitzeugen bei Publikationen vorliegen.

Entdeckendes Lernen mit einer Lernaufgabe
Wenn Schülerinnen und Schüler eine Zeitzeugenbefragung erfolgreich durchführten, so haben sie entdeckend gelernt, weil sie sich erstens durch die selbstständige Lösung einer Aufgabe einen neuen Sachverhalt angeeignet haben, weil sie sich zweitens

---

Lernaufgabe zum Bevölkerungswachstum in Europa

Bevölkerungsentwicklung in Europa (ohne Russland)

Jahr	Anzahl Personen in Millionen (Schätzungen)
1000	42
1050	46
1100	48
1150	50
1200	61
1300	73
1350	51
1400	45
1500	69
1600	89
1950	350

Quelle: nwedk (Hrsg.): *Weltgeschichte im Bild. Band 6.* Buchs: Lehrmittelverlag des Kantons Aargau/ ilz, 1986 (4.). S. 36

Du hast vom Bevölkerungswachstum in Europa zwischen 1000 und 1300 vernommen. Nun findest du weiter unten eine Tabelle, die das Gehörte verdeutlicht. Zu diesen Zahlen sollst du in der nächsten halben Stunde 5 Aufgaben lösen:

1. Wandle die Zahlentabelle in ein Diagramm oder in eine Grafik um.
2. Beschreibe in einem Satz die Entwicklung zwischen 1000 und 1300 und begründe diese mit zwei Sätzen.
3. Beschreibe in einem Satz die Entwicklung zwischen 1300 und 1400 und vermute in zwei Sätzen, wieso dies so war.
4. Überprüfe deine Vermutungen, indem du im Geschichtsbuch blätterst und zwei Bilder oder Quellen suchst, welche deine Annahmen bestätigen. Schreibe die Seitenzahlen, wo du etwas gefunden hast, auf.
5. Falls du noch Zeit hast, dann beschreibst und erklärst du die Entwicklung zwischen 1400 und 1600 in zwei Sätzen.

für die erfolgreiche Lösung der Aufgabe an früher erlernte Sachverhalte erinnern und diese auf die konkrete Situation übertragen mussten und weil sie drittens die Aufgabe nicht durch blindes Versuchen lösen konnten, sondern systematisch vorgehen und die Situation analysieren mussten. «Oral History» kann in der Schule aus inhaltlichen und zeitökonomischen Gründen allerdings nur ausnahmsweise geschehen. Aber auch mit einer Lernaufgabe lassen sich die oben genannten drei Merkmale entdeckenden Lernens umsetzen.

Lernaufgaben werden Schülerinnen und Schülern häufig als Blatt abgegeben. Nicht jedes Blatt ist aber eine Lernaufgabe. Am häufigsten bekommen Schülerinnen und Schüler «Kopien», mit denen eine Quelle, eine Karte, eine Erzählung usw. allen Lernenden zur Verfügung gestellt wird. Im Schulalltag spielen zudem «Arbeitsblätter» eine grosse Rolle. Von einem «Arbeitsblatt» wird dann gesprochen, wenn der Inhalt didaktisch so aufbereitet ist, dass die Schülerinnen und Schüler mit dem Inhalt etwas tun müssen; der Lernweg soll vorstrukturiert sein, es muss ein Arbeitsauftrag oder eine Frage vorhanden sein. Eine Lernaufgabe formulieren, das ist eine weit anspruchsvollere didaktische Tätigkeit als ein Arbeitsblatt konzipieren. Eine Lernaufgabe sollen die Schülerinnen und Schüler nämlich alleine lösen können. Deshalb muss sie schriftlich abgefasst sein, und sie soll Hinweise zum Vorgehen, zur Sozialform, zu der zur Verfügung stehenden Zeit und eventuell auch zu Hilfsmitteln enthalten. Weiter muss klar sein, wann die Lernaufgabe erfolgreich bearbeitet ist. Gute Lernaufgaben können von der Mehrheit der Schülerinnen und Schüler gelöst werden. Sie sind also keine Knobelaufgaben. Lernende, die eine Lernaufgabe nicht lösen können, haben nämlich einerseits Zeit vergeudet und andererseits erfahren müssen, dass sie nichts können. Am wichtigsten bei einer Lernaufgabe ist aber, dass der Inhalt neu ist. Schülerinnen und Schüler sollen nicht etwas repetieren oder festigen, sondern selber etwas Neues entdecken.

Während «Oral History» also als Grossform des gelenkten erarbeitenden oder des entdeckenden Lernens ausgestaltet werden kann, so ist die Lernaufgabe die Kleinform davon (vgl. auch das Beispiel bei den Statistiken, Seite 136). Nachdem die Lehrperson einen Inhalt eingeführt und die Grundlagen dafür dargelegt hat, stellt sie schriftlich eine weiterführende Aufgabe. Die Aufgabe ist so gestellt, dass die Lernenden während der Bearbeitung etwas Neues lernen können. Die Lernaufgabe ist nicht bloss eine Anwendungs- oder Übungsaufgabe, sie soll einen wirklich neuen Bestandteil enthalten, den die Lernenden selber entdecken können. Und wenn dies gelingt, dann freuen sich sowohl Lehrende wie Lernende am Aha-Effekt, der dazu beiträgt, dass diese Momente des Geschichtslehrens und -lernens unvergesslich werden.

Literatur
- Dittmer, Lothar; Detlef Siegfried (Hrsg.): *Spurensucher. Ein Praxisbuch für historische Projektarbeit.* Weinheim und Basel: Beltz, 1997
- Frey, K.; u.a.: *Allgemeine Didaktik.* Zürich: ETH, Verlag der Fachvereine, 1990 (4.). Kap. 4
- Neber, H. (Hrsg.): *Entdeckendes Lernen.* Weinheim: Beltz, 1981 (3.)
- Niethammer, Lutz (Hrsg.): *Lebenserfahrung und kollektives Gedächtnis. Die Praxis der «Oral History».* Frankfurt am Main: Suhrkamp, 1984

Geschichtsaufsätze, -referate und Facharbeiten

Wer einen geschichtlichen Aufsatz schreibt oder ein Referat hält, lernt nachhaltig Geschichte. Untersuchungen belegen, dass diese Methode eine der wirksamsten ist, um das Verständnis von Geschichte zu fördern, weil die Lernerinnen und Lerner eine ganze Reihe von einzelnen Ereignissen, Personen und Prozessen verknüpfen und in einen Zusammenhang bringen. Ein Aufsatz oder ein Referat mögen zwar für eine Öffentlichkeit gedacht sein, ihre Auswirkung auf die Verfasserinnen und Verfasser ist jedoch mindestens so wertvoll. Gute geschichtliche Aufsätze und Referate zeichnen sich durch ihre Kohärenz und wohl geordnete Darstellungen aus. Sie zeigen auf, wo die Ursachen eines Prozesses liegen und wie sich einzelne Aspekte bedingen. Liegt eine Ereignisfolge vor, soll der Aufsatz oder das Referat diese zeitlich korrekt wiedergeben. Ein guter Text nutzt alle vorhandenen Informationen umfassend und berücksichtigt auch den jeweiligen Kontext. Schliesslich ist die Verständlichkeit auch hier ein wichtiges Gütekriterium: Wenn der Aufsatz oder das Referat anschaulich und einfach daherkommt, wenn eine klare Gliederung vorliegt, wenn der Text prägnant, anregend und interessant ist, wird nicht nur die Verfasserin oder der Verfasser gut Geschichte lernen, sondern auch die Leserinnen oder Zuhörer können profitieren.

Wenn Lernerinnen und Lerner einen Aufsatz vorbereiten, dann müssen sie Geschichte sorgfältiger abwägen und prägnanter formulieren als im mündlichen Umgang. Jedes Wort, jeder Satz wird gründlicher überdacht, geprüft, verantwortet. Auch deshalb ist die Verschriftlichung von Gedanken viel zeitaufwendiger und anspruchsvoller als die mündlichen Formen. Wenn Schülerinnen und Schüler einen geschichtlichen Aufsatz schreiben sollen, dann müssen sie sich zuerst die dafür notwendigen historischen Informationen beschaffen können. Dies kann dadurch geschehen, dass sie einzelne Quellen kennen lernen, einen Lehrbuchtext lesen, eine Darbietung der Lehrperson hören oder einen Film sehen können. Anschliessend gibt die Lehrerin, der Lehrer die genauen Instruktionen zur Abfassung des Textes und allenfalls die Bewertungskriterien bekannt. Günstig ist für die Lernenden auch, wenn sie wissen, wie viel Zeit sie in die Arbeit investieren sollen und welcher Textumfang erwartet wird. Danach erst erfolgt die eigentliche Arbeitsphase, während der die Schülerinnen und Schüler alle Informationsmaterialien ganzzeitig zur Verfügung haben sollen, weil mit dem Entwickeln eines Aufsatzes ja nicht die Behaltensfähigkeit der Lernenden, sondern das geschichtliche Denken gefördert werden soll.

Das Schreiben erlernen

Das Schreiben von geschichtlichen Aufsätzen können Schülerinnen und Schüler lernen. Wie bei andern Aufsätzen gilt auch hier: Zielgerichtetes Vorgehen erleichtert die Arbeit und garantiert einen gewissen Erfolg. Wer zuerst Notizen macht, anschliessend eine Gliederung sucht, danach Teile oder den ganzen Text entwirft und schliesslich die Reinschrift entwickelt, ist auf einem guten Weg.

Als erstes sollen sich Schülerinnen und Schüler einen Überblick über die historischen Tatsachen verschaffen, die es zu bearbeiten gilt. Als Tatsachen gelten für richtig befundene Sachverhalte, Personen und Ereignisse, die sich zeitlich und örtlich fixieren lassen. Diese können assoziativ in Form eines Brainstormings gesucht und anschliessend stichwortartig in einer Liste oder in einer Mind Map festgehalten werden. Der Vorzug des Mind Maps liegt darin, dass die Tatsachen bereits hierarchisiert und geordnet sind. So wird die Phase der Notizen mit derjenigen der Gliederung verknüpft. Allerdings kann das auch dazu führen, dass sich die Schreibenden zu früh festlegen und in eine Sackgasse geraten. Aus diesem Grunde ziehen es viele Lernende vor, je eine Tatsache auf ein kleines Klebzettelchen oder bei grösseren Arbeiten auf eine Karteikarte zu schreiben.

Wenn die Tatsachen umfassend gesammelt sind, gilt es als Nächstes, eine Ordnung zu suchen. Diese hängt wesentlich von der Aufgabenstellung ab. Günstigerweise wird bereits im Titel eine Frage formuliert oder eine Vermutung bzw. Hypothese geäussert. Wenn dies der Fall ist, so ist der Schluss des Textes gegeben, welcher entweder auf die Frage eine möglichst plausible Antwort gibt oder aber die Vermutung bestätigt oder verwirft. Wem es also relativ früh im Schreibprozess gelingt, einen Schluss des Aufsatzes zu formulieren, der wird es leichter haben, die Tatsachen zu ordnen, logisch zu verknüpfen und die Verknüpfungen zu begründen. So ergibt sich oft vom Schluss her ein klarer Aufbau des Textes.

Wer die Ordnung gefunden und den Schluss entworfen hat, beginnt entweder mit der Reinschrift, oder beschäftigt sich, falls die Zeit vorhanden ist, mit verschiedenen Stilmitteln: Geschichtliche Aufsätze gewinnen an Güte, wenn Vergleiche eingebaut sind, welche die Gedanken anschaulich darstellen, wenn Beispiele erzählt werden, welche die Überlegungen bildlich unterstützen, und wenn der Einstieg überzeugt. Häufig lohnt es sich, solche Schlüsselpassagen vor der Reinschrift zu entwerfen.

Beim Entwickeln des Textes soll darauf geachtet werden, dass Meinungen und Begründungen klar von den Tatsachen getrennt werden, deren Verknüpfung aber gut erklären. Der Text soll zudem auch äusserlich klar gegliedert sein, zumindest in Einleitung, Hauptteil und Schluss. Wer eine klare Gedankenstruktur hat, zum Beispiel Problemstellung, Argumente für die Vermutung, Argumente dagegen, persönliche Meinung, dem wird es leicht gelingen, den Text beim Schreiben in Kapitel einzuteilen.

Referat
Ein Referat ist ein Aufsatz, der mündlich vorgetragen wird. Da erfahrungsgemäss Referate weniger ankommen und schwerer verständlich sind, wenn sie abgelesen werden, kommt für Lernerinnen und Lerner eine Schwierigkeit dazu, die wenig mit Geschichte, aber viel mit dem eigenen Auftreten bzw. mit Didaktik zu tun hat. Wer als Lehrperson also das Geschichtslernen fördern will, muss gut überlegen, ob dieser zusätzliche Anspruch der mündlichen Präsentation gestellt werden soll, auch in Anbetracht des Umstandes, dass sich Mitschülerinnen und Mitschüler bei Schülerreferaten oft langweilen.

Wenn Schülerinnen und Schüler dennoch vortragen sollen, ist es wichtig, dass es ihnen gelingt, die Zuhörerinnen und Zuhörer zu aktivieren. Das kann durch ein vorab auszuhändigendes Arbeits- oder

Thesenpapier geschehen oder durch geschickte Visualisierung des Gesagten mittels Folien, Bilder oder Tafelanschrieb. Natürlich gelingt ein Referat dann besonders gut, wenn Geschichte spannend erzählt und wirksam erklärt wird (vgl. dazu die Seiten 42–49).

Facharbeit
Die Facharbeit hat einen grösseren Umfang als ein Aufsatz. Im Prinzip gelten aber dieselben Regeln. Eine Facharbeit orientiert sich am Ablauf der Projektmethode. Meistens können die Lernerinnen und Lerner das Thema selber wählen. Wer eine Facharbeit schreiben will, muss über eine Reihe von Arbeitstechniken verfügen. Zu ihnen gehören unter anderem das Planen, das Recherchieren sowie das Auswerten und Deuten.

Je aufwendiger die Arbeit ist, desto wichtiger ist eine gute Planung. Bei geschichtlichen Arbeiten verliert man sich oft in der Phase der Materialsuche und der abschliessenden Darstellung. Deshalb ist es wichtig, einerseits diese Phasen zeitlich klar zu begrenzen und andererseits dennoch Pufferzeiten einzuplanen. Wenn Schülerinnen und Schüler dies wissen und bei kleineren Projekten gelernt haben, einen genauen Zeitplan zu entwickeln, so werden sie dies auch bei ihren Facharbeiten bewältigen.

Das Recherchieren ist deshalb eine besonders anspruchsvolle Sache, weil man etwas nur finden kann, wenn man weiss, wonach und wo man suchen soll. Wer also wissen will, muss immer schon wissen. Für das erste Orientierungswissen und einen Überblick über die Tatsachen dienen oft Handbücher, Lexika und Schulbücher. Sie können einen unterstützen, den Weg in die Bibliothek, ins Internet und zur Fachliteratur zu finden. Häufig sind erfahrene und professionelle Spurensucherinnen und -sucher wie Bibliothekarinnen, Archivare, Lehrpersonen usw. in der Lage, weiterzuhelfen. Wer etwas gefunden hat, sieht sich mit der Schwierigkeit konfrontiert, dies nun festzuhalten. Einige machen Kopien, streichen darauf das Wichtige an und vermerken, woher sie es haben. Andere legen eine Kartei an und notieren wörtliche Auszüge oder Zusammenfassungen auf speziellen Karten. Dritte schreiben oder scannen zentrale Passagen direkt in den Computer. Als Lehrperson kann man nicht genügend oft darauf hinweisen, wie wichtig es ist aufzuschreiben, woher die

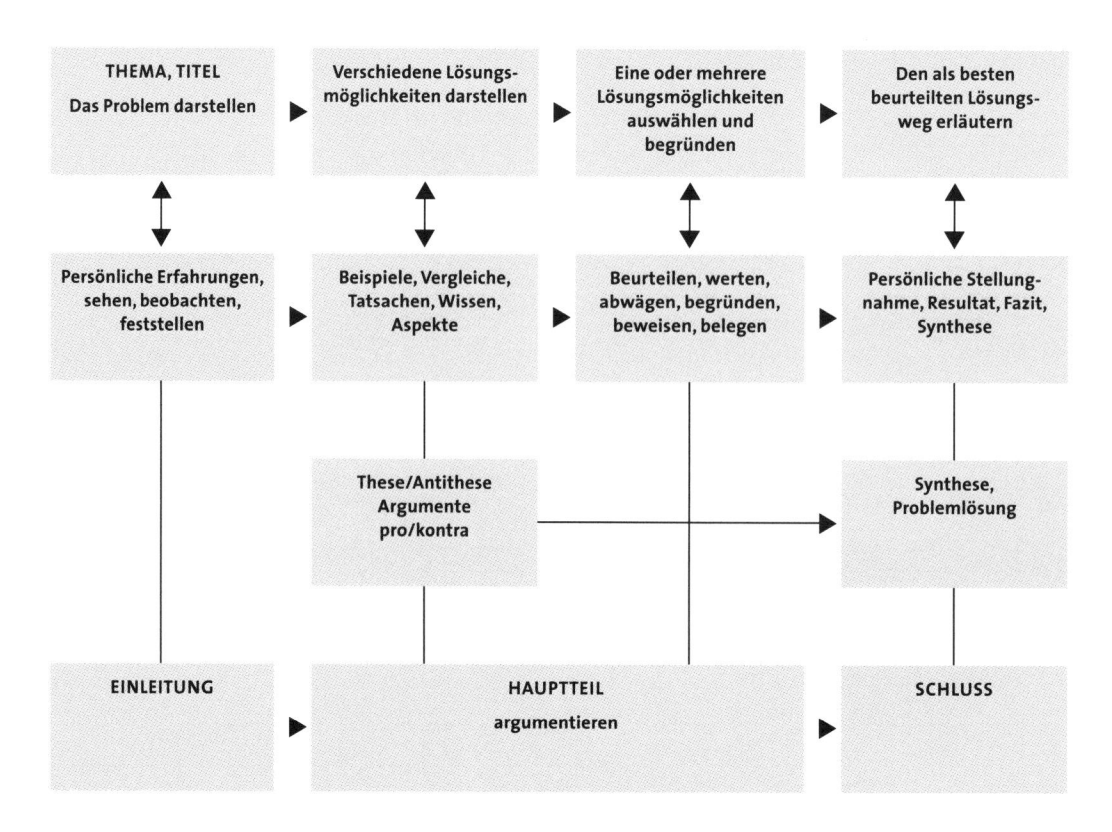

Planung des Schreibprozesses
(Frick, R.; Mosimann, W.: *Lernen ist lernbar*. Aarau: Sauerländer, 1994. S. 54)

Information stammt und ob es wörtliche Abschriften oder bloss eigene Zusammenfassungen sind.

Wie beim kürzeren Aufsatz so gilt auch bei der längeren Facharbeit: Je früher die Gliederung steht, desto besser ist dies für den Ablauf der Arbeit. Bei geschichtlichen Arbeiten eignet sich oft der zeitliche Verlauf oder die räumliche Verortung als hauptsächliches Gliederungskriterium. Die Güte einer Arbeit hängt aber wesentlich davon ab, dass es nicht nur gelingt, die Tatsachen zu ordnen, sondern sie zu verknüpfen, zu interpretieren und zu deuten. Hier müssen die Lernerinnen und Lerner den als sicher angesehenen Boden der Objektivität verlassen und eigene Meinungen wagen. Wenn Schülerinnen und Schüler durch geschichtstheoretische Unterrichtssequenzen erkennen, dass jedes Schreiben über Geschichte subjektiv geprägt ist, dass sich also Abbildungen von so genannten Tatsachen und Konstruktion im Kopf des Schreibers, der Schreiberin immer wieder neu kombinieren, dann werden sie ermutigt, selber zu Erkenntnissen über Geschichte vorzustossen und Geschichte auf eigenen Wegen zu konstruieren.

Beurteilung von Facharbeiten

Zur Beurteilung von Facharbeiten gibt es fast so viele Meinungen wie Beurteilerinnen und Beurteiler. Wer eine Facharbeit bewertet, beurteilt Geschichtslernen. Je nach Situation sollen Lernende gefördert oder ausgelesen werden (vgl. Seiten 152–155). Einige akzeptieren Facharbeiten nur, wenn sie gewissen formalen Standards genügen, um danach ausschliesslich das Inhaltliche beurteilen zu können. Bei andern wird das Formale wie zum Beispiel die äussere Präsentation, die Gestaltung des Titelblattes und die Rechtschreibung wesentlich für die Beurteilung berücksichtigt. Einige bewerten sowohl den Prozess als auch das Produkt und begründen dies damit, dass nur so ausgeschlossen werden könne, dass die Arbeit nicht gekauft, vom Internet heruntergeladen oder von Angehörigen geschrieben wurde. Andere wiederum versuchen dadurch, dass sie einen persönlichen Bezug in der Facharbeit und ein Kolloquium über das Resultat verlangen, dieses Betrügen zu verhindern. Einige orientieren sich an einem Kriterienraster, andere gebrauchen einen Fragekatalog. Alle sind sich jedoch einig, dass es für die Lernenden unabdingbar ist, die Beurteilungsgesichtspunkte von allem Anfang an zu kennen. Einigkeit scheint auch darüber zu herrschen, dass erstens die Themenwahl oder Fragestellung, zweitens das methodische Vorgehen, drittens Gliederung, Kohärenz und Umfang des Ergebnisses, viertens die eigenen Gedankengänge und die Multiperspektivität sowie fünftens die Verständlichkeit beurteilt werden sollen. Und einig sind sich alle Lehrenden darin, dass die Beurteilung nicht das Zentrale einer Facharbeit, eines Referates oder eines Aufsatzes sein soll. Vielmehr wäre es günstig, wenn gerade bei diesen Formen der Weg das Ziel wäre, obwohl das natürlich die Lernenden oft nicht so sehen.

Literatur
- Dittmer, Lothar; Siegfried, Detlef: *Spurensucher. Ein Praxisbuch für historische Projektarbeit*. Weinheim und Basel: Beltz, 1997
- Frick, René; Mosimann, Werner: *Lernen ist lernbar*. Aarau: Sauerländer, 1994
- Voss, James F.; Wiley, Jennifer: Geschichtsverständnis: Wie Lernen im Fach Geschichte verbessert werden kann. In: Gruber, H.; Renkl, A. (Hrsg.): *Wege zum Können*. Bern: Verlag Hans Huber, 1997. S. 74–90

Durch Geschichten Geschichte lernen

Geschichte begegnet vielen Jugendlichen in den medial vermittelten Tagesaktualitäten und – sofern sie überhaupt lesen – in Jugendbüchern und in der Literatur. Solche «schöngeistigen» Bücher werden häufiger und lieber gelesen als Geschichtsbücher, weil sie unterhaltender und spannender sind und eher Identifikation erlauben und Betroffenheit auslösen. Dichtung kann begeistern und verzaubern, weil sie anschaulich und konkret ist. Sie vermeidet das Allgemeine, Abstrakte und bietet dafür das Besondere und Lebendige. Durch Geschichten wird Geschichte erfahrbar.

Es ist mäuschenstill im Zimmer. Doris ist mit drei Kolleginnen im Gruppenraum und sitzt entspannt auf ihrem Stuhl. Sie ist in die Geschichte von Lina Kasunke vertieft, welche in der Zeit von 1848 in Preussen spielt. Lina ist die Tochter eines armen Leinenwebers. Sie sitzt mit ihren Eltern in der engen Stube, arbeitet und wartet auf ihren Bruder. Er wird Geld und Brot bringen. Doch er kommt nicht allein zurück. Eine vornehme Frau aus Berlin, die in ihrer Kutsche unterwegs ist, hat ihn auf der Strasse zusammengelesen. Vor Hunger ist er zusammengebrochen und hat weder Geld noch Brot gebracht. Die Frau macht den Eltern Vorwürfe, sie müssten besser für ihr Kind schauen. Aber wie soll man für die Kinder sorgen, wenn man nichts zu essen hat? Zum Arbeiten sind sie da, nicht zum Vergnügen, meint die Mutter. Wie die Frau sich verabschieden will, weiss Lina plötzlich, dass sie mitgehen will. Sie will nicht so werden wie ihre Eltern, sie stellt sich ihr Leben anders vor. Sie bittet die Frau, sie mitzunehmen, als Dienstmädchen will sie bei ihr arbeiten. Und die Frau willigt ein. Lina packt ihre wenigen Sachen und weiss, dass ihre Eltern zutiefst enttäuscht sind von ihr.

Nachdem die vier Schülerinnen den Text gelesen haben, nehmen sie den Gruppenauftrag zur Hand. Zuerst sollen sie einige Fragen beantworten. Dann dürfen sie eine oder mehrere Szenen zum Gelesenen spielen. Die vier beginnen zu diskutieren, welchen der Vorschläge sie szenisch umsetzen wollen:

▶ Lina wartet mit ihren Eltern auf den kleinen Fritz;
▶ Fritz verliert das Geld und wird von Frau Blum gefunden;
▶ Fritz sitzt in der Kutsche und wird nach Hause gefahren;
▶ Frau Blum kommt zu Kasunkes und verlangt, sie sollen besser für Fritz schauen; die Antwort der Eltern darauf;
▶ Lina bittet Frau Blum, sie mitzunehmen, und freut sich über ihre Zusage;
▶ Lina nimmt Abschied und reist in der Pferdekutsche;
▶ bei den Eltern nach Linas Abreise.

Geschichte zum Vergnügen
Historische Dichtung bietet dem Leser, der Leserin zweierlei: die Geschichte eines oder mehrerer Menschen, die zu lesen spannend und unterhaltend ist, und Information über die Lebenszusammenhänge, in welche die Geschichte dieser Menschen eingebettet ist. Sie spiegelt den Gang der Geschichte im Leben herausgehobener Einzelner, folgt also dem Prinzip der Personalisierung. In der Regel sind die Lebenszusammenhänge real und historisch überprüfbar, die Geschichte des Helden, der Heldin ist aber in den meisten Fällen fiktiv. Diese beiden Aspekte gilt es im Unterricht zu nutzen: Die individuelle Lebensgeschichte schafft beim Lesen Nähe und Anteilnahme – für Jugendliche ganz besonders, wenn die Protagonistinnen und Protagonisten ebenfalls Kinder und Jugendliche sind. Leser und Leserinnen finden die gleichen Probleme (Liebe, Freundschaft, Konflikte usw.) wieder, die sie aus ihrem Leben kennen; es stellen sich ihnen zutiefst menschliche Fragen, die an keine Zeit gebunden und allgemein gültig sind – und gleichzeitig können sie fasziniert sein von der Andersartigkeit, der Fremdheit dieses Lebens, das durch die historische Distanz eben anderen Gesetzmässig-

keiten unterworfen ist. Die erzählenden Texten eigene Spannung erzeugt Interesse; das Lesen und so die Geschichte bereitet Vergnügen.

Beobachten, vermuten, fragen

Der in literarischen Texten verpackte historische Sachverhalt kann sowohl Ausgangspunkt für die Beschäftigung mit einer speziellen Epoche sein als auch Veranschaulichung des im Unterricht erarbeiteten Wissens. Als günstige Angehensweise im Umgang mit Informationen aus literarischen Texten erweist sich folgender Sechsschritt: Zuerst lesen die einzelnen Lernenden den Text allein (1.). Anschliessend wird auf analytischem Weg mit Fragen (2.) und durch gestalterischen Umgang mit dem Text (3.) das Verständnis vertieft. Um die Auseinandersetzung zu intensivieren, geschehen diese beiden Schritte günstigerweise in einer Gruppe. In einem nächsten Schritt sollen die Schülerinnen und Schüler nun geschichtliche Vermutungen äussern (4.) und Fragen stellen (5.), welche dann den weiteren Fortgang des Unterrichts (6.) bestimmen.

Schülerinnen und Schüler, die sich entlang dieses Sechsschrittes mit «Lina Kasunke» von Elke Hermannsdörfer beschäftigen, formulieren zum Beispiel beim 2. Schritt die Erkenntnis, dass diese Weberfamilie sehr arm war und dass die Kinder arbeiten mussten. Sie äussern die Vermutung, dass es wahrscheinlich vielen Weberfamilien gleich ging und dass es die Kaufleute in den Städten besser hatten. Und sie fragen, ob die Weber immer so gelebt haben, ob sie sich gegen diese Situation gewehrt haben und wie das Leben eines Dienstmädchens gewesen sei.

Für den Unterricht geeignete Texte

Historische Dichtung als Veranschaulichung von und als Zugang zu historischen Epochen ist dann sinnvoll, wenn diese dreierlei ermöglichen: Erstens soll der Text die Möglichkeit zur Identifikation bieten: Die beim Leser, der Leserin erzeugte innere Anteilnahme schafft einen Zugang zum Text. Soll historische Dichtung diesen Vorzug in der Schule nicht verlieren, ist zu fordern, dass Kinder und Jugendliche als zentrale handelnde Akteure vorkommen. So ist die Chance gegeben, dass die Erzählungen die Schülerinnen und Schüler in ihren Bann ziehen, sie in eine Welt versetzen, die kennen zu lernen für den Geschichtsunterricht wichtig ist. Dass dieses Kennenlernen mit einer gewissen Suggestivität, mit Gefühlen, Erlebnissen, Einzelschicksalen geschieht, mag Historikerinnen und Historiker verunsichern. Wenn diese innere Nähe zu einer Epoche aber bewusst geschieht, wenn dieses Bild einer Zeit mit andern methodischen Zugängen wie der Interpretation von Quellen oder dem Umgang mit Statistiken gesichert oder in Frage gestellt wird, so ist dagegen nichts einzuwenden. Was wichtig ist, und das gilt für jede Art von Unterricht, ist die verantwortungsvolle und redliche Auswahl des Lerninhalts, damit nicht Klischees oder nachweisbar falsche Bilder erzeugt oder verstärkt werden.

Zweitens soll der Text das Fragen nach Sinn und «inneren Wahrheiten» ermöglichen: In der historischen Dichtung, die in der Schule thematisiert wird, soll ein Thema aufscheinen, das über die dargestellte Epoche hinausweist. Gute Geschichtsdichtung meint die Gegenwart, wenn sie von der Vergangenheit spricht. Sie thematisiert zeitlose Fragen und ermöglicht dadurch eine Auseinandersetzung mit einem universellen Prinzip. So sind zweierlei Arten von Gegenwartsbezug möglich: Dargestellte Ereignisse können als Modell und Erklärung moderner Situationen dienen, etwa um zu zeigen, wie ein einzelner Jugendlicher sich gegen ein Unrecht wehrt. Dargestellte Zustände können auch als Kontrast oder als Alternative zur Gegenwart aufscheinen. Das Leben eines Jugendlichen, welcher in einem Bergwerk Karren schiebt, kann zum Nachdenken über den eigenen Tagesverlauf anregen.

Schliesslich muss der Text den Lernenden erlauben, Lebenszusammenhänge von andern Menschen nachzuvollziehen: Ein Moment, das Jugendlichen bei der Beschäftigung mit Geschichte immer wieder Mühe bereitet, ist die gleichzeitig aufscheinende Vernetztheit und Mosaikhaftigkeit: Alles hängt mit allem zusammen und nichts passt zusammen. Als einzige Gliederungskrücke, als einziger Halt bleibt die Chronologie. Demgegenüber soll historische Dichtung ein geschlossenes Ganzes vor Augen rücken, ein Geschehen, das einen Anfang und ein Ende hat, wo die Einzelheiten ihren Sinn in Bezug auf das Vorliegende haben und nicht irgendwohin verknüpft sind. Die äusseren Lebensumstände, die historische Epoche und der geografische Raum gewinnen durch die Geschichte der Heldinnen und Helden an Bedeutung und Interesse. Begleiten wir während der Lektüre die Akteure ein Stück ihres Weges, werden wir als Leserinnen und Leser aufmerksam gemacht auf die Lebenszusammenhänge, in denen die Geschichte stattfindet. Absicht verschiedener, insbesondere auch von Jugendbuchautorinnen und -autoren ist es, auf diese speziellen Lebenszusammenhänge aufmerksam zu machen, sie den heutigen Jugendlichen näher zu bringen. Die Lernenden sollen am Schluss ahnen oder wissen, wie alles zusammenhängt, das sie jetzt behandelt haben, sie sollen Antworten auf ihre Fragen haben, wieso sich die dargestellten Menschen so und nicht anders verhalten haben.

Geschichte fächerverbindend unterrichten

Um das Verhalten von Menschen, um ihre Gedanken und Gefühle, geht es natürlich auch im Deutschunterricht, und so liegt es auf der Hand, dass sich die Schulfächer Geschichte und Deutsch besonders für fächerverbindendes Lehren und Lernen eignen. Dies lässt sich auch historisch erklären. Geschichtsschreibung wurde bis ins 18. Jahrhundert als besonderer Zweig der Literatur begriffen und galt als eine Muse (Klio). Die Geschichtsschreiber empfanden sich in erster Linie als Autoren, die von der Rhetorik die Techniken und Fertigkeiten des Schreibens zu übernehmen und sie für den Bericht über wahre Ereignisse in der Vergangenheit anzuwenden hatten. Deutsch und Geschichte verbindet aber neben dieser alten Verwandtschaft vor allem ihr hauptsächliches Medium, die Texte. Dieser Umstand – das gemeinsame Operieren mit Sprache – ist mit ein Grund, dass sich die im 20. Jahrhundert ausgebildeten getrennten Wege zwischen fiktiver Literatur, die sich mit ausgedachten Ereignissen beschäftigt, und wissenschaftlich-historischer Literatur, welche die wirklichen, verbürgten Tatsachen thematisiert, wieder annähern. Diese Annäherung wird weiter durch den Umstand verstärkt, dass die Opposition Faktizität versus Fiktionalität zunehmend entschärft beziehungsweise aufgelöst wird. Zum einen begreifen Historikerinnen und Historiker, dass auch die wissenschaftliche Geschichtsschreibung nicht ohne gewisse fiktive Elemente auskommt. Zum andern haben Autorinnen und Autoren, die Faktizität und Fiktionalität verknüpfen wie Eveline Hasler, bei der die einzelnen Versatzstücke noch erkennbar sind, oder solche, die Faktizität und Fiktionalität gänzlich verbinden wie Gabriel Marquez, zahlreiche Leserinnen und Leser und grossen Erfolg. Neben Prosa eignen sich aber ebenso Poesie und Dramen für fächerverbindendes Arbeiten. Gerade in Theateraufführungen entsteht eine grosse Unmittelbarkeit, weil geschichtliche Figuren «leibhaftig» auf der Bühne stehen, agieren, leiden, sich freuen.

Zum Lesen animieren

Neben dem Besuch einer Theateraufführung oder der gemeinsamen Lektüre eines Buches ist es auch denkbar, Schülerinnen und Schülern eine Auswahl verschiedener Bücher und Texte zum Beispiel zur gleichen historischen Epoche bereitzustellen. Diese haben dann die Möglichkeit, das sie speziell interessierende Buch auszusuchen. Ausserdem hat so die Lehrkraft die Möglichkeit, unterschiedlich anspruchsvolle Texte bereitzustellen, denn nicht alle Schülerinnen und Schüler verfügen über die gleiche Leselust und Lesekompetenz. Gibt es zudem die Möglichkeit, den Mitschülerinnen und Mitschülern das erarbeitete Wissen zu unterbreiten, betrachten die Jugendlichen ihre Arbeit weit eher als sinnvoll. Als günstige methodische Angehensweise hat sich hier beispielsweise das Gruppenpuzzle (vgl. Seite 82) erwiesen. Die Methode regt so zum Gespräch über Gelesenes an. Gleichzeitig animiert diese Form zum Lesen weiterer Texte.

Literatur
- Bertschi-Kaufmann, Andrea; Gschwend-Hauser, Ruth: Mädchengeschichten – Knabengeschichten. Textband 3: *Mädchen und Jungen früher und anderswo*. Zürich: sabe, 1995
- Hermannsdörfer, Elke: *Lina Kasunke*. München: Deutscher Taschenbuchverlag (dtv), 1989
- Parigger, Harald: *Geschichte erzählt: von der Antike bis zum 20. Jahrhundert*. Berlin: Cornelsen Scriptor, 1995 (2.)
- Rohlfes, J.; u.a.: *Umgang mit Geschichte. Tempora. Historisch-politische Weltkunde*. Stuttgart: Klett, 1992

Im Geschichtsunterricht gestalten

Learning by doing. Wer hat nicht schon die Erfahrung gemacht, dass man dann etwas besonders gut gelernt hat, wenn man es selber tun konnte? Verknüpfen sich Denken und Handeln, scheint Lernen erfolgreich abzulaufen. Aufgrund solcher Überlegungen bekommt die Forderung nach einem handlungsorientierten Geschichtsunterricht ihr besonderes Gewicht. Damit ist ein Unterricht gemeint, welcher den Schülerinnen und Schülern einen handelnden Umgang mit Geschichte erlaubt. Freilich kann darunter fast alles verstanden werden: Wer spricht, handelt; wer spielt, handelt; wer eine Exkursion durchführt, handelt. Werden aber mit handlungsorientiertem Unterricht Situationen verstanden, wo die Lernenden vor allem ihre Hände gebrauchen, dann reduzieren sich die Möglichkeiten gerade in Geschichte. Geschichtliches lässt sich häufig nicht betasten (und begreifen), weil es weit weg oder lange vergangen ist. Hier wie anderswo ist didaktische Fantasie nötig, um Lernenden einen handelnden Zugang zum Lerninhalt zu vermitteln.

«Nein, ich dumme Kuh», stöhnt Tanja. Ausgerechnet beim letzten Wort ist ihr der blöde Fehler passiert. Dabei kann sie das Gedicht doch schon so gut auswendig:

> Dû bist mîn, ich bin dîn:
> des solt dû gewis sîn.
> dû bist beslozzen
> in mînem herzen:
> verlorn ist daz slüzzelîn
> dû muost immer drinne sîn.

Aber jetzt hat sie am Schluss statt sîn doch wirklich dîn geschrieben. Und nicht einmal gemerkt hätte sie es, wenn nicht Markus plötzlich so gekichert hätte. Aber wahrscheinlich war er nur so schadenfroh, weil sie ihn vorher geneckt hatte, als ihm ein riesiger Tintentropf aus dem Gänsekiel aufs Blatt getropft war. Eigentlich müsste sie das Gedicht nicht mehr neu schreiben, aber irgendwie wurmt es sie halt doch, und so beginnt sie noch einmal von vorne. Tanja macht es nämlich gerne. Es ist schön, einmal einfach Zeit zu haben, und einen Text zu schreiben, wie sie das früher offenbar gemacht haben. Aber mit den Mönchen möchte sie natürlich nicht tauschen. Während eines ganzen Jahres einfach die Bibel abschreiben, das wäre dann doch zu viel.

Didaktische Prinzipien

Der Lerninhalt «Schrift» eignet sich gut, um Lernende im Geschichtsunterricht gestalten zu lassen. Tanjas Gefühle beim Abschreiben des Gedichts werden mithelfen, dass sie einiges über Minnesang und Mönchsleben im Mittelalter behalten wird. Ihre Handlung, das Abschreiben des Gedichts, zielt nicht aufs blosse Tun oder aufs materielle Ergebnis, wenngleich dies ein schönes Nebenprodukt sein kann. Im Zentrum steht das Denken, das Hineinfühlen und Verstehen des mittelalterlichen Lebens. Solches Hineinversetzen in andere Zeiten wird auch ermöglicht, wenn Schülerinnen und Schüler Ritzzeichnungen auf Stein oder Knochen herstellen, wenn sie ägyptische Schriftzeichen auf Papyrus malen oder mit Holzgriffeln in Tontafeln einritzen, wenn sie selber Tinte herstellen und mit Pinsel die Tinte auf Pergamentrollen aufmalen, wenn sie selber Papier schöpfen, wenn sie mit gegossenen Lettern am Setzkasten einen Text zusammenstellen und diesen selber drucken. Aufgabe der Lehrperson bei all diesen Formen ist es, einerseits die für die Handlung notwendigen Materialien bereitzustellen (1.) und die geplante Handlung möglichst klar anzuleiten (2.) sowie andererseits die Handlung zu begleiten (3.), die der Handlung folgende Präsentation zu organisieren (4.) und die Reflexion zu sichern (5.). Erst das Nachdenken während des Tuns, nach dem Tun und über das Tun garantiert geschichtliches Lernen.

Wer im Geschichtsunterricht die Lernenden gestalten lässt, greift einen Traditionsstrang auf, welcher der Selbsttätigkeit der Schülerinnen und

Schüler eine grosse Bedeutung zumisst. Diese Unterrichtsformen, welche sich zu Beginn des 20. Jahrhunderts als eine Gegenbewegung zum Frontalunterricht entwickelten, betonen die Vorstellung von Aktivität statt Passivität, von Selbststeuerung statt Fremdsteuerung, von Ausdruck statt Aufnahme. Immer wieder wurde der Einbezug möglichst vieler Sinne und die sinnliche Wahrnehmung von Materialien und Produkten postuliert. Diese Forderungen sind im Zuge der Wissenschaftsorientierung in den letzten Jahren etwas in Vergessenheit geraten, haben aber durch Bemühungen, die Schülerinnen und Schüler wieder stärker zur Eigenaktivität anzuregen, an Bedeutung gewonnen.

Weitere Gestaltungsideen

Natürlich eignet sich im Geschichtsunterricht nicht bloss die Schrift als Lerninhalt und Gestaltungsart, um Lernende zu aktivieren. Folgende weitere Möglichkeiten bieten sich an: Lernende könnten

▶ etwas abzeichnen, etwa ein Denkmal, ein historisches Gebäude, einen Gegenstand oder die Wandtafelzeichnung. Wer als Lehrperson eine Wandtafelzeichnung entwickelt, muss aufgrund der Gestaltungsmöglichkeiten radikal vereinfachen: klare Linie, deutlicher Unterschied hell – dunkel, flächige Darstellung. Oft gelingt es gerade dadurch, einen Sachverhalt den Lernenden klar vor Augen zu führen, vor allem dann, wenn man als Lehrperson in der Lage ist, die Wandtafelzeichnung während der Erklärung zu entwickeln. Und wenn Schülerinnen und Schüler anschliessend die romanische und gotische Kirche abzeichnen, so werden sie sich die Unterschiede bei den Baustilen weit besser aneignen, als wenn sie noch so schöne und farbige Dias betrachtet hätten (vgl. Abbildung, Seite 69);

▶ selber ein Bild zu einer Erzählung, zu einem Ereignis oder einem Gegenstand gestalten. Die Rekonstruktion von Geschichte steht unter der Kontrolle streng wissenschaftlicher Regeln. Wenn man es aber genauer betrachtet, dann ist nicht zu übersehen, dass auch der wissenschaftliche Erkenntnisprozess auf die Fantasie angewiesen ist, vor allem in der Phase der Hypothesenbildung. Geschichte lässt sich nur rekonstruieren in einem Zusammenspiel von Vorstellung und Verstandeskontrolle. Viele geschichtliche Quellen greifen stark in die Fantasie von Jugendlichen, etwa die Beschreibung von Meeresungeheuern, vor denen

sich die Seefahrer zu Beginn der Neuzeit fürchteten. Hier den Jugendlichen die Chance zur eigenen Hypothesenbildung zu geben, lohnt sich. Wenn sie ein eigenes Bild zu diesen Quellen entwickeln, werden sie die Ängste der Seefahrer noch besser verstehen und auch den Mut, welchen diese Menschen für ihre Fahrten aufbringen mussten;
- etwas ausmalen. Wer zum Beispiel auf dem Klosterplan von St. Gallen alle 65 Orte mit Farben gezielt ausmalt, erkennt die Komplexität des Klosterlebens und die religiöse Motivation der Mönche wegen der zentralen Lage der kirchlichen Gebäude;
- alltägliche Tätigkeiten von früher nachvollziehen, etwas mit Kernseife und Waschbrett waschen, ohne Streichhölzer Feuer machen usw.;
- nach alten Rezepten kochen;
- eine Burg basteln, im Sandkasten das Gelände einer Schlacht modellieren, ein Puzzle einer attischen Schale ausschneiden und zusammensetzen, die Kleidung von Menschen früher malen;
- in der Steinzeitwerkstatt versuchen, ein Steinbeil oder einen Faustkeil herzustellen, ein Loch in einen Stein zu bohren;
- eine Fotodokumentation zu einer Stadt entwickeln;
- einen Videofilm über eine Begebenheit oder eine Person drehen;
- ein Hörspiel gestalten;
- ein Ausstellung machen oder ein Theater inszenieren;
- Plakate für eine Präsentation entwickeln;
- graben, wo sie stehen.

Natürlich wird es sich anbieten, viele dieser Vorschläge fachverbindend zu unterrichten. Mit den letztgenannten Beispielen wird zudem deutlich, dass gestalterisches Geschichtslernen zum forschenden Lernen wird, wenn Schülerinnen und Schüler selber ein Projekt entwickeln und ihre Handlung selbstständig aufgrund einer Fragestellung oder einer Hypothese planen.

Gestalten einer Wandzeitung

Zu oft bemerkt man in einem Zimmer kaum, dass hier Geschichtsunterricht stattfindet. Dabei böten sich mit Schülerinnen und Schülern viele lernfördernde Gestaltungsmöglichkeiten an. Wenn Lernende zum Beispiel zu Beginn des Geschichtsunterrichts ein Bild derjenigen Zeit entwickeln dürfen, in der sie gerne leben würden, kann aus den verschiedenen Bildern und zusätzlichem Material ein Geschichtsfries gestaltet werden, der während des ganzen Geschichtsunterrichts gute Dienste leisten wird (vgl. Seite 140). Auch eine Wandzeitung, welche die Schülerinnen und Schüler abwechslungsweise gestalten, kann zur Aktivierung der Lernenden beitragen. Diese Wandzeitung kann den Lerninhalt widerspiegeln, welcher gerade im Unterricht thematisiert wird. Schülerinnen und Schüler sollen in Wort und Bild für alle sichtbar festhalten, was gemeinsam behandelt wird. Viel Energie stecken Lernende in die Wandzeitung, wenn diese auch während der Proben hängen bleibt oder wenn das Produkt bewertet wird. Eine Wandzeitung kann aber auch das aktuelle Weltgeschehen veranschaulichen. Eine Kleingruppe von Schülerinnen und Schülern bekommt für eine Woche den Auftrag, die Aktualität auf einem Plakat festzuhalten. Sie können dafür die Tageszeitung zerschneiden, welche im Gratisabonnement jeden Tag im Geschichtszimmer aufliegt, sollen selber Titel setzen, Fragen stellen, Bilder gestalten. Auf diese Weise spiegelt sich das tägliche Geschehen im Schulzimmer, und die Lehrperson bekommt die Möglichkeit, dieses als Anknüpfungspunkt für den Unterricht zu brauchen oder gelegentlich zum eigentlichen Unterrichtsthema zu machen. Zudem bekommen Schülerinnen und Schüler ein sinnvolles Angebot für die Zeit, wenn sie mit ihrer Lektüre oder Arbeit fertig sind. Und als Lehrperson wird man gelegentlich darüber staunen, dass auch in den Pausen einzelne Schülerinnen und Schüler die Wandzeitung betrachten und über Kommentare diskutieren.

Literatur
- Geschichte lernen, Heft 9/1989. *Handlungsorientierter Unterricht.* Seelze-Velber: Friedrich
- Heimbrock, Cornelia: *Geschichte spielen. Handlungsorientierter Geschichtsunterricht in der Sekundarstufe I.* Donauwörth: Auer, 1996
- Knoch, Peter (Hrsg.): *Spurensuche Geschichte. Anregungen für einen kreativen Geschichtsunterricht.* Stuttgart: Klett, 1991. Band 1–5
- Witzig, Hans: *Zeichnen in den Geschichtsstunden.* Zürich: Verlag des Schweizerischen Lehrervereins, 1982 (12.)

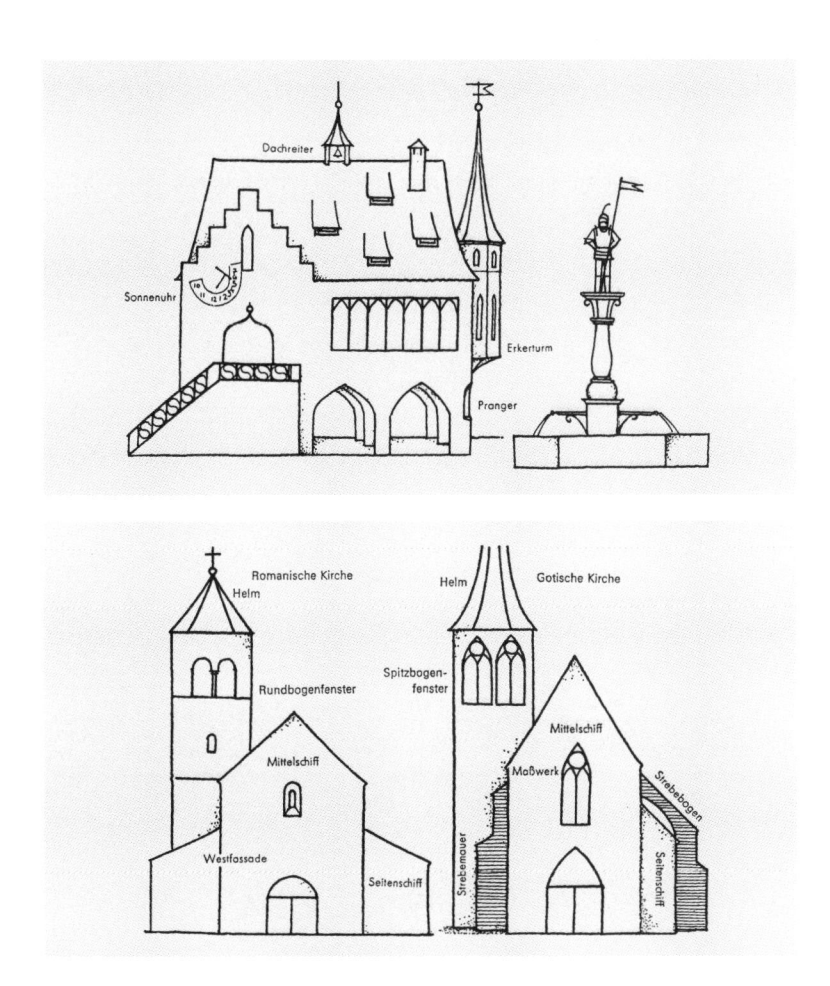

Auf Exkursionen Geschichte begreifen

Übersichtsexkursionen in darbietender Form durch eine Lehr- oder Fachperson geraten zumindest theoretisch immer mehr in Verruf. Sie seien Spaziergänge oder «Fahrten ins Blaue», welche im günstigsten Fall gemeinschaftsbildende Funktionen hätten, meist aber ausser Ärger gar nichts brächten. Dieser Befund widerspricht in einer merkwürdigen Art und Weise dem Umstand, dass touristische Überblicksführungen eine der beliebtesten Möglichkeiten sind, einen ersten Kontakt mit einer neuen Stadt zu finden. Viele kluge Menschen lassen sich während ihrer Ferien von fachkundigen Führerinnen und Führern die Geschichte und den Alltag eines Ortes näher bringen, um anschliessend auf eigenen Wegen das besonders Interessante zu vertiefen. Und wie oft erinnert man sich später an geschickt ausgewählte Plätze oder Anschauungsgegenstände, welche ein Staunen hervorriefen, Überraschung oder gar Verblüffung bewirkten. Diese die Neugier weckenden Effekte stimulieren einen Lernkreislauf, der oft zu einem dauerhaften Wissensgewinn führt. Aus diesem Grund und aufgrund der sozialen Kontakte während einer Exkursion haften solche Lerngelegenheiten in aller Regel gut.

Die Klasse ist im Zug ganz aufgeregt. Stefan ärgert sich lauthals, dass er seine Taschenlampe vergessen hat. Wie soll er sich da im Stollensystem zurechtfinden? Seine Kollegen empfehlen ihm lachend, doch Doris zu fragen, ob sie ihm auch im Stollen und nicht nur in der Prüfung helfe. Doris findet das nicht lustig, weil doch die Lehrerin zuhören könnte, und auch Daniela ist es nicht nach Lachen zumute. Sie hat nämlich nicht daran gedacht, Stiefel mitzunehmen, und mit ihren Halbschuhen wird sie sich wohl nasse Füsse holen. Einige lesen den Comic «meyer und meyer» und staunen über das riesige Wasserrad, das Johann Rudolf Meyer unterirdisch einrichten liess. Da plötzlich «checkt» es Pascal. Jetzt begreift er endlich, was es heisst, jemandem das Wasser abzugraben. Da hat dieser Meyer doch tatsächlich den Stadtbach unterirdisch angezapft, weil die andern ihm nicht erlauben wollten, mit diesem Wasser Energie zu gewinnen. Die Lehrerin erzählt einer kleinen Gruppe, wie die Stollen entdeckt wurden. Sie schwärmt von Meyer, was der für ein Kerl gewesen sei: ein Revolutionär, ein Industriepionier, ein Entdecker des Hochgebirges, Schriftsteller, Frauenheld usw. Die Schülerinnen und Schüler hören gebannt zu, aber schon fährt der Zug in Aarau ein, und nach wenigen Schritten ist man bereits beim katholischen Kirchgemeindehaus, in dessen Keller man vor wenigen Jahren den Stolleneingang wieder entdeckt hat. Die abenteuerliche Exkursion zur Einstimmung auf den Lerninhalt «19. Jahrhundert» kann beginnen.

Gründe gegen Exkursionen

Auf den ersten Blick spricht vieles dagegen, eine Exkursion durchzuführen. Zum einen braucht es oft einen grossen Vorbereitungsaufwand: Man muss als Lehrperson die Exkursion selber erkunden, um die Lernchancen abwägen zu können. Dann sind die vorbereitenden Absprachen mit andern Lehrpersonen im gleichen Schulhaus oder in der gleichen Klasse zeitaufwendig und nervenaufreibend, auch bei guten Kolleginnen und Kollegen. Viel Engagement und Kraft ist also notwendig, bis nur das Programm der Exkursion steht. Zum Zweiten kann bei der Durchführung selber viel dazwischen kommen. Schülerinnen und Schüler vergessen das für die Exkursion dringend notwendige Material, es gibt Pannen während der Reise oder das Wetter ist schlecht, man wird nass und krank. Auch fehlen die den normalen Schulunterricht disziplinierenden Kräfte wie zum Beispiel eine Sitzordnung. Das kann zu Unordnung, manchmal in unglücklicher Verknüpfung mit organisatorischen Pannen zu einem Chaos führen. Schülerinnen und Schüler reisen zudem in ihrer Freizeit und in den Ferien so weit und so viel, dass die Schule nie damit konkurrieren kann. Zum Dritten bietet der Lerninhalt gelegentlich grosse Schwierigkeiten. Geschichte entzieht sich oft der primären

Anschauung. Das eigene Anschauen vermittelt zwar lebhafte Eindrücke, die aber nichts mit dem Lerngegenstand zu tun haben. Lernende sind von oben bis unten dreckig, aber die Aufhängung des Wasserrades oder das Wappen auf dem Grenzstein haben sie gar nicht gesehen. Sachgegenstände, Bauwerke, Landschaften erschliessen sich weniger gut als deren Abbildungen im Schulbuch, weil sie in der Regel nicht für einen Lernprozess aufgearbeitet sind. Es ist schwer, vor Ort einen Gesamteindruck zu bekommen. Zudem ist der übliche Wissensvorsprung der Lehrpersonen «draussen» oft weniger gross als im Schulzimmer, oder gelegentlich geschieht es, dass die Lehrperson völlig begeistert ist und vor lauter eigener Begeisterung nicht mehr merkt, dass sich die Lernenden langweilen oder sich sogar über die Begeisterung der Lehrperson lustig machen. Das alles kann dazu führen, dass Aufwand und Ertrag in keinem günstigen Verhältnis stehen, vor allem dann, wenn das Ganze zusätzlich noch viel kostet oder noch schlimmer, wenn bei Unglücksfällen versicherungstechnische Schwierigkeiten erwachsen, weil die Lehrperson in ihrem pädagogischen Optimismus es schlicht unterlassen hatte, die Versicherungsfragen genügend abzuklären.

Lerntätigkeiten auf Exkursionen

Für viele Lehrpersonen allerdings wägen die Vorzüge von Exkursionen die allfälligen Gründe dagegen oder die möglichen Schwierigkeiten bei weitem auf. Ihnen ist wichtig, dass die Schülerinnen und Schüler erkennen, dass Geschichte sie direkt betrifft und in nächster Umgebung stattfindet und nicht bloss in Schulbüchern und in längst vergangenen Zeiten. Weiter sind sie vom hohen erzieherischen Wert von Lehrausgängen überzeugt, vor allem dann, wenn die Lernenden die Exkursion selber mitplanen und mitorganisieren, und sie möchten den Schülerinnen und Schülern einen abwechslungsreichen Unterricht an verschiedenen Lernorten bieten. Zudem bieten Exkursionen eine ganze Reihe von wertvollen Lernmöglichkeiten. Schülerinnen und Schüler können

- eine Exkursionsroute auf einer Karte verfolgen oder gar einen eigenen Rundgang entlang einer Karte machen. Dies fördert ihr Raumbewusstsein und das Verständnis von Karten;
- versuchen, im Gelände mit Hilfe von Abbildungen und Planskizzen ein verschwundenes Gebäude wiederzufinden und gedanklich zu rekonstruieren. Besonders gut geeignet sind Ruinen,

wo noch die Grundmauern erkennbar sind, und dankbar ist es, anschliessend hier vor Ort ein Simulationsspiel durchzuführen;
- Pläne von Gebäuden interpretieren oder auf Exkursionen selber skizzieren;
- Bilder auf eine Karte kleben;
- Bilder von früher, welche die Lehrperson mitnimmt oder die vielleicht vor Ort zu finden sind, mit der Wirklichkeit heute vergleichen;
- falsch zusammengesetzte Bilder anhand der Wirklichkeit richtig zusammensetzen oder vor Ort Legenden zu Bildern entwickeln;
- Vermutungen anstellen, was sich hinter dem Sichtbaren, zum Beispiel hinter einer Fassade, verbirgt;
- Texte auf Denkmäler entziffern, übersetzen, lesen und interpretieren oder neue Texte und Denkmäler entwerfen;
- Menschen befragen, mit andern Leuten diskutieren;
- Zeichnungen entwickeln oder fotografieren;
- Gegenstände beobachten und Eindrücke schriftlich festhalten;
- sammeln, zum Beispiel Objektbeschreibungen auf einem standardisierten Rundgang;
- Rätsel lösen usw.

Besonders ertragreiche Exkursionen

Drei Varianten von Exkursionen scheinen besonders ertragreich zu sein und bieten sich an, um Geschichte vor Ort zu betreiben:

Erstens besteht vielleicht die Möglichkeit, dass die Schülerinnen und Schüler die Exkursion oder den Rundgang individuell während der Schulzeit oder in ihrer Freizeit allein oder in Gruppen entlang einer Wegleitung durchführen. So können sie selbstständig «Übersetzungsübungen» von der sekundären Anschauung (Karten, Pläne, Bilder einer Stadt) in eine primäre Anschauung (die Stadt selber) machen. Im Geschichtsunterricht sollen sich Lernende, oft ausgehend von einem Bild oder einer Karte, eine möglichst gute Vorstellung der Wirklichkeit machen können. Dies ist ein anspruchsvoller Denkakt, der dann besser gelingen kann, wenn Schülerinnen und Schüler in der Lage sind, von der aufgesuchten Wirklichkeit einen Bezug zu sekundären Anschauungsmitteln herzustellen, wenn sie also das vor Augen stehende Gebäude auf der Karte lokalisieren und auf einem Bild erkennen können. Deshalb ist es günstig, wenn Schülerinnen und Schüler individuell oder in einer Kleingruppe entlang eines Führers, eines Leitfadens oder entlang eines Arbeitsblattes selbstständig eine Exkursion durchführen.

Eine Wegleitung herstellen, die es Schülerinnen und Schülern erlaubt, die Exkursion selbstständig durchzuführen, erfordert wie die Planarbeit allgemein einen grossen Vorbereitungsaufwand, den man als Lehrperson selber nur ausnahmsweise leisten kann. Deshalb lohnt es sich zweitens, Exkursionen durchzuführen, die speziell für schulische Zwecke oder mit didaktischer Absicht konzipiert und vorbereitet wurden. Es gibt immer mehr so genannte Lehrpfade, welche unterschiedliche Inhalte in verschiedensten Gegenden für interessierte Besucherinnen und Besucher erschliessen wollen. Oft weisen didaktisch hervorragend gestaltete Informationstafeln auf die wichtigsten Exponate hin, und der Exkursionsweg ist meist gut ausgeschildert. Vielfach sind eigene Publikationen für die Exkursionsteilnehmerinnen und -teilnehmer erhältlich, und oft gibt es zudem eigentliche Handbücher, Ideensammlungen und Arbeitsblätter für Lehrpersonen. Eine so vorbereitete Exkursion zur Industriegeschichte oder zur Stadtentwicklung verspricht trotz geringerem Vorbereitungsaufwand einen grösseren Lernertrag, weil die Lernumgebung permanent evaluiert und verbessert wird. Natürlich ist es auch hier günstig, wenn die Lehrperson den Lehrpfad gut erkundet hat, wenn sie weiss, wo man eine Rast einlegen kann und wo Ablenkungsgefahren sind. Hier wie überall im

Unterricht gilt natürlich auch, dass eine klare Zielorientierung dem Lernerfolg förderlich ist.

Drittens bringen Exkursionen oft dann besonders viel, wenn Schülerinnen und Schüler Menschen begegnen, die mit der Sache viel zu tun haben. Wenn Schule für das Leben vorbereiten will, dann ist grundsätzlich eine originale Begegnung mit der realen Welt erforderlich. Die neuen Informationstechnologien und die neuen Medien werden den Menschen immer mehr in die Medienwelt einbinden. Seine Informationen sollte er aber nicht nur gefiltert durch Massenmedien und Informationssysteme, sondern auch aus erster Hand durch die originale Begegnung mit Menschen und der Welt erhalten. Eine personale Kommunikation und Informationsbeschaffung bei Nachbarinnen, Journalisten, Planerinnen, Bestattungsunternehmern, Natur- und Landschaftsschützerinnen, Arbeitnehmern, Arbeitgeberinnen, Bauern u. a. ist eine wichtige Grundlage eines guten Geschichtsunterrichts. Unmittelbare Begegnungen können bedeutsame personale Erfahrungen bringen und die Sensibilität im Umgang mit Sachen und Menschen erhöhen. Vielleicht erinnern sich die Schülerinnen und Schüler nach der Exkursion ins unterirdische Stollensystem nicht mehr an die Aufhängung des Wasserrades oder an den Konstrukteur Hans-Rudolf Meyer, aber sie werden sich an die Archäologin erinnern, welche die Stollen wieder entdeckt hat, jeden Winkel kennt und jetzt auf der Exkursion so viel zu berichten und zu erzählen weiss, dass einige Lernende plötzlich auch Archäologin werden möchten.

Literatur
- Homfeld, H.; Kühn, A.: *Klassenfahrt. Wege zu einer pädagogischen Schule.* München: Ehrenwirt, 1981
- Kressbach, K.; u.a.: Exkursionen in die Geschichte. In: *Geschichte in Wissenschaft und Unterricht,* Heft 1/1999. S. 14–29
- Pädagogik, Heft 4/1990. *Klassen reisen.* Hamburg: Pädagogischer Beiträge Verlag
- Schreiber, Waltraud: Geschichte vor Ort. In: Schönemann, B.; u.a. (Hrsg.): *Geschichtsbewusstsein und Methoden historischen Lernens.* Weinheim: Deutscher Studien Verlag. 1998. S. 213–226

Geschichte im Museum und im Archiv

Museen waren lange Zeit Aufbewahrungsorte für Gegenstände, welche die Vorgeschichte der eigenen Macht und des Erfolgs dokumentieren sollten. Viele Generationen von Schülerinnen und Schülern lernten hier die Waffen kennen, mit welchen die Vorfahren die eigene Stadt verteidigt hatten, und die Feuerwehrkübel, mit welchen der Stadtbrand gelöscht wurde. Einigen Schülerinnen und Schülern gelang es dank ihrer Fantasie oder dank der Erzählkunst der Lehrperson, dass sie ein anschauliches Bild von früher bekamen. Viele allerdings wurden bloss mit Worten zugedeckt und mit Gegenständen konfrontiert, die nichts mit ihnen zu tun hatten und die sie nicht verstanden. Heute sind die meisten Museen als Lernort konzipiert. Eine Reihe von Arbeitsblättern, Texttafeln, Bildern und audiovisuellen Medien wollen die Auseinandersetzung mit den Ausstellungsgegenständen ermöglichen. Die Exponate werden zu ganzen Inszenierungen zusammengeführt, welche in die Fantasie greifen, und eine Reihe von Museumspädagoginnen und -pädagogen beschäftigen sich mit der Begleitung von Jugendlichen im Museum und publizieren Broschüren, Handreichungen, Wegleitungen und Webseiten zum Ausstellungsthema. Per Internet lassen sich die besten Szenen einer Ausstellung von zu Hause aus besuchen, und mit der Computermaus navigiert der Besucher oder die Besucherin durch die Räume. Museen sind Orte für Bildung und Erlebnis geworden.

Grosse Begeisterung im Klassenzimmer: Die Lehrerin hat angekündigt, dass sie mit der Klasse am nächsten Samstag ins Museum geht. Schon lange hatte sie davon gesprochen, aber immer wieder musste der Lehrausgang verschoben werden: Entweder konnte sie die Lektionen mit dem Mathematiklehrer nicht abtauschen, oder es hatte sich schon eine andere Klasse fürs Museum angemeldet, dann musste noch die Probe zuerst geschrieben werden usw. Nun also. Jetzt klappt es endlich. Die Jugendlichen sind erfreut. 9 von 10 gehen nämlich gerne ins Museum. Die Lehrerin selber ist allerdings etwas unsicher. Zu oft hat sie erlebt, wie sie die Klasse im Museum kaum in den Griff bekam. Sie schämte sich fast ein wenig für die Horde Jugendlicher, die durch die Ausstellung stürmte und die Ausstellungsstücke kaum ansah.

Museumsdidaktisches Leitmuster
Es gibt eine Reihe von Empfehlungen für Lehrpersonen, wie sie einen Lernprozess im Museum gestalten sollen. Viele orientieren sich am folgenden Vorgehen in sieben Schritten: Kinder und Jugendliche sollen (1.) selber das Museum erkunden, sich orientieren und gewisse Gegenstände finden: Wo ist dieser runde Topf mit dem Kettchen und Spangen? Diese gefundenen Exponate müssen anschliessend (2.) zu vorgegebenen Kategorien zugeordnet werden: Ist es

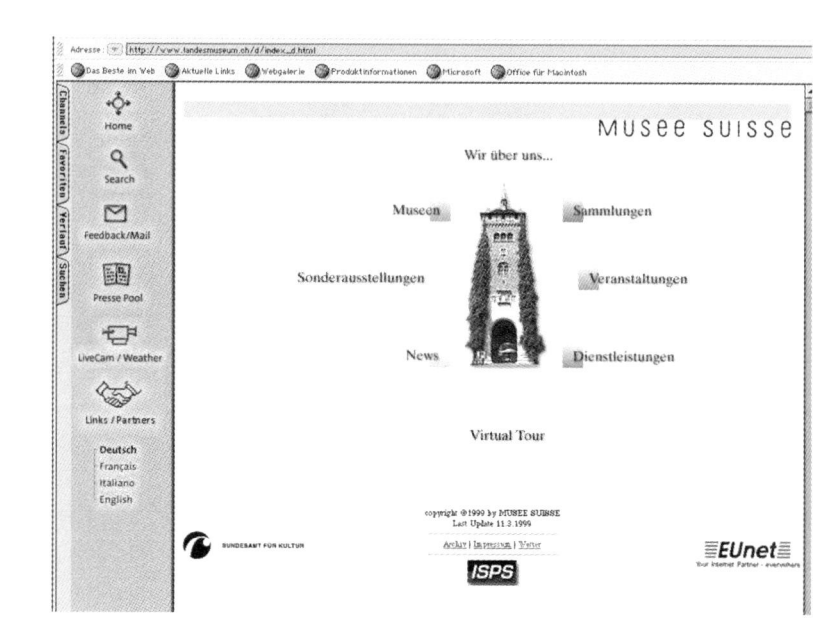

eine Grabausstattung? Danach sollen (3.) die Gegenstände mit andern verglichen werden: Aha, das ist eine Grabausstattung für ein junges Mädchen. Im nächsten (4.) Schritt werden die Jugendlichen hin zum Begreifen und Erkennen geführt: Offensichtlich glaubten die Alamannen an ein Leben nach dem Tod. Die Exponate können dann (5.) befragt und untersucht werden: Könnte diese Gürtelschnalle nicht auf einen römischen Einfluss deuten? Danach sollen (6.) die Jugendlichen ihre Hypothesen überprüfen und Einsichten gewinnen: Tatsächlich, dies könnte so sein, wenn ich sehe, dass auch die lateinische Lebensart kopiert wurde. Idealerweise kommen Schülerinnen und Schüler am Schluss (7.) selber zum Handeln im Museum, oder der Besuch hat Auswirkungen auf das Alltagsleben: Du, was hat eigentlich der kürzlich verstorbene Grossvater mit ins Grab genommen?

Dieses Vorgehen kann durch die eingangs geschilderten modernen Gesamtinszenierungen sowohl erleichtert als auch erschwert werden. Es wird dann erleichtert, wenn anregende Lernumwelten konzipiert werden, wo die Besucherinnen und Besucher auch selber etwas tun können. Die Medien haben in diesem Fall unterstützenden Charakter und erleichtern die Vorstellungen oder helfen beim Verstehen. In diesem Fall muss der Besucher oder die Besucherin eine gewisse Einwirkung auf die Medien haben, indem er bzw. sie zum Beispiel den Film anhalten oder zurückspulen oder diejenigen Informationen vom Computer abrufen kann, die ihn oder sie interessieren. Gesamtinszenierungen können aber das oben skizzierte Leitmuster auch verunmöglichen, vor allem dann, wenn die Medien leitenden Charakter bekommen und die Besucherinnen und Besucher die Ausstellung nur auf einem einzigen richtigen Weg absolvieren können. Dann wird Lernen durch multimedial aufbereitete Szenen eng geführt. Dies geschieht oft bei Wechselausstellungen, mit denen viele Museen versuchen, die Besucherzahlen zu erreichen, welche für den kostspieligen Betrieb notwendig sind.

Eine ganze Reihe von Museen spezialisieren sich auch auf ein eingeschränktes Thema – und haben häufig grossen Erfolg. Zu einem bestimmten Lerninhalt werden eine Vielzahl von Lernformen angeboten: Neben der traditionellen Führung gibt es Workshops, Gruppenateliers, Gestaltungsräume, AV-Hilfsmittel usw. Viele Museumspädagoginnen und -pädagogen haben auch begonnen, Museumskoffer zu konzipieren, welche die Gegenstände nun

Klassen in deren Unterricht zur Verfügung stellen. Der Besuch im Museum ist gar nicht mehr nötig: Das Museum kommt per Museumskoffer zu den Jugendlichen. Durch die sinnlich erfahrbare originale Begegnung (oft natürlich nur mit Kopien der eigentlichen Originale, die im Tresor liegen) verspricht man sich Einsichten, Gefühle, Erkenntnisse, die auf anderm Weg schwer zu erreichen sind. Auch bei diesen Museumskoffern dient das museumsdidaktische Vorgehen in sieben Schritten als Leitmuster für den Lernprozess.

Vorbereitung einer Lernsequenz im Museum

Die Vorbereitung eines Lehrausganges unterscheidet sich nicht von der fünfschrittigen Planung von Unterricht generell: Es müssen die Bedingungen geklärt werden: Bei welchem Lehrplanthema soll die Klasse ins Museum gehen? Wo liegt das Museum? Wie teuer ist der Eintritt? Gehen die Schülerinnen und Schüler gerne ins Museum? Das Thema muss gefasst und eingegrenzt werden: Welche Aspekte sollen im Museum behandelt werden? Welche Begriffe sind zentral für das Ausstellungsthema? Lehrpersonen müssen sich Rechenschaft darüber geben, wieso sie ins Museum wollen: Wo liegt die exemplarische Bedeutung? Welche Schlüsselfragen werden angesprochen? Wenn Lehrpersonen genaue Vorstellungen zu den Zielen haben, werden sie sich trotz des grossen Aufwandes, den ein Museumsbesuch mit sich bringt, nicht zu stark verunsichern lassen: Was sollen die Schülerinnen und Schüler nach dem Besuch Neues wissen und können? Schliesslich wird allenfalls in Zusammenarbeit mit den Museumspädagoginnen und -pädagogen der Ablauf des Lernprozesses festgelegt: Wo und wie beginnt der Besuch? usw.

Um Enttäuschungen und Frustration am Ende eines Museumsbesuches zu vermeiden, ist es unumgänglich, eine Museumsexkursion zu erkunden und sich frühzeitig definitiv anzumelden. Folgende zehn Fragen können Lehrpersonen bei ihrer Entscheidung helfen, ob sie den Lehrausgang überhaupt durchführen wollen. Wenn Lehrerinnen und Lehrer die Mehrzahl der Fragen für sich mit «ja» beantworten können, werden sie selbstsicher an das Vorhaben herangehen. Auch dies ist eine wichtige Voraussetzung dafür, dass der Museumsbesuch mit der Klasse gelingen kann.

1. Gibt es Inszenierungen? Führt einen der Museumsbesuch in eine andere Welt?

2. Sind die Exponate rekontextualisiert? Werden die einzelnen Ausstellungsgegenstände in einen grösseren Zusammenhang gestellt?
3. Hält sich der Erklärungsaufwand in Grenzen? Ist die Ausstellung nicht allzu textlastig?
4. Ist die Multiperspektivität und die Kontroversität gewährleistet? Gibt es die Möglichkeit, die Ausstellung auf eigenen Wegen zu erkunden? Scheinen gegensätzliche Deutungen auf?
5. Werden die Menschen als Trägerinnen und Träger der Geschichte hinter den Gegenständen sichtbar? Kann man als Besucherin, als Besucher Gedanken und Gefühle von andern Menschen nachvollziehen?
6. Gibt es «Erzählungen»? Werden Geschichten sichtbar? Sind Einzelschicksale dargestellt?
7. Sind die Exponate unmittelbar und anschaulich ausgestellt? Kann man Gegenstände anfassen und benutzen?
8. Ist das Museum ein Lernort und nicht ein Musentempel, ein begehbares Buch, ein Rummelplatz oder eine Art Disneyland?
9. Können Schülerinnen und Schüler im Museum «staunen»? Wird eine optische Faszination hergestellt? Gibt es Verfremdungen? Haben die Objekte eine Aura?
10. Darf man als Lehrperson annehmen, dass der erhoffte Lerngewinn den grossen Aufwand für den Museumsbesuch rechtfertigt?

Spuren suchen im Archiv

Während viele Museen sich zu eigentlichen Lernorten entwickelt haben, die einen grossen Publikumsaufmarsch anstreben, ist dies bei den Archiven meist noch nicht der Fall. Archive haben als hauptsächliche Zweckbestimmung, die Schriftüberlieferungen zu hüten, und so ist die Öffentlichkeitsarbeit eine zusätzliche, oft kaum zu erfüllende und manchmal sogar störende Aufgabe von Archivarinnen und Archivaren. Sie haben zu viel zu tun mit Ordnen, Katalogisieren und Bewirtschaften des Schriftgutes, mit dem Restaurieren und Konservieren von Dokumenten, mit der Mikroverfilmung von Archivalien usw. Besucherinnen und Besucher, die heute in ein Archiv kommen, werden in den wenigsten Fällen zum Lernen verführt, wie das Museen anstreben. Trotzdem ist es für Schülerinnen und Schüler unerlässlich, zumindest die Institution «Archiv» zu kennen. Gerade in der heutigen Zeit, wo alle mit einer riesigen Papierflut umgehen müssen, ist es wichtig zu erkennen, dass es Schriftstücke von unterschiedlicher Bedeutung gibt. Die einen müssen aufbewahrt werden, sie sind überlieferungs- und schutzbedürftig, andere können entsorgt werden. Auch die Erkenntnis, dass gerade in einem Archiv Veränderungen über einen grossen Zeitraum verfolgt werden können, zum Beispiel anhand von Karten, ist zentraler Bestandteil beim Aufbau von Geschichtsbewusstsein. Und gelegentlich weckt das Studium alter Dokumente erst das Interesse an Geschichte. Wenn Schülerinnen und Schüler merken, dass sie Spuren hinterlassen, und sei dies nur ihre Geburtsanzeige in der Zeitung, packt sie manchmal detektivischer Eifer. Finde ich auch die Geburtsanzeige meiner Eltern? Was ist geschehen, als meine Grosseltern zur Welt kamen? Wie könnte ich entziffern, worüber in der Lokalzeitung im letzten Jahrhundert geschrieben wurde? Auf diese Weise wächst das Verständnis, dass Archive das Gedächtnis der Gesellschaft sind. Und wer sich damit aus eigenem Antrieb und auf eigenen Wegen auseinander setzt, lernt für sich, für die Gesellschaft, für die Zukunft.

Literatur
- Rüsen, Jörn; u.a. (Hrsg.): *Geschichte sehen. Beiträge zur Ästhetik historischer Museen*. Pfaffenweiler: Centaurus, 1988
- Treml, Manfred: Ausgestellte Geschichte. In: Schönemann, B.; u.a. (Hrsg.): *Geschichtsbewusstsein und Methoden historischen Lernens*. Weinheim: Deutscher Studienverlag, 1998. S. 190–212
- Wagner, Johannes Volker: Archiv und Öffentlichkeit. In: Bergmann, Klaus; u.a. (Hrsg.): *Handbuch der Geschichsdidaktik*. Seelze-Velber: Kallmeyer, 1997. S. 702–706

Geschichte spielen

Lernen ist ein aktiver Prozess. Wer eine Sache lernt, der erkundet, vergleicht und bewertet sie. Er tastet sie ab und deutet sie. Beim Lernen einer Sache geht es also zum einen darum, die Sache für sich zu erschliessen. Es geht zum andern aber auch immer darum, sich selbst zu öffnen für die Sache, die eigene Wahrnehmung zu aktivieren und zu steigern. Auf diese Weise entsteht ein Spiel. Die Lernenden nehmen versuchsweise Perspektiven ein, wechseln den Standpunkt, probieren aus, verwerfen wieder und probieren von neuem. Lernen ermöglichen heisst einen Spielraum öffnen und Spielmaterial anbieten. Und es gibt wohl kaum ein Fach, welches über so viele spannende Spielräume und so anregendes Spielmaterial verfügt wie Geschichte: Geschichte spielend lernen!

«Venedig» lautet das Thema der Doppelstunde im Rahmen des Unterrichts über die Renaissance. Mit einer schönen Luftaufnahme lernen die Schülerinnen und Schüler zum Einstieg die Lage der Stadt kennen. Anschliessend nimmt die Lehrperson die Klasse auf einen fiktiven Stadtbummel mit. Die Lernenden erfahren viel Wissenswertes und Interessantes. Besonders aufmerksam hört die Klasse zu, als vom siebzehnjährigen Marco Polo berichtet wird, der mit seinem Vater Nicolo und dem Onkel Maffio auf eine weite Reise gehen darf. Die Lehrperson bricht die Erzählung trotz der hohen Aufmerksamkeit ab und teilt die Klasse in zwei Gruppen auf. Die eine Gruppe erfährt aus Texten, wie die Reise verlaufen ist, was die Polos gesehen und erlebt haben und was sie zurück nach Venedig bringen. Die andere Gruppe erfährt Näheres über Venedig und dass man in der Lagunenstadt während 24 Jahren nichts mehr von den Polos erfahren hat. Man nimmt an, dass diese umgekommen sind. Die Verwandten erben Haus und Güter der Polos. Nach dieser Phase der getrennten Informationserarbeitung werden die beiden Klassenhälften wieder zusammengeführt. Sie sollen in einer Simulation spielen, wie die Situation ausgesehen haben könnte, als die Polos nach Venedig zurückkehrten und die Venezianer davon überzeugen mussten, dass sie nicht tot sind. Nach einem kurzen Zögern beginnen die Schülerinnen und Schüler, aus der Theaterkiste im Zimmer einige einfache Requisiten herauszuholen – einen Mantel, einen Hut, einen Schal – und das Spiel beginnt.

Spiel – eine selten umgesetzte Methode

Die Mehrzahl der Lehrerinnen und Lehrer ist der Meinung, sie würden im Unterricht zu wenig spielen. Das Spiel wird als gute Kompensationsmöglichkeit gesehen in diesem Fach, welches vorab kognitiv vermittelt wird. Auch hat das Spiel in der Didaktik einen guten Ruf und steht hoch im Kurs. Mit «Spiel» werden eine Reihe von positiven Assoziationen verknüpft. Spiel ist Kreativität und Improvisation im Unvorhersehbaren: Spass, Freude, Überraschung. Wie jedes Unterrichtsarrangement muss sich aber auch das spielerische Geschichtslernen an den angestrebten Zielen messen lassen. Wer als Lehrperson

Schülerinnen und Schülern Wissen vermitteln will, wählt vorab Erkundungs-, Rate- und Memorierspiele. Stehen hingegen Einstellungen, Haltungen und der Aufbau eines Geschichtsbewusstseins im Zentrum der Absichten, dann dienen eher Rollenspiele, welche sich unterscheiden lassen in Imitationsspiele, wo Schülerinnen und Schüler entlang einer detaillierten Spielvorlage etwas möglichst genau so nachspielen, wie es sich ereignet hat, oder wie im oben beschriebenen Beispiel Simulationsspiele, wo Schülerinnen und Schüler im spielerischen Handeln ausprobieren, wie es sich ereignet haben könnte.

Drei Kategorien von Geschichtsspielen

Kenntnisse sind in Geschichte unentbehrlich, um Gewesenes und Gewordenes zu erklären und zu verstehen. Die Vermittlung von Kenntnissen aber ist gerade im Geschichtsunterricht in Verruf gekommen. Dies hängt mit dem lange praktizierten Auswendiglernen von Geschichtsdaten ab, die niemand verstanden hatte. Wissen wurde und wird fantasielos eingepaukt. Dabei gäbe es eine Reihe von Erkundungs-, Rate- und Memorierspielen, um den Wissensaufbau zu fördern und um das erworbene Wissen zu überprüfen. Es gibt zum Beispiel

- *das Quiz; Fragespiele oder Wettbewerbe:* Individuen oder Gruppen wetteifern gegeneinander, wer am meisten Antworten in bestimmter Zeit findet, wer zuerst möglichst viele passende Spielkarten zu Quartetts zusammenstellen kann;
- *Kreuzworträtsel, Silbenrätsel, Lückentexte:* Lernende suchen die richtige Begriffe;
- *Lügentexte:* Lernende suchen die Wörter, die nicht in den Text hineinpassen;
- *Brettspiele:* Schülerinnen und Schüler gehen mit Spielfiguren den Spuren von bekannten geschichtlichen Gestalten wie etwa Napoleon oder Kolumbus nach;
- *Bastelspiele:* Lernende bauen eine Burg;
- *Zuordnungsspiele:* Schülerinnen und Schüler spielen Memory, setzen Geschichtskarten aus Puzzleteilen zusammen, rekonstruieren eine Quelle aus verschiedenen Schnipseln, ordnen Ereignisse in der richtigen Reihenfolge. Gerade dieses Spiel fasziniert und überrascht Schülerinnen und Schüler immer wieder. Wie spannend ist es doch, Ereignisse, die auf Zetteln beschrieben sind, der Chronologie entlang zu ordnen. Wer hat früher gelebt, wer später? Was wurde zuerst erfunden? Wenn Schülerinnen und Schüler bereits über ein gewis-

ses Sachwissen verfügen, können sie selber zu bestimmten Themen solche Zettel entwickeln und sie gemeinsam mit andern ordnen;
- *Würfelspiele:* Schülerinnen und Schüler spielen Stationen einer historischen Reise, einer Entwicklung, einer Abfolge nach
- usw.

Ein Nachteil all dieser Formen kann sein, dass häufig erst Konkurrenzverhalten das Vergnügen bringt und dass dieses Vergnügen vor allem die Siegerinnen und Sieger haben.

Ein zentrales Anliegen von Geschichtsunterricht ist es, die Lernenden besser in die Lage zu versetzen, die Perspektive zu wechseln. Hier können die Imitationsspiele viel bringen. Sie dienen der Identifikation mit handelnden Menschen aus der Geschichte in bestimmten Situationen, um diese Personen durch Einfühlung und Nachahmung besser verstehen zu können. Zielschwerpunkt ist eher die emotionale Dimension. Imitation vergangener Wirklichkeit bedingt gute Vorbereitung und klare Rollenbeschriebe. Historische Korrektheit ist dann wahrscheinlich, wenn eine bestehende Textvorlage vorhanden ist. Werden die Rollenbeschriebe durch Schülerinnen und Schüler entwickelt, ist es wohl unumgänglich, dass die Inszenierung vor der Aufführung durch einen Experten, eine Expertin geprüft wird. Beim Imitationsspiel ist es wichtig, kleine Szenen, Quellen, Gespräche zu arrangieren und nicht überzogene Ansprüche zu stellen. Es gibt zum Beispiel
- *kleine Dramatisierungen:* Schülerinnen und Schüler lernen Szenen auswendig oder lesen ein Interview in verteilten Rollen vor;
- *Hörspiele und Videoproduktionen,* wo Lernende ihre Imitationen aufnehmen;
- *Theateraufführungen, Dokumentarspiele:* Schülerinnen und Schüler spielen eine geschichtliche Szene für ein breiteres Publikum
- usw.

Das Imitationsspiel ist zeitaufwendig. Gelegentlich wird diese Form kritisiert, weil sie ein Geschichtsverständnis mittels Personalisierung aufbaut. Oft geschieht auch eine kaum mehr zu vertretende Simplifizierung. Vorsicht ist geboten bei Identifikation mit kriegerischen Rollen und destruktiven Elementen: die Möglichkeit der Distanzierung soll gegeben sein, und deshalb muss die Aufarbeitung bewusst vorgeplant sein. Imitationsspiele bilden zusammen mit den Simulationsspielen die Kategorie «Rollenspiele». Wichtig bleibt aber die Unterscheidung, ob Schülerinnen und Schüler «nachspielen bzw. imitieren» oder «simulieren bzw. antizipieren».

Simulationsspiele gehen von historisch realen (= Strategiespiele) oder möglichen (= Planspiele) Situationen als Modell aus. Die Spielerinnen und Spieler entwickeln die Fähigkeit, eigenständige Lösungen zu finden sowie Bedingungsgefüge zu durchschauen und Positionen zu vertreten. Zielschwerpunkt ist die pragmatische, enaktive Dimension: handelndes Lernen wird ermöglicht. Angestrebt wird nicht a priori historische Richtigkeit, sondern Modellhaftigkeit. So können die historischen Analyse- und Entscheidungsfähigkeiten geschult werden. Schülerinnen und Schüler können über Vergangenheit nachdenken. Besonders gut gelingen Simulationsspiele dann, wenn den Schülerinnen und Schülern die Entscheidungsalternativen bewusst werden. Es hätte auch anders kommen können.

Geschichte inszenieren

Geschichtliches bietet sich wie kaum ein anderer Lerninhalt für eine Dramatisierung an. Macht und Ohnmacht, Reichtum und Armut, Krieg und Frieden sind Folgen menschlichen Handelns und haben darauf Auswirkungen. Allerdings sollten weder in Simulations- noch in Imitationsspielen die «Grossen» der Weltgeschichte zu stark im Zentrum stehen. Oft verführt eine Identifikation mit Ludwig XIV., mit Barbarossa, Napoleon oder Kolumbus zu unkritischer Übernahme deren Handlungen und Ideen. Viel fruchtbarer ist es, die Geschehnisse von der Hauptbühne der Weltgeschichte auf die Nebenbühnen der Alltagsgeschichte zu verlegen. Die Ängste und Sorgen des kleinen Mannes – oder der Frauen, die im Geschichtsunterricht sowieso viel zu kurz kommen – sind für Schülerinnen und Schüler leichter nachzuvollziehen. Mit solchen Menschen kann man sich leichter identifizieren, und – was oft am Spielende wichtiger ist – man kann sich auch leicht von ihnen distanzieren. Um im Fach Geschichte Theater zu spielen, braucht es keinen Text von Schiller oder Macbeth. Als Einstieg eignet sich ein Bild, wo Juden an der Schweizer Grenze abgewiesen werden oder wo vollbepackte Autos während des Zweiten Weltkrieges in die Innerschweiz fahren. Solche Fotografien finden sich in Geschichtsbüchern, aber auch in Familienalben und Zeitungen. Auf Helden und Opfer trifft man auch gleich um die Ecke.

Natürlich gibt es viele Argumente gegen das Theaterspielen im Geschichtsunterricht. Da ist zum einen der Stoff- und Zeitdruck, da ist weiter die Gefahr, dass gruppendynamische Prozesse ausser Kontrolle geraten, und da ist schliesslich die Gefahr des Fantasierens und des Vergessens der kritischen Wissenschaft und der Sachinhalte. Alle drei Argumente sind stichhaltig. Dagegen kann aber gehalten werden, dass es nur in Ausnahmefällen grosse Theaterprojekte sein werden, die im Unterricht angegangen werden. Viel günstiger und im Alltag gut zu bewältigen sind die Kleinformen, welche Leben in die Geschichte und in den Unterricht bringen: hier aufgrund einer Quelle eine kleine Szene aus einer Manufaktur, da ein kurzes Streitgespräch zwischen Adligen und Bauern. Zum Spielen von Geschichte gehört weiter die Reflexion des Spiels unabdingbar dazu. Wer ein Spiel für sich stehen lässt, ermöglicht den Schülerinnen und Schülern keinen vollständigen Lernprozess und braucht sich über den Misserfolg nicht zu wundern. Und natürlich darf es auch nicht darum gehen, historische Tatsachen wegzuspielen, schlimmstenfalls zu verleugnen. Doch letztlich ist es ja nicht die Vergangenheit, um die es beim Spielen von Geschichte geht, sondern es sind die Gegenwart und die Zukunft. Geschichtliche Gegebenheiten sind der Stoff, um über unser Leben, über unsere Herkunft und unsere Zukunft, nachzudenken. Wer Geschichte spielt, kommt hoffentlich sich und der Gegenwart etwas näher und erkennt im besten Fall, dass es sowohl die Menschen sind, welche Geschichte machen, als auch die Geschichte ist, welche Menschen prägt.

Einsatzmöglichkeiten

Geschichte kann auf die verschiedensten Weisen spielerisch gelernt werden. Wichtig ist es, schon bei der Jahres- oder Quartalsplanung zu überlegen, welche Lerninhalte spielerisch vermittelt werden könnten. Manchmal kommt einem als Lehrperson oder auch den Lernenden spontan während des Unterrichts eine gute Spielidee. In solchen Situationen regt eine Requisitenkiste im Schulzimmer, in der es Hüte, Brillen, alte Kleider usw. hat, die Spiellust an. Fürs spielerische Lernen im Geschichtsunterricht eignen sich sowohl die regulären Geschichtsstunden als auch die Jahres- oder Quartalsschlussstunden und Projektwochen. Fächerverbindende Arrangements ermöglichen eine bessere Vertiefung in Inhalte und Zusammenhänge. So kann z.B. bei der Behandlung des Mittelalters ein Spiel geografische, religiöse und historische Details verbinden helfen und Motivation wie Lernerfolg bei Schülerinnen und Schülern erhöhen.

Literatur
- Friedrich Jahresheft XIII/1995. *Spielzeit*. Seelze-Velber: Friedrich
- Geschichte lernen, Heft 23/1991. *Geschichte spielen*. Seelze-Velber: Friedrich
- Lille, Roger: Unser Geschichtsstück. Spielimpuls zum eigenen Projekt. In: Vincenz, Gion-Duri (Hrsg.): *Von der Geschichte zum Theater*. Buchs: Lehrmittelverlag des Kantons Aargau, 1998. S. 28–29

Lernende als Lehrende – Geschichte im Gruppenpuzzle

Gruppenunterricht gilt in Geschichte als besonders bedeutsam, weil damit die ungeliebte und wenig erfolgreiche Arbeit in der ganzen Klasse abgelöst und eine hohe sozialerzieherische Wirkung erreicht werde. Die Schülerinnen und Schüler lernten Solidarität und Sensibilität für die andern, würden durch die Arbeit in der Gruppe teamfähiger, sie lernten Prozesse selber regulieren und Aufgaben gemeinsam bewältigen, würden fit für die Arbeitswelt, teilten Rollen gemäss ihren Fähigkeiten auf, kurz: Lernende würden in Gruppen mündig und demokratiefähig. Demgegenüber stehen Einwände von praktizierenden Lehrpersonen, dass Gruppenunterricht ineffizient und zeitaufwendig sei und dass sich häufig eine ungünstige Rollendifferenzierung in Führerin, Mitläufer, Nachahmerin usw. verfestige. Hier wie anderswo wird wieder deutlich: Nur wenn ein Lernprozess gut inszeniert ist, kann er gelingen. Als Methode für den Gruppenunterricht scheint das Gruppenpuzzle besonders Erfolg versprechend zu sein.

Eine Gruppe von Schülerinnen und Schülern sitzt um zwei Tische herum. Vor sich haben sie Unterlagen zu Marie Heim-Vögtlin: einen Lebenslauf, einen Brief, Bilder von ihrem Wohnhaus, einen Aufsatz. Die Lernenden in dieser Erarbeitungsgruppe zu Marie Heim-Vögtlin erfahren, wie sie als Mutter den Tod ihrer jüngsten Tochter miterleben musste. Marie Heim-Vögtlin war damals bereits die erste Schweizer Ärztin und begann sich wegen des Todes ihrer Tochter an Hirnhautentzündung intensiv mit der Kinderpflege im Säuglingsalter zu befassen. Ihr Weg zur Ärztin verlief alles andere als gradlinig. Als sie ihrem Vater erklärte, sie wolle selber Ärztin werden, war dem Vater gar nicht recht, dass sie aus dem häuslichen Pflichtenkreis heraustreten wollte. Noch im selben Jahr begann sie trotz der familiären Vorbehalte und Bedenken ihr Medizinstudium, und dies, bevor sie die Maturitätsprüfung überhaupt absolviert hatte! Diese durfte sie später nachholen. Das Thema ihres Maturaaufsatzes lautete: «Die Weltgeschichte ist vorherrschend die Geschichte der Männerwelt, doch auch Frauen haben ihren Theil daran.» Die Schülerinnen und Schüler sind intensiv bei der Sache, nicht bloss weil Marie Heim-Vögtlin eine interessante Person ist, sondern weil sie die Aufgabe haben, ihren Mitlernenden diese Frau vorzustellen.

Didaktische Prinzipien

Dies ist auch der hauptsächliche Grund, wieso das Gruppenpuzzle so gut funktioniert. Lehren kann erst, wer gelernt hat. Weil im Gruppenpuzzle jede einzelne Schülerin und jeder einzelne Schüler selber in die Rolle des Lehrenden schlüpft und Verantwortung für den Lernprozess von anderen übernimmt, kann sich niemand in der Gruppe verstecken, sondern alle müssen selber den Lerninhalt beherrschen. Dies führt zu einer Reihe von positiven Effekten: Das Selbstwertgefühl und das Vertrauen in die eigene Leistungsfähigkeit werden gestärkt. Die Schülerinnen und Schüler haben das Gefühl, etwas Sinnvolles und Wichtiges zu lernen, da sie es ja andern weitergeben sollen. Das Gruppenpuzzle ist zudem eine Möglichkeit, um die Wertschätzung der Lernenden untereinander zu erhöhen. Man ist aufeinander angewiesen, es ist ein Geben und Nehmen. Dies kann die Aggressionsbereitschaft innerhalb einer Klasse senken.

Gruppenpuzzle zum Thema «Frauengeschichten»

Am Anfang eines Gruppenpuzzles steht (1.) eine inhaltliche Einführung in der Klasse. Dann erfahren die Schülerinnen und Schüler (2.) in einer organisatorischen Einführung, dass sie sich zuerst zu einem Aspekt selber kundig machen, bevor sie diesen den andern weitergeben. Anschliessend gehen die Lernenden (3.) in die Erarbeitungsgruppen, wo sie Unterlagen zu einem bestimmten Aspekt studieren, dazu Fragen klären und die Weitervermittlung vorbereiten. Danach treffen sich (4.) die Austauschgruppen, wo alle einmal Darbietende sind und ihr Spezialgebiet weitergeben, und mehrfach Zuhörende, welche versuchen, vom Spezialwissen der andern zu profitieren. Je nach Lerngruppe und Zielsetzung hilft (5.) eine abschliessende Plenumsrunde, einerseits inhaltliche Aspekte zu vertiefen und andererseits Fragen zum Lernprozess und zur Beziehungsebene zu klären.

Wer als Lehrerin oder Lehrer in älteren (und neueren) Geschichtsbüchern nach Frauengestalten sucht, um an ihrem Beispiel eine Epoche oder ein Geschehen zu verlebendigen, wird selten fündig. Dies gilt auch für das 19. Jahrhundert, weil Frauen in der Gesellschaft nicht die gleiche Stellung hatten wie die Männer. Damit die Schülerinnen und Schüler im Gruppenpuzzle besser lernen und die vier Frauenporträts besser verstehen können, ist es wichtig, dass sie zu Beginn der Arbeit in der Klasse einige Aspekte des 19. Jahrhunderts, etwa die Bedeutung der Bildung, der Religion oder des Armenwesens, kennen. So können sie sich später bei den vier ausgewählten Frauen ein besseres Bild davon machen, ob die Frauen typisch waren für die Zeit oder eher Ausnahmen darstellten. Die erste Phase des Gruppenpuzzles soll die Lernenden zum Thema hinführen und den sachlichen Zusammenhang erläutern.

Anschliessend lernen die Schülerinnen und Schüler die Vorgehensweise im Gruppenpuzzle kennen, und die Arbeit wird verteilt. Hier ist es wichtig, dass die Aufgabe eindeutig gestellt ist. Das bedeutet auch, dass die Lernenden wissen, was genau sie als Lösung präsentieren sollen. Ist es eine Zusammenfassung in drei Sätzen oder ein Aufsatz, oder reichen Stichworte? Als günstig hat es sich erwiesen, wenn bei vier Teilthemen zuerst Viererguppen gebildet werden. Die Viererguppen können die Arbeit selber aufteilen. Jeder Schüler und jede Schülerin wählt eine Frau aus, die ihn oder sie besonders anspricht. Neben Marie Heim-Vögtlin, der ersten Ärztin, steht Anna Elisabeth Zschokke-Nüsperli zu Wahl, welche sich als Mutter von 13 Kindern ein Leben lang ihrem berühmten Gatten Heinrich Zschokke und der häuslichen Erziehung gewidmet hatte. Oder die Lernenden wählen Anna Rothpletz-von Meiss, welche als eine der ersten schweizerischen Romanautorinnen im frühen 19. Jahrhundert mit viel Erfolg publizierte. Da ihr Mann, der Aarauer Oberamtmann Dr. Johann Jakob Rothpletz, schon früh starb, musste sie ihre drei Töchter weitgehend selbst aufziehen. Bis 1840 hatte sie insgesamt elf Bände mit etwa 4000 Seiten verfasst. Ihre beiden jüngeren Töchter starben vor ihr, und sie selbst schied 1841 ein Jahr vor ihrer Mutter aus dem Leben. Als letzte Frau steht schliesslich Barbara Juliane von Krüdener zur Wahl.

Nachdem die Vierergruppe die Arbeit so verteilt hat, dass alle vier Frauenporträts studiert werden, begeben sich die Schülerinnen und Schüler in die so genannten «Erarbeitungsgruppen». Hier eignen sie sich in einer ersten Runde das Wissen zu einer einzigen Frau an. Sie bilden sich zu Expertinnen und Experten aus. Diejenigen, welche sich zum Beispiel mit Baronin Barbara Juliane von Krüdener beschäftigen, erfahren dabei, wie diese Missionarin ein abenteuerliches Leben führte und durch ihre Predigten auf öffentlichen Plätzen die Aargauer Regierung in Atem hielt. Das Material zu den einzelnen Frauen ist so aufbereitet, dass ein Selbststudium der Schülerinnen und Schüler möglich ist. Natürlich haben die Lehrpersonen Zeit, bei den einzelnen Gruppen vorbeizuschauen und beratend einzugreifen, wenn die Lernenden nicht in der Lage sind, die gestellten Aufgaben zu lösen. Je besser die Lehrenden die Voraussetzungen der Lernenden kennen, umso gezielter können sie den Lernprozess dadurch steuern, indem sie zum Beispiel Gruppenleiterinnen oder Gruppenleiter bestimmen oder die anspruchsvolleren Themen den guten Lernenden direkt zuteilen, damit wirklich alle ein Erfolgserlebnis haben.

In der vierten Phase kehren die Lernenden aus der Erarbeitungsgruppe in ihre erste Vierergruppe zurück. Hier treffen sich also Schülerinnen und Schüler aus vier verschiedenen Erarbeitungsgruppen. Alle stellen diejenige Frau vor, die sie ausführlicher studiert haben, und sie lernen Interessantes zu den andern drei Personen. Der Übergang von der Erarbeitungs- zur Austauschgruppe ist eine Schlüsselstelle im Unterricht. Je nachdem, wie selbstständig die Schülerinnen und Schüler sind, braucht es hier mehr oder weniger Lenkung durch die Lehrperson. Es ist auch denkbar, dass die Lehrperson Resultate aus der Erarbeitungsgruppe kontrolliert, bevor diese in der Austauschgruppe vorgestellt werden, falls die Wissensvermittlung zentrales Ziel der Arbeit ist und nicht ein problemorientierteres Lernen angestrebt wird. Auch hier hat die Lehrperson Zeit, die Gruppen zu begleiten. Je genauer von Anfang an klar ist, was jede einzelne Lernerin und jeder einzelne Lerner nach der Austauschgruppe können und wissen soll, desto zielführender wird das Gruppenpuzzle laufen.

Eine abschliessende Plenumsrunde kann einerseits inhaltliche Aspekte vertiefen und andererseits Fragen zum Lernprozess und zur Beziehungsebene klären. Für die Lehrenden ist es besonders hilfreich zu erfahren, wo das Material nützlich war oder zu schwierig und ob die Aufgabenstellung klar oder verwirrend war. Mit diesen Rückmeldungen fällt es leicht, ein einmal vorbereitetes Gruppenpuzzle zu verbessern.

Hinweise zu Gruppenpuzzles

Gruppenpuzzles lassen sich zu einer Vielzahl von Lerninhalten aus allen Epochen und Bereichen arrangieren. Immer dann, wenn sich ein Thema in drei bis fünf relativ klar abgrenzbare Teilthemen aufgliedern lässt, aber erst das Ensemble aller Teilthemen zu einem angemessenen Verständnis des Ganzen führt, eignet sich diese Methode. Ein Gruppenpuzzle kann man einerseits zu einem einzelnen Dokument inszenieren, etwa zu den zwölf Artikeln aus dem Bauernkrieg von 1525. Ein Gruppenpuzzle lässt sich andererseits auch zu einer ganzen Unterrichtseinheit konzipieren, etwa zur industriellen Revolution. Interessant sind Gruppenpuzzles auch, um ein Thema fächerverbindend zu lehren.

Da die Gruppenzusammensetzung während eines Gruppenpuzzles wechselt, ist es notwendig,

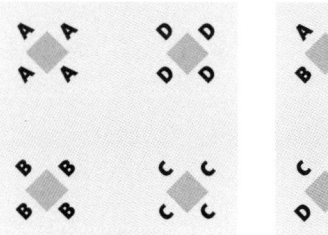

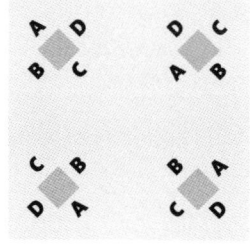

Zusammensetzung in der Erarbeitungsgruppe

Zusammensetzung in der Austauschgruppe

den Lernprozess möglichst klar zu strukturieren. Dies kann dadurch unterstützt werden, dass zum Beispiel die Teilthemen A–D durch verschiedene Farben gekennzeichnet sind: Alle Kopien der Gruppe A sind auf gelbem Papier, und der Ort, wo die Gruppe sich zur Arbeit trifft, ist ebenfalls mit einem gelben Blatt gekennzeichnet. Eine weitere Lernhilfe kann die vorgegebene Ergebnisstruktur sein: Auf einer A4-Kopie sind alle vier Teilthemen mit Titeln aufgeführt. Dazu hat es fünf Linien, auf welche die Schülerinnen und Schüler während der Austauschrunde ihre Ergebnisse aufschreiben sollen.

Das wichtigste Element zum Gelingen einer Gruppenarbeit ist aber zweifellos eine vollständige schriftliche Arbeitsanleitung,
- wo die Lernenden zur Arbeit hingeführt werden,
- wo sie die Ziele erfahren,
- wo die formale Antwortstruktur eindeutig vorgegeben ist,
- wo die Aufgabe klar gestellt und die Arbeitsform bestimmt ist und
- wo schliesslich Zeit und Massstab transparent werden.

Gruppenunterricht als Arbeitsform

Oft wird in Geschichte Gruppenunterricht nicht als Methode, sondern als Arbeitsform bei einer Figur eingesetzt, etwa dass die Lernenden einen Auftrag, den sie auch alleine erledigen könnten, in einer Gruppe zu lösen versuchen. Dies ist vor allem dann sinnvoll, wenn die Zusammenarbeit ein besseres Arbeitsergebnis bringt. Gruppenunterricht bringt im Vergleich zur Klassenarbeit eine intensivere Kommunikation, auch weil der Handlungsraum für die Lernenden geschützter ist. Allerdings müssen die Lernenden den Freiraum neu organisieren, was aus der Sicht der Lehrperson gelegentlich zu Überraschungen oder Störungen führt. So oder so löst die Lehrerin, der Lehrer mit einem Gruppenauftrag einen Prozess aus, welcher mit dem geschichtlichen Lerninhalt im engeren Sinne wenig zu tun haben kann. Ob nun die Gruppe eine Frage diskutiert oder ein Plakat herstellt, ob sie Erfahrungen austauscht oder ein Problem löst: Entscheidend dass Gruppenunterricht gut anläuft, ist der Auftrag der Lehrperson. Wenn dieser klar ist und wenn die Lernenden einigermassen selbstständig und in der Lage sind, miteinander zu kommunizieren, und wenn das Zusammenarbeiten einen besseren Lernerfolg ermöglicht als zum Beispiel die Einzelarbeit, dann kann Gruppenunterricht tatsächlich die grossen Erwartungen einlösen, die viele sich von dieser Methode und Arbeitsform machen.

Literatur
- Aregger, Kurt: *Didaktische Prinzipien*. Aarau; Frankfurt am Main; Salzburg: Sauerländer, 1994
- Frey, Karl; u. a.: *Allgemeine Didaktik*. Zürich: ETH, Verlag der Fachvereine, 1990 (4.)
- Gudjons, Herbert: *Handbuch Gruppenunterricht*. Weinheim und Basel: Beltz, 1993
- Renold, Ursula: *Aargauische Frauengeschichte(n) in vier Teilen. Ein Gruppen-Puzzle*. Buchs: Lehrmittelverlag des Kantons Aargau, 1998
- Vettiger, Heinz (Hrsg.): *Unterricht planen, durchführen, auswerten lernen*. Hannover: Schroedel, 1998

Geschichte mit einem Leitprogramm

Schülerinnen und Schüler, die mit einem Leitprogramm Geschichte lernen, eignen sich selbstständig Wissen zu einem komplizierten Lerninhalt an. Das Leitprogramm ist ein genau durchstrukturierter Text, welcher den Lerninhalt, Übungen, Arbeitsanleitungen sowie Prüfungen und Verweise auf andere Hilfsmittel enthält. Es leitet die Schülerinnen und Schüler durch den Unterricht. Die Lernenden wählen ihr individuelles Lerntempo so, dass sie die Tests am Ende jedes Kapitels bestehen. Da der Lerninhalt in kleinschrittige Portionen aufgeteilt wird und die Schülerinnen und Schüler den nächsten Lernschritt erst vollziehen, wenn sie den vorhergehenden bewältigt haben, kommen die Lernenden zu vielen Erfolgserlebnissen. Dies und die Selbststeuerung des Lernens sowie die detaillierte Aufarbeitung des Lerninhaltes führen dazu, dass das Leitprogramm eine der günstigsten Methoden ist, um Wissen zu vermitteln. In Geschichte eignet sich diese Methode bei Themen, wo die Ereignisgeschichte kompliziert, aber grundlegend für das Verständnis von Menschen in Raum und Zeit ist.

Oft reagieren Schülerinnen und Schüler, die gerne lesen und sich nicht so gerne im Klassenverband melden, positiv auf das Leitprogramm: «Ich fand dieses Leitprogramm sehr gut, denn man konnte sich die Zeit selber einteilen. So habe ich die Kapitel sorgfältig durchlesen können. Wenn Sie als Lehrer uns die Ereignisse der Russischen Revolution erzählt hätten, dann hätte ich bereits die Hälfte des Inhaltes vergessen. Mit dem Leitprogramm kann man alles lesen und die wichtigen Dinge markieren. Wenn man später alles nochmals ‹auffrischen› will, kann man nur noch die angestrichenen Stellen nachlesen. Auch mein Vater hat sich fürs Leitprogramm sehr interessiert und es durchgelesen. Das war lustig. Also kurz gesagt: Ein Leitprogramm finde ich toll!» Das Leitprogramm bietet im Geschichtsunterricht eine gute Abwechslung, weil es ein Selbststudium erlaubt: Während der Lektion nämlich sitzen alle Schülerinnen und Schüler an ihrem Platz oder in der Leseecke, studieren still das Leitprogramm, machen gelegentlich zu zweit oder in Kleingruppen einzelne Übungen, versuchen, die Fragen zu beantworten, welche genau auf den Text zugeschnitten sind, kontrollieren selber anhand der Lösungen ihre Antworten, und wenn die Schülerinnen und Schüler sicher sind, dass sie ein Kapitel begriffen haben, gehen sie zur Lehrerin, zum Lehrer, allenfalls zu einer Tutorin oder einem Tutor und lassen sich prüfen. Wer die Prüfung erfolgreich besteht, kann das nächste Kapitel in Angriff nehmen.

Didaktische Prinzipien

Ein Leitprogramm eignet sich für Geschichte immer dann, wenn ein Lerninhalt besonders kompliziert ist und wenn die Lehrperson in erster Linie geschichtliches Wissen und Erkenntnisse vermitteln sowie in zweiter Linie den Umgang mit historischen Materialien und Methoden entwickeln will. Das Leitprogramm ist für diese Zielsetzungen eine besonders erfolgreiche Unterrichtsmethode. Karl Frey erklärt es folgendermassen: «Der Lehrstoff ist (im Leitprogramm) um einiges genauer aufgebaut als in einem mündlichen Lehrervortrag und um vieles genauer als im entwickelnden Unterricht. Das Leitprogramm arbeitet mit eindeutigen Zielvorgaben. Die Wissensvermittlung ist gut organisiert. Und dazu kommt das ‹Mastery-Prinzip›. Die Schüler gehen erst zur nächsten Einheit, wenn sie die vorausgehende wirklich ‹meistern›. Die Schüler bestimmen das Tempo selber. Der gesamte Lernzuwachs einer Klasse ist höher als im normalen Unterricht. Die Schnelllerner haben keinen Leerlauf. Sie arbeiten am Zusatzmaterial, am so genannten Additum. Die Langsameren werden nicht ständig abgehängt. Das Leitprogramm hat einen wichtigen pädagogischen Nebeneffekt: Die Schüler lernen, ihr Lernen zu organisieren.»

Ein Leitprogramm setzt also zielerreichendes Lernen um. Es ist eine Methode für das programmierte Lernen, indem in kleinen, jeweils abgesicherten

Lernschritten genau definierte Lernziele erreicht werden. Und schliesslich ermöglicht ein Leitprogramm binnendifferenzierendes Lernen in Form der Planarbeit, weil der Lernprozess entsprechend individuellen Lernvoraussetzungen und gegebenenfalls auch individuellen Leistungsstandards unterschiedlich lange dauert. Tatsächlich sind wohl alle Lehrpersonen bei einem Leitprogramm immer wieder überrascht, wie stark sich die Vorgehensweisen ihrer Schülerinnen und Schüler unterscheiden. Während die einen schon Kapitel vier auf Seite 15 fertig haben, sind andere noch mitten im ersten Kapitel auf Seite 6. Leitprogramme eignen sich also auch dann besonders, wenn die Klasse heterogen ist.

Aufbau eines Leitprogramms

Ein Leitprogramm umfasst fünf Teile: Erstens finden die Leserinnen und Leser eine Einleitung. Zweitens kommt der eigentliche Lerninhalt, aufgegliedert in gleich aufgebaute Kapitel (Fundamentum). Drittens kommt der Teil zur Wissenssicherung. Viertens schliesst das Additum an, wo Zusatzaufgaben für schnelle Lernerinnen und Lerner gestellt werden. Fünftens finden die Leserinnen und Leser die Lösungen zu den einzelnen Aufgaben.

Auf der ersten Seite des Leitprogramms werden die Leserinnen und Leser an das Thema herangeführt. Nach dieser Seite wissen sie, worum es im Leitprogramm geht und was darin steht. Sie sollen ein Grundverständnis vom gesamten Lerninhalt bekommen. Diese Seite dient als «informierender Einstieg». Deshalb findet sich im Leitprogramm zuvorderst auch kein Inhaltsverzeichnis mit vielen Fremdwörtern, das nur demjenigen hilft, der schon etwas von der Sache versteht. Im zweiten Teil der Einleitung finden die Leserinnen und Leser die Arbeitsanleitung. Es wird die allgemeine Arbeitsweise vorgestellt: Man erfährt, wie die einzelnen Lernkapitel aufgebaut sind und welche Symbole diesen Aufbau grafisch darstellen. Eine Liste von Hilfsmitteln dient vor allem der Lehrperson dazu, den Unterricht vorzubereiten.

Anschliessend folgt der eigentliche Lerninhalt. Dieser ist in Kapitel aufgeteilt, die alle gleich aufgebaut sind: (1.) eine kurze Zusammenfassung als Einstieg ins Thema; dann (2.) die Ziele, damit die Schülerinnen und Schüler wissen, was sie lernen müssen; anschliessend (3.) eine leicht verständliche Darstellung des Lerninhaltes; schliesslich (4.) Übungen bzw. Fragen zum Thema, damit die Lernenden selber den Wissensstand prüfen können. Die vier Komponenten der jeweiligen Kapitel sind grafisch unterschiedlich gestaltet und mit Symbolen gekennzeichnet. Diese Gliederung soll die Verständlichkeit erhöhen und den Lernerinnen und Lernern klar signalisieren, was zu tun ist.

Neben der Vermittlung des historischen Wissens sollen die Lernenden mit Hilfe des Leitprogramms verschiedene wichtige geschichtliche Fähigkeiten und Fertigkeiten lernen: Im ersten Kapitel lernen sie zum Beispiel, einen historischen Informationstext zusammenzufassen. Im zweiten Kapitel lernen sie den Umgang mit Quellentexten. Im dritten Kapitel beschäftigen sie sich mit Karten und Statistiken und setzen eine CD-ROM zur Recherche ein. Im vierten Kapitel interpretieren sie Fotos und im fünften Bilder. Im sechsten Kapitel schliesslich üben die Schülerinnen und Schüler den Umgang mit Tabellen und Schemen.

Wenn die Schülerinnen und Schüler ein Kapitel abgeschlossen haben, melden sie sich zu einer Erfolgskontrolle, z. B. bei guten Kolleginnen, Kollegen oder bei der Lehrperson. Erst wenn diese Erfolgskontrolle, welche von der Lehrperson entwickelt werden muss, den Nachweis erbracht hat, dass der Schüler, die Schülerin den Lerninhalt begriffen und verstanden hat, geht er oder sie weiter zum nächsten Kapitel. Diese Lernkontrollen haben einen doppelten positiven Effekt. Zum einen spiegeln sie den Lernerinnen und Lernern unmittelbar den Lernerfolg. Zum andern können Schülerinnen und Schüler als Tutorin, als Tutor eingesetzt werden. Wer als Lehrperson dies mit leistungsschwächeren Jugendlichen gezielt vorbereitet, kann mithelfen, bei diesen das Selbstvertrauen und Selbstwertgefühl zu stärken.

Im hinteren Teil des Leitprogramms dient eine Doppelseite der Festigung des Wissens. Die Schülerinnen und Schüler sollen zum Beispiel drei verschiedene Aspekte festhalten: Zum einen müssen sie die wichtigsten Ereignisse selber aufschreiben. Durch diese selbst zu entwickelnde Chronologie soll der Ablauf des komplizierten Geschehens klarer werden. Zum Zweiten holen die Schülerinnen und Schüler auf dieser Seite die sechs Unterschriften der Tutorinnen, Tutoren ein, welche ihnen bestätigen, dass sie die einzelnen Kapitel verstanden haben. Zum Dritten schliesslich werden die Schülerinnen und Schüler zu einem Arbeitsprotokoll aufgefordert, wo sie Unsicherheiten oder Lerngewinne festhalten. Auch dieser Teil soll das Lernenlernen günstig unterstützen.

Verschiedene Zusatzaufgaben können durch diejenigen Schülerinnen und Schüler bearbeitet werden, die schneller durch das Leitprogramm vorwärts kommen als andere. In einem Leitprogramm besteht das Additum aus zusätzlichen Aufgaben zu jedem einzelnen Kapitel. In andern Leitprogrammen finden sich zusätzliche neue Kapitel. Jede Lehrperson, die ein Leitprogramm einsetzt, wird trotz des im Leitprogramm vorhandenen Additums in die Situation kommen, dass sie zusätzliches Material fürs Lernen bereitstellen muss, weil durch das Leitprogramm eine Motivation ausgeht, möglichst schnell fertig sein zu wollen.

Am Schluss des Leitprogramms sind die Lösungen zu allen gestellten Aufgaben im Heft abgedruckt. Die Schülerinnen und Schüler kontrollieren also selbstständig die Aufgaben in den Lernkapiteln, bevor sie zum Tutortest gehen. Die Lösungen dienen natürlich auch als Kontrolle für eine Repetition.

Einsatz von Leitprogrammen im Geschichtsunterricht
Leitprogramme werden im Geschichtsunterricht vorab aus zwei Gründen eingesetzt. Entweder ist die Ereignisgeschichte derart kompliziert, dass andere Methoden weniger taugen. Dies ist sicher bei der Helvetik der Fall, auch bei der Schweizer Geschichte in der Zeit zwischen 1798 und 1848. Überhaupt scheinen alle Revolutionen (die Französische, die Russische, die industrielle usw.) besonders gut mit einem Leitprogramm zu vermitteln sein.

Leitprogramme können aus pädagogischen Gründen auch prinzipiell bei allen Themen eingesetzt werden, die sich gut sequenzieren lassen. So kann ein Leitprogramm am Anfang des Geschichtsunterrichts zu den antiken Hochkulturen dazu dienen, die einzelnen Schülerinnen und Schüler der Klasse besser kennen zu lernen, weil die Lehrperson während der Arbeit mit Leitprogrammen mehr Zeit für individuelle Gespräche während des Unterrichts hat. Ein Leitprogramm zur Aufklärung muss vielleicht dazu dienen, der wegen der Pubertät und inneren Spannungen ausser Rand und Band geratenen Klasse wieder ein konzentriertes Arbeiten beizubringen. Bisher haben sich Leitprogramme in allgemein bildenden Schulen noch wenig durchsetzen können, ganz im Gegensatz zur beruflichen Aus- und Fortbildung oder zum Hochschulbetrieb. Wenn es aber gelingt, Leitprogramme zu entwickeln, welche die Schülerinnen und Schüler vom Textverständnis und von der Lesedauer her nicht überfordern, dann werden Leitprogramme bei schwierigen Lerninhalten und zunehmend heterogenen Klassen eine immer grössere Bedeutung für die Vermittlung von geschichtlichem Wissen bei 12- bis 20-Jährigen bekommen.

Entwicklung von Leitprogrammen

Leitprogramme lassen sich gut im Team entwickeln. Nachdem gemeinsam das Thema festgelegt wurde, muss zuerst entschieden werden, ob das zu entwickelnde Leitprogramm das Lernen mit einem Lehrmittel steuern oder ob das Leitprogramm unabhängig von einem bestimmten Lehrbuch zu gebrauchen sein soll. Entscheidet man sich für die zweite Variante, wird das Leitprogramm einen grösseren Umfang bekommen, und die nächste Aufgabe ist es, Material zum gewählten Thema zu sammeln. Günstigerweise diskutieren die an der Entwicklung Beteiligten relativ schnell die Sachstruktur des Lerninhaltes, die Bedingungen, die Begründungen sowie die Lernziele (vgl. Kapitel Planung, Seite 28). Anschliessend folgt der entscheidende Schritt: die Sequenzierung des Themas und die Festlegung des Lernprozesses in Kapitel. Danach passiert die Entwicklung des Leitprogramms individuell durch die einzelnen Lehrpersonen. Jede und jeder schreibt den Einstieg in sein Kapitel, legt die Ziele fest, stellt den Lerninhalt dar, wobei anzustreben ist, dass es nicht «nur» Leseaufträge sind, sucht Übungen dazu, formuliert die Kapitelfragen und legt die Lösungen fest. Zum Schluss werden die Kapitel zusammengefügt, und fertig ist das Leitprogramm, zumindest für eine erste Erprobung. Denn erfahrungsgemäss zeigen sich bei jeder Durchführung wieder Aspekte, die zu verbessern sind. Mit den heutigen modernen Textverarbeitungssystemen ist dies glücklicherweise kein Problem mehr, und so gelingt es bei Leitprogrammen dank der Rückmeldungen von Lernenden stetig, das Lehren zu optimieren.

Literatur
- Frey, Karl; u. a.: *Allgemeine Didaktik*. Zürich: ETH, Verlag der Fachvereine, 1990 (4.)
- Gasser, Peter: *Neue Lernkultur. Eine integrative Didaktik*. Gerlafingen: Selbstverlag, 1995
- Landolt, Pius: *Reise in den Aargau des Jahres 1798. Ein Leitprogramm*. Buchs: Lehrmittelverlag des Kantons Aargau, 1997
- Landwehr, Norbert: *Neue Wege der Wissensvermittlung*. Aarau: Verlag für Berufsbildung, Sauerländer, 1994

Lernen an Stationen – Geschichte in der Lernwerkstatt

In einer «Lernwerkstatt» lernen Schülerinnen und Schüler an verschiedenen Lernstationen selbstständig Geschichte. Dieses Lernarrangement ermöglicht, dass eine Klasse binnendifferenziert arbeiten kann: Die Schülerinnen und Schüler befassen sich zur selben Zeit und allenfalls im gleichen Raum mit (1.) unterschiedlichen Lerninhalten (2.) auf einem ihnen angepassten Niveau (3.) mit den von ihnen bevorzugten Medien (4.) in der gewählten Sozialform (5.) in individuellem Lerntempo. Die Idee der Lernwerkstatt ist von praktizierenden Lehrpersonen entwickelt worden und hat in der Lehrerschaft eine grosse Resonanz erfahren. Gründe für diesen Erfolg gibt es viele: Für die einen Lehrkräfte ist die Lernwerkstatt ein Schritt hin zu einer Neuorientierung der Schule, für die andern ist die Lernwerkstatt eine willkommene methodische Abwechslung zum gängigen Klassenunterricht.

Schon kurz nach Beginn der Pause kommen die Schülerinnen und Schüler aus dem Nachbarzimmer herein. Markus geht zuerst zum Journal der Lernwerkstatt «Leben im Mittelalter», welches hinten im Zimmer gross aufgehängt ist. «Ah ja, heute machen wir das Spiel um Benedikt», ruft er Daniel zu, welcher im Werkstattkasten bereits seine Unterlagen sucht. Hier gibt es ein kleines Gedränge: Alle suchen sie ihre Arbeiten, die sie am Schluss der letzten Stunde abgegeben haben und die der Lehrer auf heute kontrolliert hat. Claudia ist zufrieden: «Hey, jetzt habe ich schon sieben ‹Okays› auf meinem Arbeitspass.» Aline hingegen hat das Testat für ihren Burgposten wieder nicht bekommen: «Was ist denn schon wieder falsch?», ruft sie ärgerlich aus. Gegen Ende der Pause haben alle aus dem Schrank ihre Unterlagen aus der letzten und für die kommende Werkstattsequenz geholt und begeben sich an die Arbeitsplätze. Beim Computer gibt es ein Durcheinander. Chantal und Bruno sind beide überzeugt, dass sie heute dran sind, und tatsächlich hat der Lehrer bei der Zuteilung der Stationen einen Fehler gemacht. Jetzt müssen die beiden halt zusammen arbeiten, obwohl ihnen das nicht besonders gefällt. Etwa fünf Minuten nach der Pause sitzen die Schülerinnen und Schüler im Zimmer verteilt an verschiedenen Stationen und sind grösstenteils bereits konzentriert am Arbeiten.

Durcheinander zum Begriff «Werkstatt»

Der Begriff «Werkstatt» scheint in schulischen Zusammenhängen heute seine besondere Attraktivität zu haben. Es existieren mittlerweile verschiedenste Formen von Werkstattunterricht: Hilfreich ist die Unterscheidung in «Klassische Werkstatt», «Zukunftswerkstatt» und «Lernwerkstatt». Bei der klassischen Variante, hervorgegangen aus der Reformpädagogik und den amerikanischen Workshops, erstellen die Lernenden ein Werk (einen Nistkasten, eine Sonnenuhr, ein Buch…). Bei der «Zukunftswerkstatt» sucht eine Lerngruppe zu einem bestimmten Thema oder zu einem Problem zukunftsgerichtete Lösungen. Die «Lernwerkstatt» hat ihren Namen aufgrund des Umstandes bekommen, dass man als Besucher des Unterrichts den Eindruck bekommen kann, man befinde sich in einer Werkstatt: hier eine Kleingruppe, die ein Video anschaut, da zwei Schüler, welche einen Text verfassen, dort drei Schülerinnen, welche malen, basteln, lesen usw. Die Lernenden wechseln nach bestimmten Zeitintervallen ihre (Werkstatt-)Posten. Wer an ein Stationentraining in der Turnhalle denkt, hat die Vorstellung vom äusseren Erscheinungsbild einer Lernwerkstatt.

Didaktische Prinzipien

Mit einer Lernwerkstatt werden eine ganze Reihe von didaktischen Prinzipien umgesetzt. Zum Ersten wird die innere Differenzierung exemplarisch verwirklicht: Schülerinnen und Schüler können innerhalb des Werkstattthemas den Lerninhalt bis zu einem gewissen Grade selber wählen. Natürlich ist es denkbar und gerade in Geschichte oft auch günstig, einzelne Themen als obligatorisch zu erklären, aber ein Überangebot an Stationen ermöglicht eine

Schwerpunktlegung durch die Lernenden. Zudem können die gleichen Themenbereiche in einem Werkstattbereich mit unterschiedlichem Schwierigkeitsgrad und in unterschiedlichem Lerntempo bearbeitet werden. Eine gute Werkstatt variiert Medien und Zugangskanäle, um auf verschiedenen Eingangskanälen die Werkstattteilnehmerinnen und -teilnehmer mit ihren verschiedenen Lernstilen adäquat ansprechen zu können. Schliesslich können die Schülerinnen und Schüler die einzelnen Lernstationen allein oder in Gruppen absolvieren.

Zum Zweiten streben Lehrpersonen, welche eine Lernwerkstatt konstruieren, an, dass Schülerinnen und Schüler handlungsorientiert lernen. Deshalb sind alle Überlegungen aus der Perspektive der Lernenden formuliert: Was lernen und tun die Schülerinnen und Schüler während ihrer Arbeit an einer Station?, lautet die zentrale Frage bei der Entwicklung einer Lernwerkstatt, und nicht: Was lehre ich als Lehrerin, als Lehrer? Das führt zu einem neuen Rollenverständnis der Lehrpersonen: Sie begleiten primär den Lernprozess und vermitteln nicht in erster Linie Wissen durch direkte Instruktion.

Zum Dritten müssen in einer Lernwerkstatt exemplarische Aspekte aus einem Thema ausgewählt sein. Keine Lernwerkstatt wird den Anspruch haben können, ein ganzes Thema abzudecken. Die Lernwerkstatt fördert bei allen Beteiligten vielmehr die Gewissheit, dass die Lernenden fähig werden, die Lücken selber zu bearbeiten.

Zum Vierten sind Lernwerkstätten grosse Chancen, fächerverbindendes Lernen zu ermöglichen. Da die Konzepte von Lernwerkstätten von Themen oder Problemen ausgehen, liegt es auf der Hand, dass nicht eine einzige Disziplin diese umreissen kann. Je nach Fach ergeben sich verschiedene Blickwinkel.

Zum Fünften wird in einer Lernwerkstatt die Mitbestimmung der Schülerinnen und Schüler ermöglicht: Eine Werkstatt bietet Perspektiven für selbstverantwortetes Weiterlernen an und zeigt dazu die Möglichkeiten auf. Werkstattteilnehmerinnen und -teilnehmer können selber planerisch tätig werden und zu bestimmten Themen neue Aufträge entwickeln oder auch selber neue Themen aufarbeiten. Werkstattteilnehmerinnen und -teilnehmer können auch teilhaben am Entscheidungsprozess darüber, was als Fortschritt anerkannt wird. Je nach Entwicklungsstand der Lernenden können diese selber entscheiden, wann eine Station genügend gut und vertieft behandelt ist.

Zum Sechsten ist die Transparenz in einer Lernwerkstatt hoch: Von allem Anfang an haben die Lernenden Einsicht in die Ziele der ganzen Lerneinheit. Es gibt keine isolierten Aufgabenstellungen.

Lernwerkstatt «Leben im Mittelalter»

Das Thema «Leben im Mittelalter» ist für eine geschichtliche Lernwerkstatt deshalb gut geeignet, weil es sich leicht in verschiedene relativ unabhängige Aspekte aufteilen lässt und weil eine Fülle von Materialien vorliegt. Das Lernen mit der Lernwerkstatt läuft in fünf verschiedenen Phasen ab:

In der Anfangsphase (Werkstatt-Vernissage) bekommen die Lernenden (in der Regel im Plenum) einen Überblick über das Thema. Mittels einer Mind Map und unter Beizug von Filmausschnitten soll ihr Interesse geweckt werden. Die Schülerinnen und Schüler sollen in der Anfangsphase der Lernwerkstatt zudem auch die Organisation des Lernens begreifen.

In einer nächsten Kurzphase planen die Lernenden ihr Lernen anhand des Arbeitspasses und unter Berücksichtigung der allenfalls vorgegebenen obligatorischen Stationen. Vielleicht helfen Kurzbeschreibungen der einzelnen Posten bei der Entscheidungsfindung. Oft sind es auch Sympathien zu Kolleginnen und Kollegen, welche die Stationenauswahl beeinflussen. Schülerinnen und Schüler wählen das, was ihre Freundinnen und Freunde wählen. Die einen wollen sich intensiver mit Burgen beschäftigen, andere interessiert die Stadtanlage oder das Frauenleben. Es ist günstig, nicht gleich zu Beginn die gesamte Arbeit verplanen zu lassen. Oft erweist es sich auch als geschickt, in einem ersten Durchgang alle Stationen unter den Schülerinnen und Schülern aufzuteilen und diese dann im Klassenverband berichten zu lassen, was sie wo gelernt haben.

Erst dann beginnt die individuelle und gemeinsame Arbeit an den Themen. Wichtig ist eine sinnvolle Abwechslung zwischen gemeinsamer und individueller Arbeit. Diese Arbeitsphasen sollen nicht zu kurz sein, damit auch tatsächlich eine Begegnung von Lernenden mit dem Lerninhalt möglich wird. Die Lehrperson begleitet während dieser Phase das Lernen an den Stationen. Die Vermittlung soll so gut geplant sein, dass sich die Lehrperson von dieser Aufgabe jetzt entlastet fühlen kann. Sie beobachtet die Lernfortschritte und gibt gerade so viel Hilfestellung wie nötig. Mit ihren Interventionen hilft sie auch mit, das Lernverhalten und das Gruppenverhalten zu verbessern. Sie steht als Trouble Shooter zur Verfügung und greift dann ein, wenn der Lernprozess stockt.

Von Zeit zu Zeit erfolgt eine Plenumsrunde, wo über den Lerninhalt und die Organisation sowie über das Lernen selber gesprochen wird. Diejenigen, welche sich zum Beispiel mit der Gläubigkeit beschäftigen, werden bei einem aktuellen Anlass berichten, wie sich das Verhältnis von Kirche und Staat verändert hat. Der Wechsel zwischen Plenumsrunde und Postenarbeit wiederholt sich mehrfach, je nach Werkstattanlage und zur Verfügung stehender Zeit.

Am Schluss inszeniert die Lehrperson vielleicht eine Werkstatt-Finissage, um das Lernen auch sicht- und erlebbar abzuschliessen. Dazu eignen sich verschiedenste Figuren, etwa die Fotolanguage. Hier wählen die Schülerinnen und Schüler ein Bild aus, um damit zu erklären, was sie jetzt zum Thema «Leben im Mittelalter» am meisten bewegt.

Geeignete Werkstattthemen

Viele Themen entziehen sich im Geschichtsunterricht der Werkstattmethode, weil sie sich nicht gut sequenzieren lassen und weil die Reihenfolge der Bearbeitung von einzelnen Aspekten nicht beliebig ist. Oft versteht man in der Geschichte etwas erst, wenn man die Vorgeschichte kennt. Die Möglichkeit einer freien Stationenwahl aber bricht diese Ereigniskette radikal auf. Wenn jedoch die beiden Grundvoraussetzungen «beliebige Reihenfolge» und «sinnvolle Teilsequenzen» gegeben sind und wenn zu einem bestimmten Thema genügend Material vorhanden ist, dann lohnt es sich, zu prüfen, ob nicht eine Lernwerkstatt aufgebaut werden soll. Im Anfangsunterricht sind Lernwerkstätten günstig, weil die Lehrperson so besser mit dem unterschiedlichen Vorwissen umgehen kann (Römer; Mittelalter; Entdeckungen). Auch bei Themen, die bei den Schülerinnen und Schülern auf ganz unterschiedliches Interesse stossen, bewähren sich Lernwerkstätten (Weltkriege; Zeitgeschichte; Industrialisierung und soziale Frage).

Mittlerweile gibt es eine Reihe von erprobten Lernwerkstätten für den Geschichtsunterricht, die Lehrpersonen übernehmen können. Wer selber eine Lernwerkstatt entwickeln will, tut gut daran, sich mit Kolleginnen und Kollegen zusammenzuschliessen. «Gemeinsam statt einsam» ist gerade hier ein entlastendes Motto.

Literatur
- Croci, Alfons; u.a.: *ELF. Ein Projekt macht Schule*. Buchs: Lehrmittelverlag des Kantons Aargau, 1995
- Gasser, Peter: *Neue Lernkultur. Eine integrative Didaktik*. Gerlafingen: Selbstverlag, 1995
- Landwehr, Norbert: *Neue Wege der Wissensvermittlung*. Aarau: Verlag für Berufsbildung, Sauerländer, 1994
- Schweizerische Lehrerzeitung, Heft 2/1994. *10 Jahre Werkstattunterricht in der Schweiz*. Zürich: Dachverband Schweizer Lehrerinnen und Lehrer LCH
- Vettiger, Heinz (Hrsg.): *Unterricht planen, durchführen, auswerten lernen*. Hannover: Schroedel, 1998

	Pflichtthema	Erweiterungsthema	Vertiefungsthema	Lernumgebung	Zeit
Kloster					
Leben im Kloster	■			Video	45 Min.
Bedeutung des Klosters		■		Quellen	45 Min.
Schreibstube			■	Gänsekiel und Tinte	45 Min.
Benedikt			■	Spiel	90 Min.
Bruder Feuer			■	Jugendbuch	90 Min.
Adel					
Ständepyramide	■			Statistik	45 Min.
Kleidung und Mode		■		Zeichnungen	45 Min.
Werdegang zum Ritter		■		Lesetext	45 Min.
Burg		■		Plan	45 Min.
Waffen des Ritters			■	Bilder	45 Min.
Stadt					
Stadtanlage	■			Quelle	45 Min.
Auf dem Markt		■		CD-ROM	45 Min.
Ehret das Handwerk		■		Hörspiel	45 Min.
Frauenleben		■		Lesetext	90 Min.
Wie die Stadt regiert wurde			■	Video	90 Min.
Dorf					
Bäuerliches Arbeiten	■			Bilder	45 Min.
Freie und unfreie Bauern		■		Lesetext	45 Min.
Unsere Gegend im Mittelalter		■		Karten	45 Min.
Burgrain			■	Museum	90 Min.
Alltagsleben			■	Comic	90 Min.
Himmel – Hölle – Fegefeuer					
Jüngstes Gericht	■			Zeichnungen	45 Min.
Romanik		■		Bilder und Skizzen	45 Min.
Gläubigkeit			■	Lieder	45 Min.
Gotik			■	Internet	45 Min.
Bau einer Kirche			■	CD-ROM	45 Min.

Arbeitspass Leben im Mittelalter

Geschichte an einem exemplarischen Fall

Bei der Fallmethode beantworten die Schülerinnen und Schüler einzeln oder in Gruppen eine spannende Frage zu einem zeitlich und räumlich klar bestimmten Ereignis, das sich gut eingrenzen lässt und ausführlich dokumentiert ist. Das Ereignis soll zudem über sich selbst auf einen Inhalt hinweisen und exemplarisch für eine Zeitepoche oder eine Struktur dastehen, weil sich sonst eine ausführliche Behandlung des Falles nicht rechtfertigen lässt. Die Schülerinnen und Schüler bearbeiten ziemlich selbstständig die zum Fall vorliegenden komplexen historischen Materialien. Sie sollen dabei weniger Wissen zum konkreten Fall aufbauen, sondern einerseits Erkenntnisse zur Zeitepoche oder Struktur gewinnen und andererseits Fähigkeiten und Fertigkeiten im Umgang mit historischen Fragestellungen entwickeln. Bei der Fallmethode ist der Weg das Ziel.

Schülerinnen und Schüler schauen gespannt einen Film. Kein Mucks ist zu hören. Ernst von Rath, Angehöriger der deutschen Botschaft in Paris während der Zwischenkriegszeit, erhebt sich vom Schreibtischstuhl und beginnt im dienstlichen Ton: «Was führt Sie zu mir? Ich hörte, Sie hätten ein Dokument zu übergeben?» Ein Junge, nicht viel älter als die Schüler in der Klasse, kommt ins Bild. Er zieht einen Revolver, richtet ihn auf Ernst von Rath und sagt: «Hier ist das Dokument, das ich Ihnen im Namen von 12 000 schikanierten Juden zu überbringen habe!» Das Gesicht des Botschaftsangestellten erstarrt, seine Stimme bleibt aber zunächst beherrscht: «Was wollen Sie von mir?» «Ich will, dass Sie meine Familie wieder aus Polen rauslassen und uns gemeinsam Papiere für die Ausreise nach Palästina beschaffen!» Jetzt wird von Rath wütend: «Du mieser kleiner jüdischer Stricher», zischt er aus zusammengepressten Zähnen, stürzt auf den Jungen zu und versetzt ihm einen Schlag auf die Brust, der ihn in den Sessel zurückwirft. Im gleichen Moment feuert der etwa 17-Jährige seinen ersten Schuss ab. Die Schülerinnen und Schüler fiebern mit dem Jungen Herschel Grynszpan mit, als er verhaftet wird und erfährt, dass er den Botschaftsangestellten getötet hat. Trotz der grossen Spannung im Film stoppt jetzt die Lehrperson das Video und stellt die Frage, welche den Unterricht in den nächsten Lektionen leiten und die Schülerinnen und Schüler zur Auseinandersetzung mit der Zwischenkriegszeit und dem Beginn des Zweiten Weltkriegs motivieren soll: Ist Herschel Grynszpan ein Mörder oder ein Held?

Didaktische Prinzipien

Mit der Frage steht und fällt die Fallmethode. Die Schülerinnen und Schüler sollen durch eine attraktive Frage und eine offene Situation bei einem spannenden Thema zum Lernen verführt werden. Zur Beantwortung der Frage erhalten sie alle nötigen Unterlagen. Die Schülerinnen und Schüler studieren arbeitsteilig oder arbeitsgleich die zur Verfügung gestellten Materialien, ordnen und bewerten sie. Ziel des Arbeitens mit der Fallmethode im Unterricht ist es weniger, dass die Schülerinnen und Schüler neues Wissen zu Herschel Grynszpan erarbeiten. Der eigentliche Fall (im obigen Beispiel Herschel Grynszpans Tat) ist sekundär, er dient zur Veranschaulichung für die Makroebene (Zwischenkriegszeit und Situation der Juden damals) und generell als Exempel für eine bestimmte Frage, z. B. hier: Gibt es Situationen, wo ein Attentat zu rechtfertigen ist?

Die Fallmethode ist eine der wenigen Methoden, die selbstständiges Arbeiten zu einem komplexen Lerninhalt erlaubt. Sie ist eine der wichtigsten Angehensweisen in der Ausbildung von Kaderleuten der Wirtschaft. Die Fallmethode ist attraktiv für Lernende, weil der Unterricht zu grösseren zusammenhängenden Blöcken zusammengefasst wird, weil die Schülerinnen und Schüler grosse Autonomie beim Lernen haben und ihre eigene Meinung einbringen können. Mit der Fallmethode sollen die Jugendlichen lernen, selbstständig zu denken und zu urteilen.

Fallmethode «Herschel Grynszpan»

Am Anfang der Fallmethode steht also nach einer thematischen Einleitung (1.) eine möglichst gute, spannende, lebensnahe und interessante Frage (2.). Zur Beantwortung dieser Frage erhalten die Lernenden alle nötigen Unterlagen, und die Arbeitsweise wird festgelegt (3.). Die Schülerinnen und Schüler studieren (4.) die Materialien arbeitsteilig oder arbeitsgleich. Sie müssen diese Unterlagen (5.) ordnen, systematisieren und bewerten. Darauf können sie sich (6.) auf eine Antwort festlegen. Die verschiedenen Antworten werden (7.) in der Klasse präsentiert und verglichen. Zum Schluss soll (8.) die Arbeit reflektiert und ausgewertet werden: Die Lernenden können Lehren für ihr künftiges Lernen ziehen.

Zu Beginn der Fallmethode werden die Schülerinnen und Schüler mit dem Film «Der Attentäter» an das Thema herangeführt. Sie erfahren, wie die Jugend Herschels verlief und wie die Nationalsozialisten in Deutschland an die Macht kamen. Die Kunst des Einleitens einer Fallmethode besteht darin, möglichst kurz das Thema so vorzustellen, dass die Lernenden neugierig werden für das weitere Lernen. Dass ein derart gut recherchiertes Video zum Fall Herschel Grynszpan vorhanden ist, ist ein

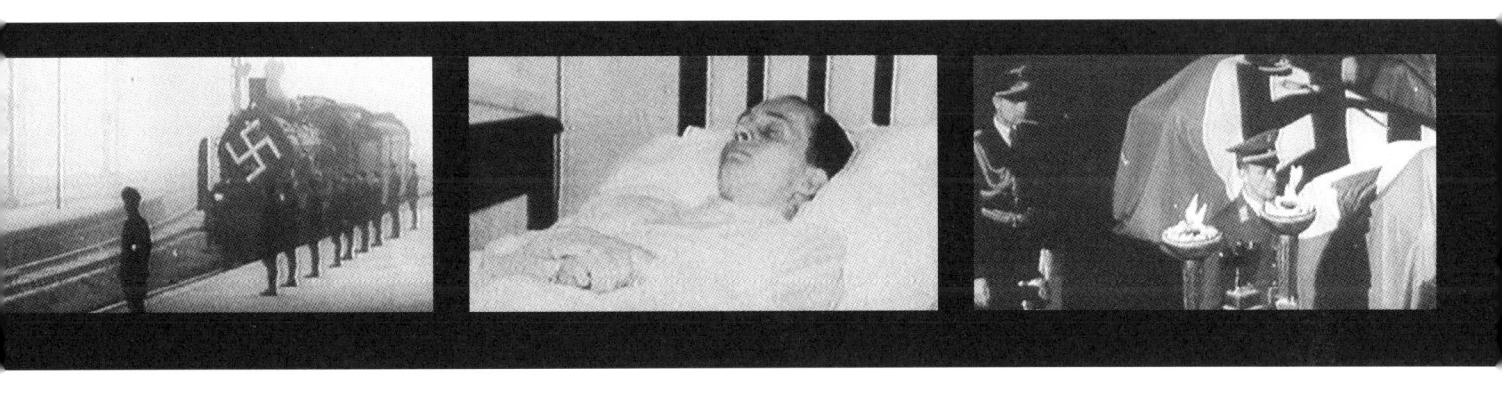

Glücksfall. Aufgrund dieses Videos beginnen sich die Schülerinnen und Schüler selber die Fragen zu stellen, die anschliessend präsentiert werden.

Jetzt stellt die Lehrperson die Fallfrage: War Herschel ein Held oder ein Mörder? Neben dieser Hauptfrage kommen eine Reihe von weiteren Fragen automatisch in den Blick: Wie verlief sein Leben weiter? Konnte er flüchten? Ging er vielleicht nach Palästina? Kehrte er gar nach Deutschland zurück?

Beim Fall Grynszpan hat die Lehrperson drei Materialpakete vorbereitet:
a) Unterlagen zur Situation Deutschlands in der Zwischenkriegszeit;
b) Material zum Verlauf des Zweiten Weltkriegs;
c) Texte, Filme, Bilder zur Geschichte der Juden vor und während des Zweiten Weltkriegs.

Es werden 6er-Gruppen gebildet, sodass sich innerhalb einer Gruppe immer zwei Schülerinnen und Schüler mit einem Paket beschäftigen können. Der Zeitumfang für die Beschäftigung mit dem eigenen Paket soll drei Lektionen betragen, anschliessend tauscht die Gruppe während einer Lektion ihr Wissen und ihre Erkenntnisse aus.

Die Schülerinnen und Schüler bearbeiten also ihre Unterlagen. Sie lesen Quellen, interpretieren Statistiken, betrachten Bilder. Die Lehrperson hält sich in dieser Phase zurück. Wenn die Schülerinnen und Schüler mit dem Material selber zurecht kommen, zeigt das, dass die Auswahl und Aufbereitung der Unterlagen gelungen ist. Die Lernenden sollen in dieser Phase nicht primär merken, was sie alles nicht können, sondern sie sollen behutsam an die Arbeitstechniken der Geschichte herangeführt werden.

Die nächste Phase der Fallmethode ist eine Schlüsselphase. Wer hier in der Gruppe gut arbeitet, wer merkt, welche Dokumente wichtig sind und welche man getrost in den Hintergrund schieben kann, wird auf eine plausible Antwort zur Fallfrage kommen. Einzelne merken, dass Herschels Attentat der Auslöser für die Reichskristallnacht war, dass Frankreich in die Zwickmühle kam und nicht wusste, wie es mit dem Attentäter umgehen sollte, dass der Einmarsch der Deutschen in Frankreich die Situation zusätzlich heikel machte.

Ist Herschel nun ein Mörder, weil er einen Unschuldigen umgebracht hat? Oder ist man als Deutscher von vornherein schuldig? Deshalb also Held? Aber die Juden in Deutschland leiden unter Herschels Tat. Hat er Unglück gebracht? Wären die Judenverfolgungen nicht sowieso eskaliert? Und Herschel? Konnte er fliehen? Übergaben ihn die Franzosen den Deutschen? Kam er im Konzentrationslager um? Oder lebt er gar noch heute? Vielleicht in Israel? Wer die Unterlagen genau studiert und richtig interpretiert hat, wird auf viele Fragen eine Antwort finden. Mit diesen Hypothesen oder Beweisen soll ein Plakat gestaltet werden für die Diskussion in der Klasse. Einzelne Gruppen verstecken ihr Plakat vor den andern, weil sie überzeugt sind, dass sie als einzige die «richtige» Lösung haben.

Die Plakate hängen, die Meinungen sind gemacht, die Antworten gefunden. Gespannt gehen die Schülerinnen und Schüler von einem Plakat zum andern, studieren die Antworten, beginnen zu diskutieren. Für Lehrerinnen und Lehrer wird die Diskussion in der Klasse wohl der Höhepunkt der Fallmethode sein. Das Gespräch läuft häufig ohne Lehrerin oder Lehrer. Da debattieren nämlich Expertinnen und Experten miteinander, werfen sich unsorgfältiges Arbeiten vor, stellen sich gegenseitig Fragen, hinterfragen Meinungen. Langsam schält sich heraus, dass die Hauptfrage wohl zurückgewiesen werden muss, und auch zum Schicksal von Herschel gegen Ende des Kriegs gibt es keine endgültige Antwort.

Um den Umgang mit Geschichte zu fördern, um das Geschichtslernen zu erlernen, ist die Prozessreflexion zentral. Noch einmal kommen die Schlüsselstellen des Unterrichts in den Blick. Weil Rolf so gut gemerkt hat, dass das Thema Homosexualität eine zentrale Rolle spielt, hat seine Gruppe die andern verblüffen können. Weil Tina nicht erkannt hat, dass die Reichskristallnacht eine unmittelbare Folge des Attentates war, ist ihre Gruppe auf die falsche Fährte gekommen. Aber Tina hatte ja auch kaum Zeit, in der Gruppe ihre Resultate einzubringen. Man hat ihr Thema nicht ernst genommen. Wie kann man sichern, dass sich alle Schülerinnen und Schüler einbringen können? Wäre es nicht gescheiter gewesen, jemand hätte auf die Zeit geachtet?

Hinweise zum Einsatz von Fallmethoden

Viele geschichtliche Themen verunmöglichen, dass ein Dilemma konstruiert oder eine Entscheidungsfrage formuliert werden kann. Diese Themen entziehen sich der Fallmethode. Für eine Fallmethode braucht es eine zeitlich, örtlich und personell eingegrenzte Realität und die Möglichkeit, zu einer Fragestellung zu nehmen: Welches Entwicklungshilfeprojekt soll durchgeführt werden? Wo soll der Kies abgebaut werden? Bosnische Jugendliche ausschaffen oder nicht? Genschutz-Initiative annehmen oder verwerfen? Gewaltloser Widerstand oder Gewalt? Anpassung oder Kampf? Fliehen oder bleiben?

Eine Fallmethode zu entwickeln, ist zeitaufwendig und anspruchsvoll. Eine Lehrperson allein wird dies nur in Ausnahmefällen leisten können. Wenn aber noch mehr Geschichtslehrerinnen und -lehrer erkennen, welche Chancen Fallmethoden bieten, damit Jugendliche Geschichte lernen können, dann gehört dieser Methode im Geschichtsunterricht zweifellos eine grosse Zukunft, dann werden auch mit der Zeit noch mehr gut ausgearbeitete und geeignete Fallmethoden-Beispiele vorliegen.

Literatur
- Dijk, Lutz van: *Der Attentäter. Herschel Grynszpan und die Vorgänge um die «Kristallnacht»*. Reinbek bei Hamburg: Rowohlt, 1988
- Gasser, Peter: *Neue Lernkultur. Eine integrative Didaktik*. Gerlafingen: Selbstverlag, 1995
- Kaiser, Franz J. (Hrsg.): *Die Fallstudie*. Bad Heilbrunn/Obb.: Klinkhardt, 1983
- Landwehr, Norbert: *Neue Wege der Wissensvermittlung*. Aarau: Pädagogik bei Sauerländer, 1997 (3.)
- Landwehr, Norbert: *Schritte zum selbständigen Lernen. Eine praxisorientierte Einführung in den Lernplanunterricht*. Aarau: Pädagogik bei Sauerländer, 1998

Geschichte forschend erlernen – die Projektmethode

Selbst Geschichte erforschen. Immer noch trauen viele Lehrpersonen dies ihren Schülerinnen und Schülern nicht zu. Sie haben Angst, sie zu überfordern. Doch wenn man sich darauf einlässt, dass Forschen bedeutet, systematisch unterschiedliche Informationen zu sammeln, diese zu vergleichen, auszuwerten und zu einer Darstellung zu verarbeiten, die öffentlich gemacht wird, dann ermöglicht diese Definition, dass auch Jugendliche erfolgreich forschend Geschichte lernen können. Zwei Voraussetzungen sind allerdings zu beachten: Weil Schülerinnen und Schüler selber tätig sein sollen, müssen die Informationen greif- und verstehbar sein. Das schränkt sowohl den Raum auf die Orts- und Regionalgeschichte als auch die Zeit auf die neuste Geschichte ein. Andernfalls wird der Zugriff zu den Informationen erschwert: fremde Sprache, geringe Verfügbarkeit von Büchern, andere Schrift usw. Wer also Forschendes Lernen im Geschichtsunterricht anregen will, gibt am besten den Rat: Grabe, wo du stehst!

Geschichtsdoppelstunde am Vormittag von 9 bis 11 Uhr, und kaum ein Schüler, eine Schülerin ist im Geschichtszimmer. Die meisten Lernenden suchen ausserhalb des Schulzimmers auf eigenen Wegen geschichtliche Spuren: Zwei Schülerinnen sind mit dem Fotoapparat beim ehemaligen Stauwehr und fotografieren das alte Wasserrad, das in einer Wiese neben dem Bach steht. Drei Schüler sind im Computerraum und recherchieren im Internet, zwei tun dies in der Bibliothek. Eine Gruppe besichtigt das alte Siechenhaus und zeichnet Pläne, eine andere Gruppe führt ein Interview mit einem pensionierten Lehrer über seine Erfahrungen im Zweiten Weltkrieg durch usw. Um 10.45 Uhr werden alle wieder im Klassenzimmer sein, damit der nächste Freitag vorbesprochen werden kann. Da soll nämlich ein erster Austausch der Arbeitsergebnisse in der Klasse erfolgen, nachdem die Schülerinnen und Schüler nun doch schon drei Halbtage an ihrem Projekt gearbeitet haben.

Beim Forschenden Lernen planen die Schülerinnen und Schüler selber, was sie tun werden. Sie beraten die verschiedenen Vorschläge, und dabei verständigen sie sich über das, was sie machen wollen. Sie führen ihre Pläne selber aus. Die Schülerinnen und Schüler erwerben bei ihrem Tun sowohl inhaltliches Wissen (Was war der Plan «Wahlen» im Zweiten Weltkrieg?) wie auch methodisches Können (Wie führe ich ein Interview durch? Wie recherchiere ich im Internet?). Sie lernen, realistische Ziele zu setzen und mit der Zeit umzugehen, Probleme arbeitsteilig anzupacken und ein Vorhaben zu Ende zu bringen.

Didaktische Prinzipien

Wer als Lehrperson Forschendes Lernen ermöglichen will, arrangiert seinen Unterricht mit der Projektmethode. So kann forschendes und handelndes Lernen in der realen Praxis ermöglicht werden. Mit der Industrialisierung beschäftigen sich die Schülerinnen und Schüler in einer Fabrik oder beim Stauwehr und nicht im Klassenzimmer; mit der Eisenbahngeschichte am Bahnhof beim Wassereinfüllstutzen für Dampflokomotiven. Dadurch wird die Selbstständigkeit der Schülerinnen und Schüler gefördert. In Projekten wird kooperatives und forschendes Lernen inszeniert. Weil das Lernen selber zum Thema in Klassen- oder Einzelgesprächen wird, lernen die Schülerinnen und Schüler das selbstständige Lernen. Die Projektarbeit ermöglicht in einem hohen Masse eine Differenzierung des Geschichtsunterrichts, weil die Schülerinnen und Schüler die wesentlichen Dimensionen des Unterrichts selber bestimmen: Sie sagen, was sie machen wollen (Aargau im Zweiten Weltkrieg), auf welchem Niveau (so, dass ich das verstehe), sie bestimmen die Medien (den «Diamant»-Film als Einstieg), die Sozialform (ich will mit meiner Freundin arbeiten), das Lerntempo (morgen führen wir das Interview durch), das Vorgehen («Oral History») sowie den Lernweg.

Merkmale von Forschendem Lernen

Lernen kann in Geschichte nur dann als Forschendes Lernen bezeichnet werden, wenn Lernende selber methodisch bewusst handeln. Dazu müssen sie über methodische Kompetenzen verfügen bzw. diese im Verlauf des Forschenden Lernens unter kundiger Begleitung entwickeln können. Für Geschichte sind dies Kompetenzen erstens im Bereich der Fragestellung, Hypothesenbildung und Arbeitsplanung, zweitens im Bereich der Recherche (Umgang mit Literatur, Befragung von Zeitzeugen, Meinungsumfragen usw.), drittens im Bereich der Auswertung und Deutung (Quellenkritik und -interpretation, Multiperspektivität, Erzählung usw.), viertens im Bereich der Produktion und Präsentation (Produktgestaltung, Verständlichkeit usw). Deshalb eignen sich vor allem geschichtliche Themen aus der Gegenwartsgeschichte (Schülerinnen und Schüler können die Texte lesen, weil sie in aktuellem Deutsch sind, und sie können Personen befragen) und der engeren Region (Personen und Materialien sind gut erreichbar). Regionalgeschichte ist also das ideale Gebiet für ein historisches Projekt. Sie hat exemplarischen Charakter und bringt reduzierte Komplexität: Bei Regionalgeschichte ist die Möglichkeit gross, die Verflechtungszusammenhänge überschaubar zu gestalten ohne die Wirklichkeit unredlich zu reduzieren. Sie ermöglicht darüber hinaus ermutigende Einsichten.

Lernen kann in Geschichte nur dann als Forschendes Lernen bezeichnet werden, wenn es sich problemorientiert entwickelt. Gegenstand dieses Lernens sind ungeklärte oder umstrittene Lerninhalte, die der Überprüfung oder Differenzierung bedürfen. Kennzeichen von Forschendem Lernen in Geschichte ist also entweder eine explizite historische Fragestellung oder eine Hypothese.

Lernen kann in Geschichte nur dann als Forschendes Lernen bezeichnet werden, wenn ein Öffentlichkeitsbezug gesucht und hergestellt wird. Zwischenergebnisse und Resultate sollen zur Diskussion gestellt werden und müssen nachprüfbar sein. In schulischem Zusammenhang kann ehrlicherweise erst dann von Öffentlichkeit gesprochen werden, wenn der Bezug über den Klassenraum hinaus weist, zum Beispiel also in die gesamte Schule (Ausstellung), zu Eltern, Expertinnen und Experten oder in einem Wettbewerb.

Lernen kann in Geschichte nur dann als Forschendes Lernen bezeichnet werden, wenn der individuelle Lernerfolg oder -misserfolg reflektiert und besprochen wird. Beim Forschenden Lernen in Geschichte ist also nicht intersubjektives oder sogar objektives neues historisches Wissen das Hauptziel, sondern ein individueller Lernzuwachs bei der Lernerin, beim Lerner. Er oder sie soll etwas Neues gelernt haben.

Trotz dieser vielen und offenkundigen Vorteile von Forschendem Lernen in Geschichte ist selbstverständlich auch diese Angehensweise nicht die allein selig machende. Zum einen wäre für das Fach Geschichte eine ausschliessliche Beschränkung auf den räumlichen und den zeitlichen Nahbereich nicht angemessen. Zum Zweiten wird beim Forschenden Lernen von Geschichte die Verallgemeinerung vernachlässigt. Zum Dritten überfordert Forschendes Lernen in Geschichte oft Jugendliche. Gerade hier zeigt sich die Bedeutung eines adäquaten Begleitsystems, auf welches leider allzu oft nicht genügend Wert gelegt wird.

Ablauf von Forschendem Lernen

Die Projektmethode lässt sich in sieben Phasen gliedern, wobei fünf Phasen chronologisch gereiht sind und die sechste und die siebte Komponente in diese Chronologie eingeschoben werden.

Am Anfang von Forschendem Lernen steht eine Idee, welche Lernerinnen oder Lerner äussern. Diese so genannte Projektinitiative (1.) könnte beim Thema «Regionalgeschichte – Der Kanton Aargau auf dem Weg zu seinem 200. Geburtstag» wie folgt aussehen: In einem Informationsinput erläutert die Lehrperson einen Überblick über die Aargauer Geschichte seit 1798. Ein Begleittext (auch zuhanden der Eltern und der Schulaufsicht) gibt Hinweise zur Methode. Anschliessend bekommen die Schülerinnen und Schüler den Auftrag, sie sollen ein Thema zur Aargauer Geschichte finden, das sie interessiert oder das etwas mit ihrem künftigen Beruf zu tun hat oder wo sie Personen kennen, die viel über dieses spezielle Thema wissen. Die Lehrperson skizziert die Rahmenbedingungen (z. B. die Arbeit soll exemplarisch den Aspekt der Veränderung zeigen; die Zukunftsbedeutung soll hervorgehoben werden; die Arbeit muss einen Zeitraum von 30 Jahren umfassen usw.).

Anschliessend entwickeln die Schülerinnen und Schüler eine Projektskizze (2.), um die künftige Tätigkeit zu strukturieren und um Schwerpunkte zu setzen (Hypothesen bilden, Fragen stellen, Vermutungen äussern). In der Schule wird der definitive Rahmen vereinbart, in welchem das Projekt durchgeführt wird (Zeitumfang). Die Schülerinnen und Schüler bekommen den Auftrag, auf einem Blatt die Arbeitsidee und fünf Fragen zu formulieren, drei Vermutungen oder Hypothesen zum Thema zu formulieren und schliesslich festzuhalten, welches Mate-

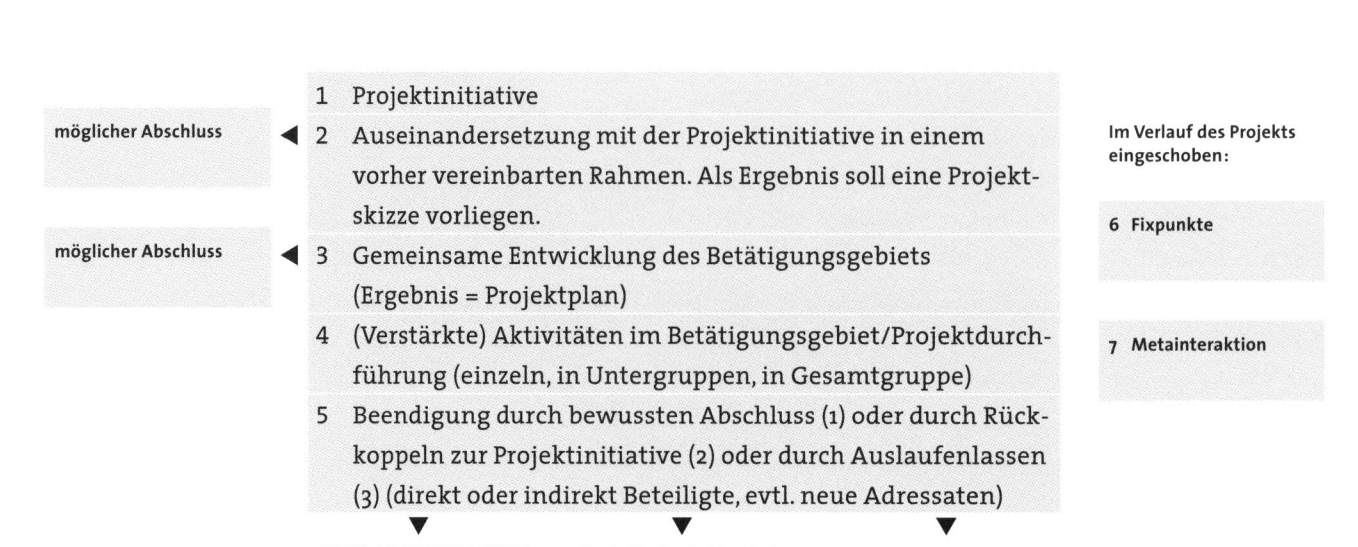

Ablauf der Projektmethode nach Karl Frey

	1 Projektinitiative	
möglicher Abschluss ◀	2 Auseinandersetzung mit der Projektinitiative in einem vorher vereinbarten Rahmen. Als Ergebnis soll eine Projektskizze vorliegen.	Im Verlauf des Projekts eingeschoben:
möglicher Abschluss ◀	3 Gemeinsame Entwicklung des Betätigungsgebiets (Ergebnis = Projektplan)	6 Fixpunkte
	4 (Verstärkte) Aktivitäten im Betätigungsgebiet/Projektdurchführung (einzeln, in Untergruppen, in Gesamtgruppe)	7 Metainteraktion
	5 Beendigung durch bewussten Abschluss (1) oder durch Rückkoppeln zur Projektinitiative (2) oder durch Auslaufenlassen (3) (direkt oder indirekt Beteiligte, evtl. neue Adressaten)	

▼ bewusster Abschluss   ▼ Rückkoppelung zur Projektinitiative   ▼ auslaufen lassen

rial ihnen zur Verfügung steht und welche Personen allenfalls helfen könnten. Sie sollen sich ebenfalls schon überlegen, auf welche Art und Weise sie ihre Arbeit öffentlich machen wollen. Zur Unterstützung der Entwicklungsarbeit an der Projektskizze besucht die Klasse das lokale historische Museum. Da bekommen die Lernenden unter Umständen weitere Anregungen.

Daraufhin schreiben die Schülerinnen und Schüler ihren Projektplan (3.): Wer macht im weiteren Verlauf des Projekts, welche Tätigkeit, wie, warum, wann, wo? Schülerinnen und Schüler entwickeln einen genauen Zeitplan, wo sie welche Tätigkeiten machen wollen. Sie planen einerseits die zur Verfügung gestellte Zeit aus dem regulären Unterricht und andererseits diejenige Zeit, die sie aus ihrer Freizeit zur Verfügung stellen müssen oder wollen. Den Projektplan benötigt die Lehrperson zur Planung der Fixpunkte und Metainteraktionen. Ebenso kann diesen Plänen entnommen werden, wer wann wo ist (und damit man als Lehrerin oder Lehrer eine Antwort hat, wenn die Schulaufsicht einen unangekündigten Besuch durchführen will und keine Schülerinnen und Schüler da sind).

Erst dann folgt die Phase der Projektdurchführung (4.). Hier geschieht «Forschendes Lernen». Die Schülerinnen und Schüler gehen ihrer Arbeit nach, suchen Materialien, führen Gespräche, exzerpieren, entwickeln Plakate, machen Videofilme usw. Sie sammeln Informationen, Daten, und sie interpretieren und bewerten diese Informationen.

Zum Abschluss (5.) sollen die Lernerinnen und Lerner öffentlich machen, was sie in der vorherigen Phase gearbeitet haben. Schülerinnen und Schüler dokumentieren also entweder ihren Arbeitsprozess (z. B. Tagebuch, Protokolle usw.) oder sie stellen ihr Produkt vor (z. B. Plakate, Ordner, Heft usw.). Sie überlegen sich auch, wem sie ihre Arbeit zeigen und wo sie eine Rückmeldung einholen.

In diesen fünfschrittigen Ablauf eingeschoben sind einerseits Fixpunkte (6.), wo die Organisation des Projekts geregelt wird und wo Lernende in ihrer Planung unterstützt werden. Die Lehrperson erklärt das Bibliografieren, man informiert sich über gefundene Quellen und tauscht Statistiken aus. Andererseits finden Sequenzen mit Metainteraktionen (7.) statt. Hier denkt man gemeinsam über den Projektverlauf und über das eigene Lernen nach. So wird das Tun bildendes Tun.

Gelegentlich läuft Unterricht mit der Projektmethode ins Leere, vor allem dann, wenn die Lehrpersonen organisatorisch überfordert sind und sich die Schülerinnen und Schüler in Materialbergen verlieren. Hier braucht es den Mut, das Unterfangen abzubrechen. Unterricht mit der Projektmethode ist in vieler Hinsicht risikoreicher als mit andern Methoden, aber gerade deshalb auch lebensnaher und für Lehrende und Lernende bedeutsamer, spannender, interessanter.

Literatur
- Bastian, J.; u. a.: *Theorie des Projektunterrichts*. Hamburg: Bergmann + Helbig, 1997
- Bastian, J.; u.a. (Hrsg.): *Das Projektbuch II. Über die Projektwoche hinaus – Projektlernen im Fachunterricht*. Hamburg: Bergmann + Helbig, 1998 (3.)
- Dittmer, Lothar; u. a.: *Spurensucher. Ein Praxisbuch für historische Projektarbeit*. Weinheim: Beltz, 1997
- Frey, Karl: *Die Projektmethode*. Basel; Weinheim: Beltz, 1998 (8., überarb. u. erw. Aufl.)
- Gasser, Peter: *Projektlernen*. Gerlafingen: Selbstverlag, 1999
- Gudjons, Herbert: *Handlungsorientiert lehren und lernen*. Klinkhardt, 1997 (5., überarb. u. erw. Aufl.)
- Hänsel, Dagmar: *Handbuch Projektunterricht*. Weinheim: Beltz, 1997
- Steigmeier, Andreas; Gautschi, Peter: *Der Kanton Aargau auf dem Weg zu seinem 200. Geburtstag. Projektmethode*. Buchs: Lehrmittelverlag des Kantons Aargau, 1997

Lernsituationen sind wie Blätter eines Baumes. Sie geben dem Unterricht ein charakteristisches Bild und ein typisches Aussehen.

Lernsituationen

Lernsituationen zum Anfangen	104
Quellenarbeit – notwendige und anspruchsvolle Lernform	108
Bilder – Abbildung und Deutung von Realität	112
Karikaturen – hilfreiche oder gefährliche Überzeichnungen?	116
Comics – naive und vordergründige Schundliteratur?	120
Film und Video – populäre Medien der Geschichtsvermittlung	124
Lieder – Schlüssel zum Verständnis von Epochen	128
Karten – einprägsame und komplexe Darstellungen	132
Statistiken – Informationen in Form von Zahlenwerten	136
Zeitenstrahl – anschauliche Umsetzung von Zeit	140
Geschichte im Internet – per Mausklick durch Raum und Zeit	144
Geschichte festhalten – Verankerung statt Kulissenlernen	148
Geschichtslernen beurteilen – Lernende fördern und auslesen	152
Lernsituationen zum Abschliessen	156

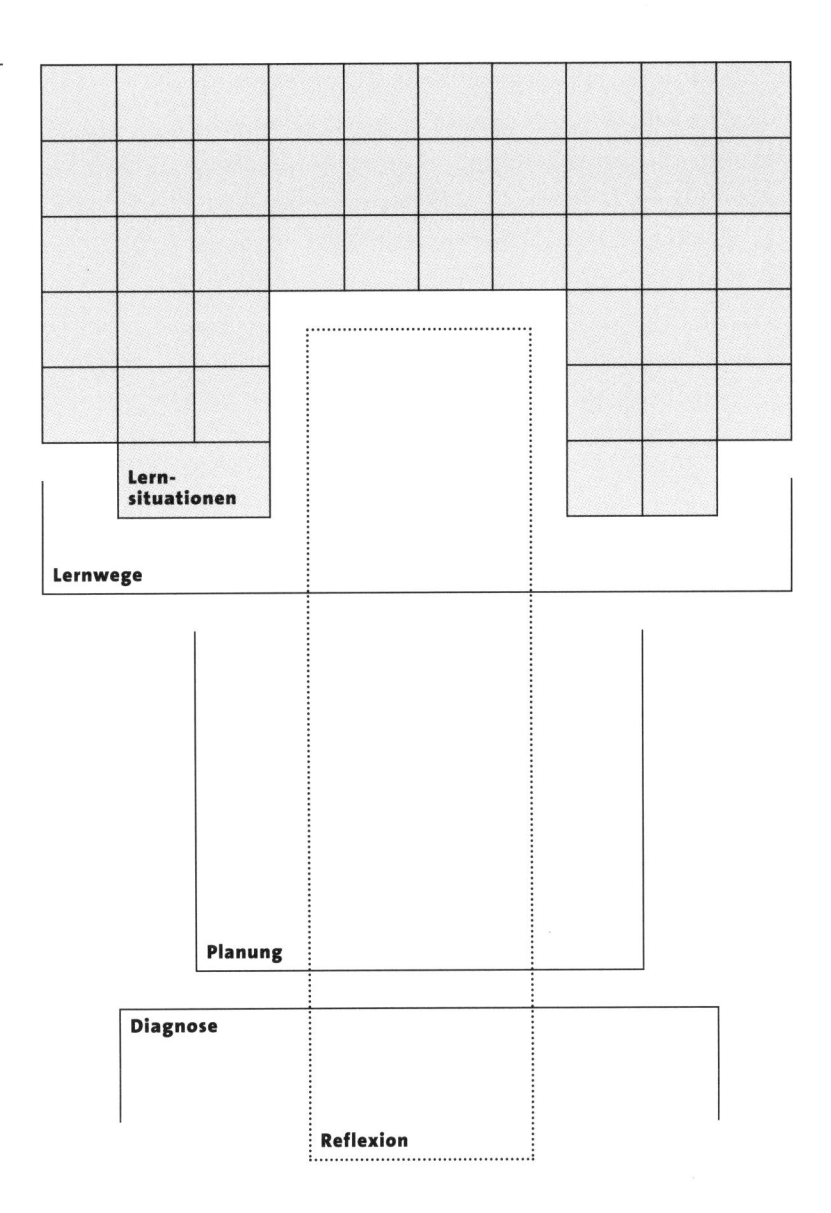

Wer Geschichte lehrt, gestaltet Lernwege. Diese ergeben sich aus einer Reihe von einzelnen, kleineren Elementen, so genannten Lernsituationen oder Figuren. Es gibt Figuren, die in vielen Fächern eingesetzt werden können. Einige im Geschichtsunterricht erprobte allgemeine Figuren werden in den Abschnitten «Lernsituationen zum Anfangen» und «Lernsituationen zum Abschliessen» präsentiert. Dann gibt es Figuren, die vor allem im Geschichtsunterricht von grosser Bedeutung sind. Diese Gestaltungselemente werden auf den Seiten 108 bis 155 vorgestellt.

All diese Lernsituationen können besser oder schlechter inszeniert und richtig oder falsch platziert werden. Sie haben ihre Gesetze. Wer gut lehren will, muss diese Gesetze kennen und umsetzen können. Wem dies als Lehrerin, als Lehrer gelingt, der ermöglicht Schülerinnen und Schülern historisches Lernen.

Lernsituationen zum Anfangen

«Aller Anfang ist schwer.» «Der Anfang ist die Hälfte des Ganzen.» Zum Anfangen gäbe es noch eine ganze Reihe von weiteren Bonmots und fast alle weisen auf die grosse Bedeutung des Anfangens hin. Anfangsfiguren gehören zu den wichtigsten didaktischen Gestaltungselementen des Unterrichts. Der Auftakt ist planbar und gestaltbar wie kaum eine andere Unterrichtssituation. Zu keinem anderen Zeitpunkt ist die Stellung der Lehrerin, des Lehrers gegenüber den Lernenden so dominant. Die Lehrperson gibt den Ton an, sagt, wohin die Reise gehen soll. Sie kann sich die weitere Einflussnahme sichern oder sie delegieren. Zum Anfangen gehört die Spannung zwischen Neugier und Interesse auf der einen Seite sowie Zurückhaltung, Vorsicht, Unbehaglichkeit und Beklommenheit auf der andern Seite, auch fehlen noch Gewohnheiten und Leitplanken. Für die Lehrperson ist es deshalb wichtig, eine gewisse Sicherheit anzubieten.

Die Schülerinnen und Schüler kommen zur Tür herein. Wie gewohnt schauen sie auf die Wandtafel rechts neben dem Kasten. Eigentlich sollten dort das Thema, die Ziele und der Ablauf der Lektion aufgeschrieben stehen. Heute aber fehlt dies. Dafür entdecken einige Schülerinnen und Schüler, dass beschriebene Zettel in den vier Ecken des Schulzimmers hängen. Sie legen die Mappen an ihre Plätze, begeben sich in eine Ecke und beginnen zu lesen. Da steht: «Krieg ist ungerecht und im Krieg leiden immer viele Menschen. Deshalb darf es keine Kriege mehr geben.» Stimmt gar nicht, denkt sich Jan, und begibt sich in die nächste Ecke. «Solange nicht alle Menschen gleich mächtig und gleich reich sind, und solange wenige viel haben und viele wenig, wird es immer Kriege geben.» Auch dieser Aussage kann er nicht viel abgewinnen. Aber wieso steht eigentlich Doris dort hinten? Jan kommt jedoch nicht mehr dazu, die andern Zettel zu lesen, die in den Ecken hängen, weil die Lehrperson hereinkommt und die Schülerinnen und Schüler bittet, an ihre Plätze zu gehen. Sie erklärt dann die Viereckenfigur: Die Schülerinnen und Schüler sollen die verschiedenen Aussagen zu Krieg lesen und überlegen, zu welcher Aussage sie jetzt im Moment stehen können. Sie sollen je nach ihrer eigenen Position einen Ort im Raum suchen, der zu ihrer Meinung passt. Nach drei Minuten haben die Lernenden ihren Platz gefunden. Jan hat sich für die Aussage entschieden, bei welcher Doris stand: «Weil es immer wieder unvernünftige Menschen gibt, muss die Staatengemeinschaft Krieg führen, um die Unvernünftigen zum Frieden zu zwingen.» Jetzt allerdings steht er alleine da. Es fällt ihm aber leicht zu begründen, wieso diese Aussage stimmt, als die Lehrperson ihn fragt, wieso er da stehe. Eine Diskussion kommt in Gang. Nach weiteren fünf Minuten können sich die Schülerinnen und Schüler wieder setzen. Sie bekommen jetzt einen Lesetext zum Ausbruch des Ersten Weltkrieges. Mit der Viereckenfigur bereitete die Lehrperson die Lernenden auf dieses Thema vor.

Ziele des Anfangens

Der oben beschriebene Anfang ist in verschiedener Hinsicht gelungen: Erstens wurde die nötige Aufmerksamkeit zum Thema hingeführt und zweitens die Bereitschaft der Lernenden hervorgerufen, sich auf den Lernprozess einzulassen. Drittens wies der Anfang auf den Kern der Sache hin, nämlich auf die Gründe von Krieg. Dadurch entstand eine Klarheit bezüglich des Lerninhalts. Viertens wurde Neugierde und Interesse geweckt. Die Lernenden wollten die Zettel lesen und waren engagiert bei der Diskussion dabei. Fünftens brachte der Anfang eine gewisse Klärung bezüglich der Lernvoraussetzungen der Schülerinnen und Schüler. Dass fast alle Lernenden mit Krieg als möglichem Mittel der Politik gerechnet haben, hat die Lehrperson überrascht. Damit hat der Anfang sechstens nach rückwärts den Zusammenhang mit dem bisherigen Lernen, Fühlen und Denken hergestellt, gefestigt und dadurch Sicherheit gegeben. Er hat an das Vorverständnis der Schülerinnen und Schüler angeknüpft. Die Lehrperson weiss jetzt, wo das Lernen beginnen kann und wohin es führen soll. Schliesslich hat der Anfang den für den Lernprozess notwendigen Gruppenzusammenhalt gefördert. Das heisst auch, dass der Anfang siebtens disziplinierte und achtens Aufschlüsse zur Lerngruppensituation ermögliche.

Es gibt eine Reihe von Figuren zum Anfangen. Je nachdem, ob eine Lektion oder ein ganzer Lehrgang beginnt; je nachdem, ob es sich um eine neue Lerngruppe oder um eine zerstrittene Klasse handelt, wird eine andere Figur die richtige sein. Für den Geschichtsunterricht ist sicher der «Informierende Einstieg» eine der wichtigsten und erfolgreichsten Figuren.

Informierender Unterrichtseinstieg

Der Informierende Unterrichtseinstieg ist für Lektionen geeignet, welche das Ziel verfolgen, Wissen und Können zu vermitteln. Er ist leicht lern- und beherrschbar und lässt sich nach und nach perfektionieren. Seine Vorzüge liegen vor allem darin, dass den Lernenden Ziel und Thema der Unterrichtseinheit oder der Unterrichtslektion von Anfang an klar sind. Sie wissen sofort, worum es geht und warum sie ein Thema bearbeiten sollen. Nur wenn sie Ziel und Sache kennen, können die Lernenden das, was sie tun sollen, auch zu ihrer Sache machen. Eine gute Information über Ziel, Thema und Unterrichtsverlauf schafft für alle Beteiligten eine stabile Orientierung und ermöglicht erst gemeinsames Lernen. Während der Klassenarbeit kann der Informierende Unterrichtseinstieg auch an der Tafel stehen und den Schülerinnen und Schülern so während der ganzen Zeit vor Augen bleiben.

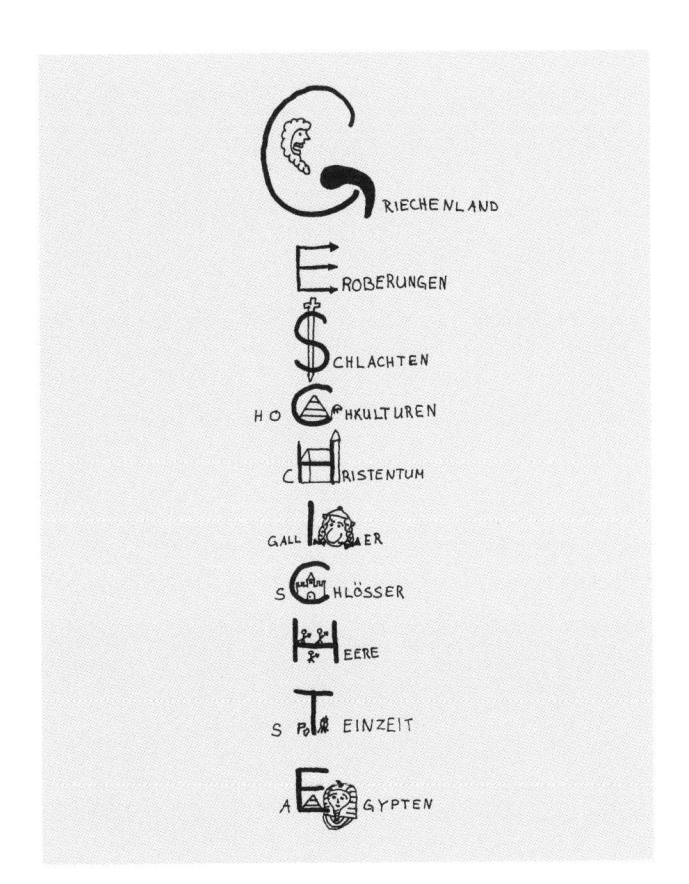

Weitere Erfolg versprechende Anfangsfiguren

Mit verschiedenen Figuren kann das Vorwissen der Lernenden geklärt werden. Es ist denkbar, direkt mit einem Test zu beginnen. Natürlich können die Vorerfahrungen auch im Gespräch oder im Spiel aufgenommen werden. Gute Erfolge bringt häufig das Brainstorming. Hier geht es darum, in kurzer Zeit möglichst viele Aspekte eines Themas zu sammeln, greifbar zu machen und zu strukturieren. Die Lehrperson verteilt vor der Lektion A5-Kärtchen und Filzstifte. Sie nennt dann das neue Thema «Rom – eine Grossmacht des Altertums» und bittet die Schülerinnen und Schüler, möglichst viele verschiedene Stichworte zum Thema mit Filzstift auf die vorbereiteten Kärtchen zu schreiben. Da die meisten Lernenden das Thema schon einmal durchgenommen haben oder aus Filmen und Büchern ein recht grosses Vorwissen mitbringen, beginnen sie, Stichworte aufzuschreiben. Viele Lernende haben schnell drei Kärtchen gefüllt. Sie heften ihre Kärtchen an die Pinwand, suchen in einem Klassengespräch Oberbegriffe und schreiben sie auf andersfarbige Kärtchen. Danach bekommen die Schülerinnen und Schüler je drei Klebepunkte, mit welchen sie diejenigen Aspekte kennzeichnen dürfen, die sie am meisten interessieren. Der Name «Asterix» auf einem Kärtchen bekommt viele Punkte. Die Lehrperson hat das richtig vorausgeahnt und kann gut mit einer Filmsequenz anschliessen, wo Asterix durch die antike Grossstadt flüchtet. Natürlich liessen sich die Stichworte auch an die Wandtafel oder auf Plakate schreiben, und statt des Lehrgesprächs eignen sich häufig Gruppengespräche besser.

Wem es als Lehrperson am Anfang gelingt, eine Tätigkeit des Suchens zu initiieren, der hat gute Voraussetzungen für den künftigen Lernverlauf geschaffen. Beliebt ist hier das so genannte Zauberwort. Ein Hauptbegriff des Themas wird senkrecht auf ein Blatt Papier geschrieben. Die Lernenden sollen versuchen, zu jedem Buchstaben dieses Wortes ein neues Wort zu finden, das in Zusammenhang mit der gesuchten Sache steht. Diese Figur eignet sich auch für den Anfang des Geschichtsunterrichts. Wenn Schülerinnen und Schüler zum Wort «Geschichte» aufschreiben, was ihnen in den Sinn kommt, dann gibt dies schöne Anknüpfungspunkte für den Unterricht (vgl. Abbildung, Seite 105). Gelegentlich gelingt es Schülerinnen und Schülern, entlang der vorgegebenen Buchstaben kunstvolle Sätze oder gar Gedichte zu konstruieren. Auch Rätsel sind bei einigen Lehrenden und Lernenden als Einstiegsfigur beliebt.

Bei vielen geschichtlichen Themen eignen sich sowohl die Metaphermeditation (vgl. Abschnitt «Lieder», Seite 130) wie auch die Fotolanguage, um Lernende auf die Sache einzustimmen. Bei der Fotolanguage legt die Lehrperson eine Vielzahl von Fotografien aus. Sie bittet die Schülerinnen und Schüler, die Fotografien anzuschauen und ein Bild auszuwählen, welches ihrer Meinung nach gut zum Hauptbegriff des Themas passt. Die Lernenden dürfen die gewählte Fotografie allerdings erst wegnehmen, wenn alle Schülerinnen und Schüler alle Bilder gesehen haben und die Lehrperson zum Beispiel zum Begriff «Revolution» die Erlaubnis gibt. Der eine Knabe wählt ein Bild mit einem Zug, der gerade in einen Tunnel hineinfährt, um damit auszudrücken, dass mit Revolutionen häufig dunkle und ungewisse Zeiten anbrechen. Ein Mädchen hat eine Fotografie einer Strassenbaustelle gewählt. Dort werden Gräben geöffnet, neue Wege gebaut, Tiefliegendes freigelegt und es könnte zu Unfällen kommen, weil die Grabenwände einstürzen. Die Lernenden präsentieren der Reihe nach ihre Assoziationen. So kommen eine ganze Reihe von Aspekten zum Thema Revolution zusammen.

Lehrpersonen können auch Situationen inszenieren, die bei den Lernenden eine Haltung der Abwehr, des Erstaunens, des Fragens oder auch der Verwirrung auslösen. Für Provokationen eignen sich Karikaturen, Bilder und Fotografien, aber auch Erzählungen oder Behauptungen, etwa dass die Erde eine flache Scheibe sei.

Schliesslich gibt es Figuren, die in idealer Weise Sache und Beziehung verknüpfen, wie etwa das Partnerinterview (vgl. Seite 107).

Auch die auf den folgenden Seiten vorgestellten fachspezifischeren Figuren eignen sich zum Anfangen, wenn es der Lehrperson gelingt, sie hinsichtlich der drei Ziele zu akzentuieren: Erstens soll die nötige Aufmerksamkeit zum Thema hingeführt werden, zweitens soll eine gewisse Klarheit bezüglich der Lernvoraussetzungen erreicht werden, drittens soll der für den Lernprozess notwendige Gruppenzusammenhalt gefördert werden.

Literatur
- Döring, K.W.: *Lehren in der Weiterbildung*. Weinheim: Deutscher Studien Verlag, 1992 (4.). S. 52–56
- Frey, Karl; u.a.: *Allgemeine Didaktik*. Zürich: ETH, Verlag der Fachvereine, 1990 (4.). Kap. 6
- Geissler, K.A.: *Anfangssituationen. Was man tun und besser lassen sollte*. Weinheim; Basel: Beltz, 1989
- Grell, J.; Grell, M.: *Unterrichtsrezepte*. Weinheim; Basel: Beltz, 1990. S. 134–170
- Knoll, J.: *Kurs- und Seminarmethoden*. Weinheim; Basel: Beltz, 1999 (8.)
- Pädagogik, Heft 5/1999. Unterrichtseinstiege. Hamburg: Pädagogische Beiträge Verlag
- Schneider, Gerhard: *Gelungene Einstiege*. Schmalbach/Ts.: Wochenschau-Verlag, 1999

Partnerinterview zu Heimat und Nationalstaat

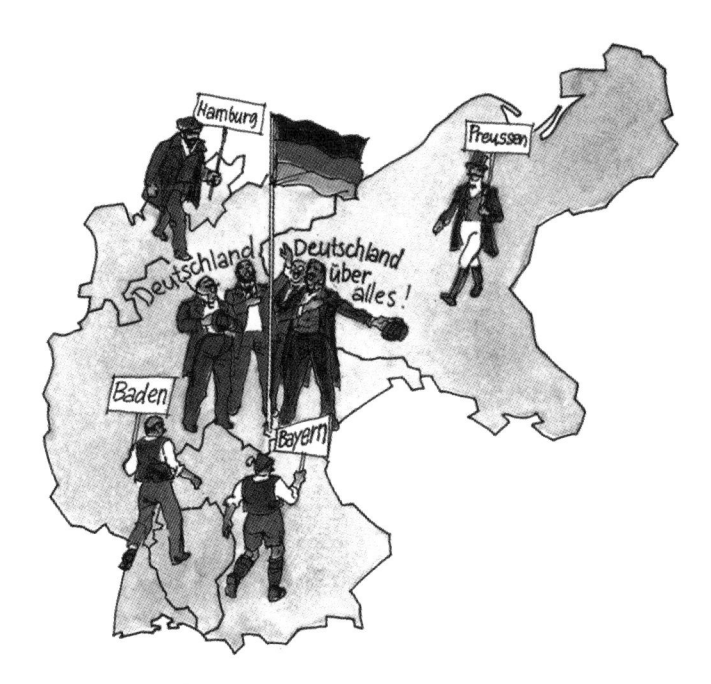

Wie	▶ Führt zu dritt einen Meinungsaustausch durch.
	▶ Stellt abwechslungsweise die unten stehenden Fragen.
	▶ Nehmt reihum Stellung und begründet die Antworten in mindestens zwei Sätzen.
	▶ Am Schluss der Fragerunde könnt ihr über die Antworten und Begründungen diskutieren, aber erst, wenn alle Stellung genommen haben.
	▶ Pro Dreiergruppe sollt ihr eine Folie gestalten, welche nach dem Meinungsaustausch im Plenum kurz gezeigt wird.
	▶ Der Meinungsaustausch und das Entwickeln der Folie sollen 25 Minuten dauern.

Was	1. Ist die Schweiz deine Heimat?
	2. Was macht die Schweiz zur Schweiz?
	3. Könnte deine Wohngemeinde auch in Deutschland liegen?
	4. Was macht Frankreich zu Frankreich?
	5. Was ist ein Nationalstaat?
	6. Gibt es positive und/oder negative Erscheinungen, wenn Leute in einem Gebiet einen Nationalstaat bilden wollen?

Quellenarbeit – notwendige und anspruchsvolle Lernform

Nur ganz selten erlebt man einen Moment, von dem man überzeugt ist, dass er «Geschichte machen» wird: Viele Leute mögen dieses Gefühl beim Anblick des ersten Menschen auf dem Mond gehabt haben oder als die Mauer in Berlin fiel. Für die später Geborenen zeugen Überreste oder Spuren von dieser Zeit. Geschichte ist uns durch Überlieferungen via Fernsehbilder oder Mauerreste vermittelt. Wenn wir heute etwas über die Vergangenheit wissen wollen, stellen wir Fragen an die mündlichen, schriftlichen oder gegenständlich-bildlichen Überreste oder Spuren. Wir haben ein Erkenntnisinteresse, und aufgrund unserer Neugier werden diese Überlieferungen zu so genannten Quellen.

Auf dem Tisch liegen die Quellenbücher, als die Klasse zum Zimmer hereinkommt. «Oh nein, nicht schon wieder...», stöhnen die Lernenden auf, als sie merken, dass es wohl heute wieder eine typische Quellenstunde geben wird. Die Schülerinnen und Schüler kennen das Muster: Sie müssen im Buch einen schwer verständlichen Text lesen, der ihre Aufnahme- und Verstandeskapazität übersteigt, anschliessend gibt es ein Blatt mit zehn Fragen, die in der Gruppe beantwortet werden sollen und die man nur beantworten kann, wenn man die Quelle mehrfach genau durchliest. Weil das kaum jemand tut, wird wissenschaftlicher Dilettantismus und Oberflächlichkeit gefördert. Schliesslich werden die Antworten in der Klasse ausgetauscht, und alle Schülerinnen und Schüler merken, dass sie alles falsch haben und der Lehrer die Antworten schon lange auf der vorbereiteten Folie hatte, welcher er auch letztes und vorletztes Jahr zeigte. So hat man wieder eine Stunde zu irgendeinem Detailthema verloren, statt sich Überblickswissen anzueignen oder die grossen Entwicklungen zu verstehen.

Ungeliebte Quellenarbeit in der Schule

Quellenarbeit erkennt man im Unterricht häufig daran, dass Lernende eigenaktiv durch Lesen und Diskutieren etwas herausfinden sollten, das andere schon lange wissen. Sie sind überfordert und langweilen sich. Quellenarbeit im Unterricht gleicht «geknackten Nüssen». Die Quellen haben nichts Geheimnisvolles, es besteht kein Interpretationsspielraum, und sie faszinieren auch nicht durch ihre Sinnlichkeit. Wenigstens bekommt man keine Stauballergie, aber diesen Vorteil wissen nur Historikerinnen und Historiker zu schätzen, die schon tagelang im Archiv unter unangenehmen Bedingungen recherchiert haben und schliesslich für ihre Ausdauer und Neugier mit einer aufregenden Entdeckung belohnt wurden. Um dies auch in schulischen Zusammenhängen zu ermöglichen, braucht es didaktische Fantasie.

Quellenarbeit als fachliches Erfordernis

Soll Geschichtsunterricht die Fähigkeit zu kritischem, reflektiertem und methodischem Geschichtsdenken aufbauen, sollen im Geschichtsunterricht die Fertigkeiten zum Umgang mit geschichtlichen Materialien und historischen Methoden entwickelt und gefördert werden, dann nimmt die Arbeit mit Quellen eine grosse Bedeutung ein.

- Quellen ermöglichen eine direkte Auseinandersetzung der Schülerinnen und Schüler mit geschichtlichen Zusammenhängen.
- Quellen sind die ursprünglichsten Aussagen über die Vergangenheit, es sind Echttexte.
- Mit Quellen wird das Ethos der Geschichtswissenschaft aufgebaut: Nur jenes Wissen ist zuverlässig und verbindlich, das durch Quellen bestätigt ist.
- Quellenarbeit fördert die Selbsttätigkeit der Schülerinnen und Schüler.
- Die Auswertung von Quellen führt zu geschichtswissenschaftlicher Methodik und zum Aufbau von Kompetenzen im Umgang mit Dokumenten.
- Quellenarbeit lässt sich gut methodisieren und ist somit übbar.

- Quellenarbeit ermöglicht das entdeckende Lernen und das «In-die-Tiefe-Gehen».
- Der Wert der Quellenarbeit liegt im Arbeitsprozess, nicht im Arbeitsresultat.
- Der Umgang mit Quellen provoziert bei Schülerinnen und Schülern Fragen.

Umgang mit Quellen

Der fachwissenschaftliche Zugang zu Quellen spielt sich in zwei Phasen ab: Die erste Phase der Quellenkritik entscheidet über den Aussagewert der Quelle, indem zum Beispiel herausgefunden werden soll, woher die Quelle stammt und unter welchen Bedingungen sie entstanden ist. Die zweite Phase der Quelleninterpretation versucht, Verständnis und Aussagegehalt der Quelle zu bestimmen und die gewonnenen Informationen zu bewerten. Kritik und Interpretation lassen sich schwer trennen, weil schon die Quellenkritik häufig Deutungen enthält.

Wenn Quellen im Unterricht eingesetzt werden, haben Lehrbuchautorinnen und -autoren oder allenfalls Lehrpersonen die Quellenkritik bereits übernommen. Um den Schülerinnen und Schülern trotzdem die Spannung oder das Mühsal der Quellenrecherche zu bieten, kann man die Quellen rekonstruieren lassen, indem man sie in Einzelteile zerschneidet und zusammensetzen lässt oder indem man Schlüsselwörter weglöscht und sie erraten lässt (vgl. Seite 111).

Ist die Quelle rekonstruiert, sind zwei Vorgehensweisen zu unterscheiden: der analytische und der handlungsorientierte Ansatz. Mit dem analytischen Ansatz wird versucht, die Verhältnisse und Entwicklungen, Strukturen und Prozesse herauszuarbeiten. Es sollen Bedingungen, Umstände, Kräfte reflektiert und neue Fragen an die Quelle herangetragen werden. Um Schülerinnen und Schüler zum Fragen zu verleiten, gibt es mehrere Möglichkeiten. Wenn die Quellen die Lernenden vom Inhalt her unmittelbar ansprechen, falls sie verständlich sind und wenn Jugendliche im Zentrum stehen, dann verleiten sie Lernende dazu, selber und von sich aus Fragen zu stellen. Man kann auch Fragen provozieren, indem man verschiedene kontroverse Quellen einander gegenüberstellt. Für die analytische Quellenarbeit in der Schule eignet sich ein vierschrittiges Fragemuster. Obwohl diese Vorgehensweise aus fachwissenschaftlicher Sicht kritisiert wurde, weil sie unhistorisch sei und verunmögliche, dass der historische Prozess in den Blick käme, kann sie in der Schule zur Schüleraktivierung dienen.

1. Worum geht es in der Quelle? Welchen Titel könnte man der Quelle geben? Welches ist die Hauptaussage der Quelle? Welches sind die Schlüsselbegriffe der Quelle?
2. Wann, von wem und für wen ist der Text verfasst worden? Welchem Zweck dient der Text? Welchen Standort nimmt der Verfasser ein?

Eydsgnössische Tagsatzung zue Baden, im Jahr 1531.

3. Was habe ich Geschichtliches aus der Quelle gelernt? Welches Wissen wurde bestätigt oder in Frage gestellt?
4. Welche Frage stellt sich mir nach dem Studium der Quelle?

Beim handlungsorientierten oder synthetischen Ansatz stehen das integrale Textverständnis und die ganzheitliche Sinnerfassung im Vordergrund. Die Lernenden sollen sich in die Akteure hineinversetzen. Hier soll Geschichte als Resultat menschlichen Wirkens verständlich gemacht werden. Bei diesem Ansatz gibt es kein einfaches Muster zum Umgang mit den Quellen; vielmehr ist die didaktische Fantasie der Lehrenden jedes Mal neu gefordert: Vielleicht kann man eine Quelle spielen, eine andere bildlich umsetzen, zu einer dritten eine Collage entwickeln (vgl. Seite 115), eine vierte in eigenen Worten neu wiedergeben usw. Dieser Ansatz taugt auch dann, wenn die Quelle so schwer verständlich ist, dass der analytische Ansatz die Schülerinnen und Schüler überfordern würde.

Einsatz von Quellen: ja oder nein?

Die Arbeit mit Quellen im Geschichtsunterricht ist wie so vieles weder das Allheilmittel noch die immer zu meidende Arbeitsform. Quellenarbeit ist bei fast allen Geschichtsthemen möglich, und Quellensammlungen bieten in der Regel eine gute Auswahl an geeignetem Material. Wann also sollen Lehrpersonen mit Quellen arbeiten? Folgende Fragen können den Entscheid für oder gegen Quellenarbeit erleichtern:

a) Spricht die Quelle die Jugendlichen unmittelbar an?
b) Kommen in der Quelle Menschen vor (oder kommt der Text nüchtern, farblos und unpersönlich daher)?
c) Hat die Quelle exemplarischen Charakter?
d) Hat die Quelle eine gewisse Länge, um Mehrschichtigkeit zu transportieren und Multiperspektivität zu erlauben?
e) Verfügen die Schülerinnen und Schüler über ein gewisses Überblickswissen oder über methodische Fertigkeiten, damit die Quellenarbeit nicht einfach zum planlosen Vermuten verkommt?
f) Ist es klar, ob der Quellentext ein Original ist oder übersetzt, gekürzt, bearbeitet?
g) Ist die Quelle anregend präsentiert, z. B. mit Bildern, sicher aber lesbar?
h) Gibt es Lernhilfen zur Quellenarbeit wie Fragen, Karten, Sekundärliteratur?
i) Ist die Quelle verständlich, z. B. durch einfache Sätze, geläufige Wörter, gegliederten Text usw.)?
j) Steigen die Lernenden wohlwollend in die Arbeit mit Quellen ein?

Wenn bei einer bestimmten Quelle die Mehrzahl der Fragen bejaht werden kann, spricht viel für den Einsatz dieser Quelle im Unterricht.

Literatur
– Hug, Wolfgang: *Geschichtsunterricht in der Praxis der Sekundarstufe I*. Frankfurt: Diesterweg, 1985 (3.)
– Pandel, Hans-Jürgen: Alte Sünden und neue Entwicklungen. In: *Lernmethoden, Lehrmethoden. Wege zur Selbstständigkeit*. Friedrich Jahresheft XV/1997. S. 63–67
– Rohlfes, Joachim: *Geschichte und ihre Didaktik*. Göttingen: Vandenhoeck und Ruprecht, 1986
– Schneider Gerhard: Über den Umgang mit Quellen im Geschichtsunterricht. In: Rohlfes J.; u. a. (Hrsg.): *Geschichtsunterricht heute. Grundlagen, Probleme, Möglichkeiten. Sammelband der Zeitschrift GWU*. Seelze-Velber: Friedrich, 1999. S. 55–72

Rekonstruktion und Analyse einer Quelle

a) Bringe die 13 Teile des Textes in die richtige Reihenfolge.

b) Analysiere den Text entlang der vier Schritte zur Quelleninterpretation.

1. auch bereits der L(öbliche) Stand Glarus diesem Wunsch seinerseits entsprochen hat,
2. auch zu eben diesem End alle provisorisch geordneten Regierungsstellen in ihren wichtigen Verrichtungen bis zur Vollendung der neuen Ordnung der Dinge keineswegs gestört werden.
3. Da Uns übrigens aus tragender Zuneigung gegen die Landschaft daran gelegen ist, dass fremde Einmischung verhütet, und gefährlicher Anarchie im Innern verborgen werde,
4. dass die Grafschaft Baden von der bisherigen Unterthanenpflicht gegen Uns auf das feyerlichste frey und ledig gesprochen,
5. für die Sicherheit aller Personen und des öffentlichen sowol, als Privat Eigenthums kräftig gesorgt,
6. mit dem einzigen Vorbehalt, dass die Art ihrer Vereinigung mit derselben, einer gemeineidgenössischen Berathung anheim gestellt bleiben solle.
7. mithin alle diejenigen oberherrlichen Rechte, die bis dahin von Uns darin besessen und ausgeübt worden, auf die Landschaft selbst übertragen,
8. Nachdem Uns bekannt geworden, dass die Grafschaft Baden fry und unabhängig zu seyn, und mit der L(öblichen) Eidgenossenschaft näher verbunden zu werden wünschen,
9. so sezen auch Wir in keinen Verschub, Uns gleichfals entsprechend dahin zu erklären,
10. so wird dieselbe unverweilt die sorgfältigsten Anstalten treffen, damit Ordnung und Ruhe bis zur Einführung einer neuen Verfassung beybehalten,
11. und dieselbe als ein wesentlicher Theil der schweizerischen Eidgenossenschaft anerkannt wird,
12. Wir die provisorischen Regierungen der beyden Stände Zürich und Bern urkunden hiermit:
13. Zu wahrem festem Urkund ist gegenwärtiges Instrument mit des Standes Zürich gewohntem Insiegel verwahrt, und von einem seiner Staatsschreiber eigenhändig unterzeichnet worden.

Bilder – Abbildung und Deutung von Realität

Das Bild wird oft als Wundermittel für einen lebendigen und anschaulichen Geschichtsunterricht gepriesen. Schülerinnen und Schüler könnten dank Bildern besser als mit der Sprache erschliessen, wie es einmal gewesen sei. Dies mag richtig sein, zumal in einer Zeit wie heute, in welcher Bilder eine derart grosse Rolle spielen. Allerdings sind Bilder keineswegs objektive Abbildungen von Wirklichkeit. Vielmehr sind sie einerseits Ausdruck der subjektiven Art und Weise, wie die Bildproduzentin, der Bildproduzent die Welt gesehen hat. Und sie sind andererseits Projektionsfläche für die Bildbetrachterin oder den Bildbetrachter: Diese laden die Bilder mit subjektiven Interpretationen auf und benützen sie, um eigene Sichtweisen und Absichten zu transportieren. Die doppelte Subjektivität im Umgang mit Bildern erfordert für den Geschichtsunterricht ein methodisch bewusstes Vorgehen.

So ist es denn auch nicht verwunderlich, dass es immer wieder Stimmen gibt, die vor dem Einsatz von Bildern im Geschichtsunterricht warnen: Bilder hätten erstens grosse Suggestivkraft. Sie erschweren einen analytischen Zugriff zugunsten des emotionalen Lernens und verstärkten eine Intellektfeindlichkeit. Sie dienten zweitens zur affektiven Ummünzung und Beeinflussung. Wer über Bilder verfüge, der habe Lenkungsgewalt darüber, wie die Gesellschaft mit ihrer Geschichte umgeht. Bilder seien drittens immer konkret und hielten nur einen Augenblick fest. Für eine Wissenschaft, deren Hauptkategorie die Zeit ist, sei das eine gravierende Amputation. Bilder verfestigten viertens Mythen. Die drei schwörenden Eidgenossen sind aus Granit, Tell lebt, der Apfel fällt, die Skepsis fehlt. Bilder reduzierten fünftens die Wirklichkeit: Eine Fotografie einer zerbombten Stadt kann schon wieder ästhetisch ansprechend sein, weil Gestank, Blut und Schmerz fehlen.

Siegeszug von Bildern

Trotz dieser vielen Vorbehalte scheint der Siegeszug von Bildern im Geschichtsunterricht ungebremst weiterzugehen. Wer heutige Schulbücher anschaut, sieht, dass im Vergleich zu früher geradezu eine Bilderexplosion stattgefunden hat: Es hat mehr Bilder als früher, sie sind grösser und farbiger! Bilder haben im Unterricht zwei Aufgaben: Sie dienen einerseits als Quellen, die neu zu gewinnende Kenntnisse und Einsichten abgeben, und andererseits als Illustrationen, die anderweitig vermitteltes Wissen visualisieren und anreichern. Im Unterrichtsalltag dominiert der illustrative Einsatz. So eingesetzt helfen Bilder, die Distanz zwischen Lerninhalt und Lernenden zu überwinden. Bilder bauen Brücken. Sie vermitteln Geschichte. Darüber hinaus werden Bildern unzählige weitere Funktionen für den Unterricht zugeschrieben: Motivation, Informationsverstärkung, Gedächtnisstütze, Illustration, Provokation, Lernaktivierung, Lernerfolgskontrolle usw.

Der Vierschritt im Umgang mit Bildern
Der Klassenraum ist verdunkelt. Jetzt schaltet der Lehrer den Hellraumprojektor an: Er zeigt eine Folie mit dem Bild «Die Lage im Ghetto» von Lea Grundig (vgl. Abbildung Seite 112). An der Tafel stehen Fragen zum Vierschritt, welchen die Schülerinnen und Schüler im Umgang mit Bildern kennen gelernt haben:

1. *Empfindungen*
   ▸ Was fühlst du beim Anblick des Bildes?
   ▸ Woran erinnert dich das Bild?
2. *Beobachtungen*
   ▸ Welche Gegenstände und Personen siehst du?
   ▸ Ist das Bild gegliedert?
3. *Vermutungen*
   ▸ Was scheint dir am wichtigsten?
   ▸ Welchem Zweck dient das Bild?
4. *Fragen*
   ▸ Was musst du wissen, um zu entscheiden, ob das Bild glaubwürdig ist?
   ▸ Welche Fragen interessieren dich?

Einmal mehr haben die Schülerinnen und Schüler Mühe, sich bei der zweiten Frage auf Beobachtbares zu beschränken. Dadurch dass der Lehrer aus einem Blatt ein «Fenster» ausgeschnitten hat, kann er das Bild abdecken und mit dem Fenster die Aufmerksamkeit auf gewisse Einzelelemente lenken: Menschen im Stacheldraht, Hände durch die Mauer, verschachtelt liegende Balken, Mann mit Schriftrolle usw. Bald schon äussern Schülerinnen und Schüler interessante Vermutungen: Die Mauer schliesst die Menschen ein. Es wird Handel getrieben. Es gibt einen Chef innerhalb der Mauern. Die Lernenden vermuten, dass einzelne versucht haben zu fliehen. Schülerinnen und Schüler beginnen, Fragen zu stellen: Wieso haben die Männer im Hintergrund Schaufeln? Was passierte mit denen, die flüchten konnten? Ist hier ein Haus zerstört worden? Wo wurden die Ghettos eingerichtet?

Einsatzmöglichkeiten
Auf diese Weise werden die Schülerinnen und Schüler aktiviert. Das Bild dient als Einstieg in das Thema. Wenn ein Bild gut gewählt ist, kann es zum Referenzpunkt für eine ganze Unterrichtseinheit werden. Das Bild dient als Anker für den Lerninhalt, und die Lernenden werden sich immer wieder daran erinnern. Bilder regen an, um darüber zu spekulieren, wie es ausserhalb des Bildes aussehen könnte. Schülerinnen und Schüler können vermuten, wie sich das auf dem Bild Dargestellte weiterentwickeln könnte, die Fortsetzung der Geschichte erzählen oder eine Bildergeschichte gestalten. Was passierte später mit den Menschen? Wo lebten sie früher? Anhand des Ghettobildes können Schülerinnen und Schüler auch versuchen, die Gedanken und Gefühle der abgebildeten Menschen nachzuempfinden. Eine ganze Reihe von Lerntätigkeiten lassen sich anhand eines Bildes anregen: Kommentieren, Hinterfragen, Erzählen, Erweitern, Ergänzen, Verändern, Deuten, Analysieren, Nachstellen, Imitieren, Hervorheben, Vereinfachen, Betexten, Bemalen, Übermalen, Betiteln, Verfremden, Umgestalten, Zuordnen, Erklären…

Man kann
▸ zu einem vorgegebenen Text Bilder suchen lassen: Wer den Aussagen von Hitler über die Erziehung Bilder zuordnet, kann dem Text eine neue Bedeutung geben, kann Gefühle ausdrücken, Meinungen visualisieren, kritisieren (vgl. Abbildung, Seite 115);
▸ Bilder reihen lassen: Die Schülerinnen und Schüler sollen Abbildungen von verschiedenen Verkehrsmitteln chronologisch ordnen;
▸ zu Bildern Titel, Texte, Tabellen oder Schaubilder entwickeln lassen;

- zu Bildern Lernaufgaben entwickeln und stellen;
- zu Gefühlen, Einstellungen, Meinungen usw. Bilder suchen und erklären;
- mit Bildergeschichten arbeiten;
- zu Themen Bilder entwickeln lassen.

Bildformen

Für den Geschichtsunterricht sind verschiedene Bildformen wichtig:

- *Karikaturen:* Sie scheinen besonders geeignet zu sein, die Lernenden intellektuell zu fordern und Erkenntnisse zu fördern. Das Verständnis von Karikaturen setzt jedoch Sachwissen voraus. Wer die karikierten Sachverhalte nicht kennt, kann mit der Karikatur wenig anfangen (vgl. S. 116).
- *Fotografien:* Seit 150 Jahren gilt die Fotografie als günstiges Mittel zur Dokumentation von Vergangenem. Eine gewisse Gefahr für die Geschichte liegt bei der Fotografie darin, dass sie so unbestechlich und sachlich-neutral erscheint, dabei natürlich auch bloss einen subjektiven Ausschnitt der Wirklichkeit darstellt. Es gibt zudem genügend Beispiele, wo Fotografien zum Zwecke der Geschichtsfälschung bearbeitet wurden. Mit der modernen Technik (Computer) geht dies noch viel leichter und raffinierter.
- *Werke der bildenden Kunst:* Hier stellt sich oft die Schwierigkeit, dass Nicht-Kunstfachleute die spezifische Formen- und Symbolsprache nicht lesen können. In besonderer Weise durchdringen sich Geschichte und Malerei in den so genannten Historienbildern, wo Geschichte für die Nachwelt festgehalten werden soll.
- *Symbole und Embleme:* Diese sind manchmal hilfreich, häufig aber für Lernende ohne Spezialwissen nicht zu interpretieren.
- *Grafiken und Schaubilder:* Diese Darstellungsform ist für den Einsatz in der Schule gut geeignet. Zwar sind die Vereinfachungen für Historikerinnen und Historiker oft kaum mehr zumutbar, dafür aber können sie Schülerinnen und Schüler lesen, weil die Komplexität reduziert wird. Für diesen Vorzug darf auch einmal der Verlust von ästhetischer Qualität in Kauf genommen werden.
- *Demonstrations- und Schulwandbilder:* Sie sind eigens für den unterrichtlichen Einsatz entwickelt worden und zeigen in der Regel eine verallgemeinernde Darstellung, aus welcher die Lernenden ein Maximum an Information herausholen können. Hier zeigt sich besonders deutlich, dass in Bildern oft Quellentreue und Erfindung, Fakten und Fiktion vermischt werden.

Gerade deswegen ist ein quellenkritischer Umgang mit allen Bildern zentral. Der oben beschriebene Vierschritt zum Umgang mit Bildern bekommt so seine besondere und herausragende Bedeutung für Geschichte allgemein.

Literatur
- Geschichte lernen, Heft 5/1988. *Bilder im Unterricht.* Seelze-Velber: Friedrich
- Höfler Alfred: *Spurensuche in Wort und Bild.* Luzern: Rex-Verlag, 1998
- Messmer, Kurt: *Geschichte im Unterricht.* Luzern: Kantonaler Lehrmittelverlag, 1981
- Pandel, Hans-Jürgen: Aufsätze zu einer Didaktik der «Bildgeschichte». In: Schönemann, B., u. a. (Hrsg.): *Geschichtsbewusstsein und Methoden historischen Lernens.* Weinheim: Deutscher Studienverlag, 1998. S. 157–168
- Rohlfes, Joachim: *Geschichte und ihre Didaktik.* Göttingen: Vandenhoeck und Ruprecht, 1986
- Weidenmann, Bernd: *Lernen mit Bildmedien.* Weinheim und Basel: Beltz, 1991
- Wilharm, Irmgard: *Geschichte in Bildern.* Pforzheim: Centaurus, 1995
- Worm, Heinz L.: *Bilder zum Geschichtsunterricht.* Neuenkirchen: Persen, 1998

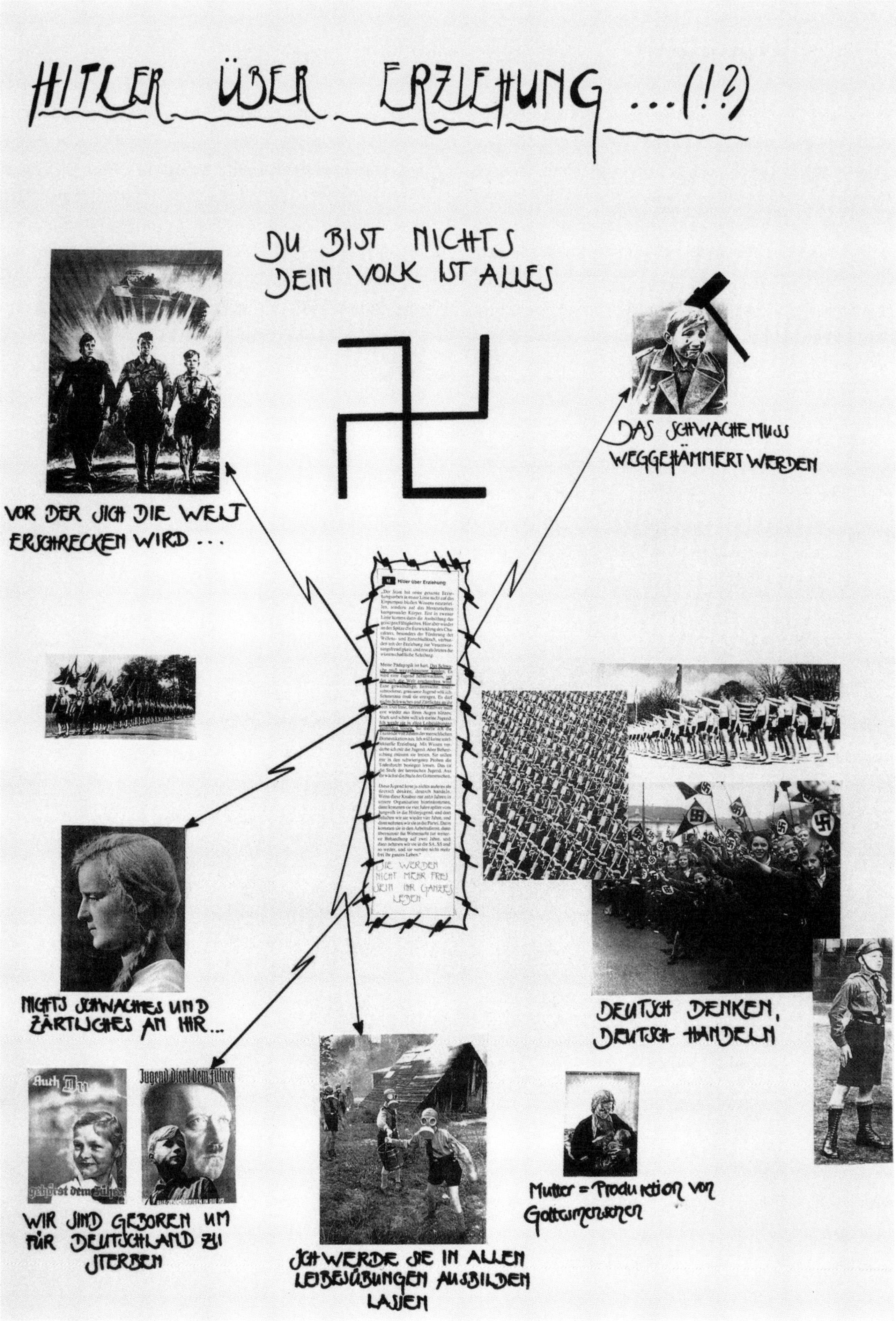

HITLER ÜBER ERZIEHUNG ...(!?)

DU BIST NICHTS
DEIN VOLK IST ALLES

VOR DER SICH DIE WELT
ERSCHRECKEN WIRD ...

DAS SCHWACHE MUSS
WEGGEHÄMMERT WERDEN

NICHTS SCHWACHES UND
ZÄRTLICHES AN IHR ...

DEUTSCH DENKEN,
DEUTSCH HANDELN

WIR SIND GEBOREN UM
FÜR DEUTSCHLAND ZU
STERBEN

ICH WERDE SIE IN ALLEN
LEIBESÜBUNGEN AUSBILDEN
LASSEN

Mutter = Produktion von
Gottesmenschen

Karikaturen – hilfreiche oder gefährliche Überzeichnungen?

Karikaturen sind modern und im Trend. Wer eine Zeitung anschaut, wird schnell Karikaturen finden. Dass Karikaturen heute solchen Erfolg haben, liegt daran, dass sie komplizierte Sachverhalte in einer einfachen Bildsprache darstellen, dass sie eine verzwickte Situation blitzlichtartig beleuchten und in aller Regel eine klare, einseitig überhöhte Position zu einer Sache einnehmen. Dadurch, dass Karikaturen Personen lächerlich machen oder durch Übertreibung und Komik Situationen parodieren, wollen sie zum Nachdenken anregen. Auf diese Weise setzen Karikaturen rationale und emotionale Kräfte frei. Durch ihren Witz kommen Karikaturen bei Schülerinnen und Schülern wie auch in einer breiteren Öffentlichkeit meist gut an.

Nicht so bei Daniel. Er schwitzt. Gerade hat er einen Briefumschlag für die mündliche Prüfung auswählen dürfen, und jetzt ist er gespannt, was für ein Thema er gezogen hat. Er öffnet das Kuvert und findet eine Karikatur. Zuerst ist er enttäuscht. Karikaturen zu interpretieren, war während der Stunde immer anspruchsvoll. Der Lehrer wollte genau das hören, was er zur Karikatur vorher im Lehrerhandbuch nachgelesen hatte. Langsam aber wird Daniels Enttäuschung durch Zuversicht abgelöst. Er betrachtet die Karikatur genauer: Zwei Männer sitzen sich am Tisch gegenüber. Sie schwitzen ebenso wie Daniel selbst: Mit dem einen Arm machen sie ein Kraftspiel und versuchen, den Arm des andern auf die Tischplatte zu drücken. Die andere freie Hand schwebt druckbereit über einem Knopf, welcher via Leitung zu einer Bombe führt. Beide sitzen sie auf der Bombe des andern. Für Daniel ist klar: Es geht um den Kubakonflikt.

Karikaturen sind ein beliebtes Mittel, um Schülerinnen und Schüler zu einer zusammenfassenden Deutung eines Themas herauszufordern. Nur wer über ein genügend grosses Sachwissen verfügt, ist in der Lage, Karikaturen zu interpretieren. Daniel hatte bei der Themenwahl Glück. Da er weiss, wie Kennedy aussieht, erkennt er ihn sofort, und weil er den Kubakonflikt gut gelernt hat, schliesst er, dass die Person gegenüber von Kennedy Chruschtschow ist. Auch erinnert sich Daniel an die Passage, wo zu lesen war, dass die Welt am Rande eines Atomkriegs stand. Jetzt erkennt er auch die Bedeutung der Bomben, auf der die beiden sitzen. Wer also auf den Knopf drückt und eine Bombe zündet, wird beide töten. Aber wäre Daniel auch auf den Kubakonflikt gekommen, wenn er Kennedy nicht gekannt hätte? Hätte er das Bild als Symbol für den Kalten Krieg interpretiert? Und wie hätte er dies gewertet?

Karikaturen – ein relativ neues Phänomen
Die grosse Verbreitung von Karikaturen heute ist geschichtlich gesehen ein relativ neues Phänomen. Zwar bediente man sich schon im antiken Ägypten der bildenden Kunst, um einen komplexen Sachverhalt anschaulicher und somit einfacher darzustellen. So wurde zum Beispiel eine Darstellung gefunden, auf welcher ein Löwe und eine Antilope Schach spielen. Erst die Möglichkeiten der Vervielfältigung durch den mechanischen Buchdruck und die Demokratisierung im 19. Jahrhundert verhalfen der Karikatur aber zum Durchbruch. Wer als Lehrerin und Lehrer Karikaturen zur Zeit davor sucht, wird wenig finden – und wenn er welche findet, bereitet die Interpretation schon ihm einige Schwierigkeiten, ganz zu schweigen von den Schülerinnen und Schülern, welche in der Regel von älteren Karikaturen überfordert sind.

Im 20. Jahrhundert werden durch Karikaturen alle möglichen Erscheinungen übertrieben dargestellt. Es gibt erstens personale Individualkarikaturen, die bekannte Leute so darstellen, dass sie eindeutig wieder erkennbar sind: Chruschtschows Glatze und Nase sowie Kennedys Haarrolle und sein Anzug machen diese klar identifizierbar (vgl. Abbildung, Seite 117). Durch die statistische Erfassung von Karikaturen während eines gewissen Zeitraumes lässt sich viel über die relevanten Themen und allenfalls den Einfluss von bestimmten Personen sagen. Zweitens gibt es personale Typenkarikaturen, die ganze Volksgruppen, Staaten, Völker auf einen typischen Vertreter dieser Gruppe hin überzeichnen: Die reichen Länder des Nordens werden gespiegelt in einem übergewichtigen, selbstzufriedenen Schlemmer, die Länder des Südens in einem unterernährten hilflosen Schwarzen (vgl. Abbildung, Seite 119). Drittens gibt es die apersonale Sachkarikatur, wo keine Personen aufscheinen. Alle Karikaturen nehmen Stellung, urteilen, werten: Das unverantwortliche Kräftespiel zwischen Grossmächten wird genauso angeprangert wie die Selbstzufriedenheit des Nordens.

Karikaturen zeichnen sich durch Verfremdung aus. Der Gourmand wird auf eine Weltkugel, die Präsidenten der Weltmächte werden auf H-Bomben gesetzt. Zusätzlich zu dieser Verfremdung wird gelegentlich mit der Verknüpfung von Text und Bild oder mit parodistischen Elementen gespielt. Allerdings lacht man bei vielen Karikaturen bloss im ersten Augenblick. Häufig bleibt einem das Lachen schnell im Hals stecken, es wird abgelöst durch Erschrecken, manchmal auch durch einen Schock. Gute Karikaturen lösen beim Betrachten zuerst Emotionen aus und regen danach den Verstand an. So wird das Gesehene und Gefühlte entschlüsselt und verarbeitet.

Gerade in der Schule besteht deshalb die Verpflichtung der Lehrpersonen, welche Karikaturen einsetzen, dass über das Amusement hinaus auch das Nachdenken gesichert wird. Geschieht dies nicht, so wird der Hauptvorzug der Karikatur – die pointierte Zuspitzung und die lehrreiche Übertreibung – zum gravierenden Nachteil der fahrlässigen Einseitigkeit und manipulierenden Überzeichnung.

Karikaturen im Unterricht
Karikaturen können im Unterricht an unterschiedlichstem Ort mit unterschiedlichsten Zielsetzungen verwendet werden.

Beliebt sind sie für einen anregenden Einstieg in ein Thema. Zu Beginn der Unterrichtssequenz über die «Dritte Welt» betrachten Schülerinnen und Schüler die Karikatur aus dem «Nebelspalter» (vgl. Abbildung, Seite 119). Sie tauschen zuerst ihre Beobachtungen aus: Der Tisch ist reich gedeckt. Der weisse Mann sieht wohlgenährt aus. Vom Stuhl des Dicken geht eine Gefängniskette zum Fuss des Schwarzen. Anschliessend formulieren die Lernenden Vermutungen: Mit dem dicken Mann sind wohl die Europäer gemeint. Der Schwarze fällt hinunter, wahrscheinlich stirbt er dabei. Er zieht dem Weissen den Stuhl weg. Dieser wird ebenfalls hinunterfallen und seinen reich gedeckten Tisch verlieren. Schliesslich werden Fragen gesammelt: Wohin fallen die beiden? Was symbolisiert die Kette am Fuss des Schwarzen? Welche Gruppen werden durch die beiden Männer dargestellt? Diese Fragen können Ausgangspunkt und Motivation für die weitere Arbeit sein. Jetzt kann die Unterscheidung in Erste, Zweite und Dritte Welt aufgezeigt und erklärt werden, und Aspekte des Welthandels lassen sich anschliessen.

Auch für die zusammenfassende Wiederholung oder Festigung eines Lerninhaltes eignen sich Karikaturen. Wer das Thema «Auf dem Weg zur einen Welt» behandelt, dabei die Entwicklung der ehemaligen Kolonialvölker zur politischen Unabhängigkeit verfolgt und auf die Benachteiligung der Entwicklungsländer hingewiesen hat, kann mit einer Karikatur die Schülerinnen und Schüler zu einer abschliessenden Zusammenfassung und zu einem eigenen Urteil zum Thema herausfordern. Durch dieses Beispiel wird klar, dass Karikaturen erst einzuordnen weiss, wer über Fachwissen verfügt. Weil Abkommen über die Festlegung von Rohstoffpreisen kaum funktionieren, weil westliche Handelsgesellschaften wichtige Warenmärkte beherrschen und die Preise diktieren, weil für Entwicklungsländer die Importe immer teurer werden, weil innerhalb der Entwicklungsländer selber grosse Ungleichgewichte bestehen, deshalb gelingt es vielen Menschen gar nicht, ihre Teller mit lebensnotwendigen Nahrungsmitteln zu füllen. Da das Bestreben, es besser haben zu wollen, nicht einschläft, kommt es zu Wanderbewegungen. Und weil die Entwicklungsländer ihre Schulden nicht zahlen können, profitieren auch die Industrieländer nicht mehr vom Handel, sie setzen ihre Produkte nicht mehr ab, es kommt zu Arbeitslosigkeit usw.

Karikaturen können auch zur Erarbeitung eines Lerninhaltes in der Hauptphase des Unterrichtes verwendet werden. Durch Vergleich verschiedener Karikaturen im Lehr- oder Gruppengespräch können Schülerinnen und Schüler zu historischen Erkenntnissen gelangen. Oft bietet es sich auch an, Quellen und Karikaturen zu verknüpfen oder Arbeitsaufträge mit gezielten Fragen zu formulieren. Mit Karikaturen sollen Schülerinnen und Schüler lernen, sowohl analytisch wie handlungsorientiert umzugehen. Für den analytischen Umgang eignen sich dieselben Fragen wie bei Bildern. Besonderes Gewicht soll allerdings auf die Frage der symbolischen Bedeutung der Zeichen und auf die vom Zeichner oder von der Zeichnerin beabsichtigte Aussage gelegt werden. Wer als Lehrperson Lernende zum handlungsorientierten Umgang mit Karikaturen anregen will, wird diese einladen, Karikaturen zu verändern, neu zu zeichnen, mit Textblasen zu versehen, in ein grösseres Umfeld zu setzen oder eine Bildfolge zu entwickeln.

Wachsende Gruppe
Karikaturen regen an. Auf Karikaturen reagieren verschiedene Schülerinnen und Schüler ganz unterschiedlich. Deshalb ist es wichtig, der individuellen Auseinandersetzung mit der Karikatur Raum zu geben. Gleichzeitig aber wird erst ein Austausch mit andern das eigene Nachdenken verstärken und die eigenen Wertungen relativieren oder bestätigen. Eine Lernsituation, die beides erlaubt – sowohl die individuelle Auseinandersetzung wie auch den Austausch in der Grossgruppe –, ist die «Wachsende Gruppe» (vgl. Beispiel auf der folgenden Seite).

Literatur
- Knoll, Jörg: *Kurs- und Seminarmethoden*. Weinheim; Basel: Beltz, 1999 (8.)
- Krüger, Herbert; u. a. (Hrsg.): *Geschichte in Karikaturen. Von 1848 bis zur Gegenwart*. Stuttgart: Reclam, 1981
- Marienfeld, Wolfgang; u. a.: Politische Karikaturen. In: *Geschichte lernen, Heft 18/1990*. S.13 – 21

«Wachsende Gruppe» zur Karikatur «Erste und Dritte Welt»

Besprecht zuerst in der Zweiergruppe folgende Fragen. Haltet eure Antworten in Stichworten fest.
1. Was ist auf dem Bild zu sehen? Nennt verschiedene Elemente und beschreibt sie kurz.
2. Was scheint euch am wichtigsten zu sein?
3. Welche Symbolbedeutung haben die Zeichen? Wofür stehen die verschiedenen Elemente?

Bildet jetzt eine Vierergruppe. Tauscht zuerst eure Antworten zu den ersten drei Fragen aus und diskutiert dann die folgenden Fragen:
4. Was vermutet oder wisst ihr zum Dargestellten? Auf welche Situation bezieht sich die Karikatur?
5. Welchem Zweck dient die Karikatur? Was will sie aussagen?
6. Welche Fragen habt ihr nach dem Betrachten der Karikatur?

Schliesslich findet ihr euch zu einer Achtergruppe zusammen. Tauscht wiederum eure Antworten zu den Fragen 4 bis 6 aus.
7. Welches ist für euch die wichtigste Frage, zu der ihr gerne mehr Informationen hättet und an der ihr weiterarbeiten möchtet?

Comics – naive und vordergründige Schundliteratur?

Ein Comic ist eine Abfolge von Bildern, die in einem direkten Handlungszusammenhang stehen. Dabei werden Information und Handlung sowohl über das Bild wie auch über den begleitenden Text (Informationstext und Sprechblase) vermittelt. Dadurch stehen Comics in einer gewissen didaktischen Verwandtschaft mit der Erzählung und mit der Karikatur, die beide für den Geschichtsunterricht von zentraler Bedeutung sind. Der Unterschied zur herkömmlichen Erzählung liegt in einem Comic darin, dass die Bilder starke, suggestive Sinnträger sind. Der Unterschied zur Karikatur ist, dass ein einzelnes Bild für die beabsichtigte Aussage nicht ausreicht. Das Einzelbild bleibt Anekdote, die Bildfolgen aber lassen eine Geschichte anschaulich aufleben. Und wer möchte das nicht: Geschichte anschaulich vermitteln?

Die vier Schülerinnen und Schüler sitzen in der Leseecke des Schulzimmers und studieren je einen Comicband. Sie beschäftigen sich in einer Lernwerkstatt zum Thema «Helvetik» mit der Station «Meyer und Meyer». Rolf ist schon auf Seite 44 (vgl. Abbildung, Seite 121) und jetzt soll er mit der Gruppe herausfinden, wer am 12. April in Aarau einen neuen Staat verkündet hat und wie dieser Staat hiess. Zudem erhielten sie den Auftrag, diesen neuen Staat mit drei Sätzen zu beschreiben. Rolf fragt zuerst Daniel, ob er auch schon auf Seite 44 sei. Dieser ist zwar noch nicht so weit, aber er macht wie die andern gerne eine Lesepause und versucht, die Fragen zu beantworten. Den Namen des Mannes, welcher vom Balkon aus den Staat proklamiert, finden sie nicht heraus. Susi schlägt vor, im Lexikon nachzuschlagen. Sie findet schnell den Namen Peter Ochs. Daniel bemerkt, dass sich dieser Name im folgenden Bild befindet und amüsiert sich über den Ausruf «Es lebe der Bürger Senatspräsident Peter Ochs!». So geschwollen würde heute niemand mehr reden. Zudem moniert er, dass sie sich eigentlich den Umweg über das Lexikon hätten sparen können. Susi aber ist froh, ein Lexikon zur Hand zu haben, welches das Lösen der andern Aufgaben erleichtert. Rolf fügt an, dass in ihrer Beschreibung des Staates sicher die Begriffe «unteilbar», «demokratisch» und «repräsentativ» vorkommen sollten, weil sie in der Sprechblase auftauchen und weil der Lehrer sicher aus diesem Grund drei Sätze verlangt hat. Rolf protokolliert die Antworten, während Susi schon am Weiterlesen ist und sich aufregt, dass dieser Macho Mengaud die Frauen ausnützt und ihnen natürlich noch kein Stimmrecht geben will...

Comics als Lockvogel für Jugendliche

Bisher spielten Comics im Geschichtsunterricht kaum eine Rolle. Dies ist erstaunlich, wenn man bedenkt, dass heutzutage viele Jugendliche gerne Comics lesen. Es gibt zum Beispiel kaum noch Jugendliche, die Asterix und die Römer nicht kennen. Mit dieser Lektüre bauen sie sich ganz bestimmte Vorstellungen über die Antike auf. Hinzu kommen viele andere Comic-Alben, die sich zu Publikumsmagneten und Kultbüchern entwickeln. Kaum eine grössere Buchhandlung oder Schulbibliothek kann heute noch auf Comics verzichten, wenn sie jüngere Leserinnen und Leser anlocken will.

Vielleicht hängt die Ablehnung von Comics mit dem hartnäckigen Vorurteil zusammen, Comics böten vor allem Schund. Natürlich besteht die Gefahr, dass sich Jugendliche durch eine vordergründige Darstellung oder gewalttätige Geschichte überwältigen lassen. Da es aber viele Comicproduzierende mit dem historischen Umfeld genau nehmen, ist es durchaus möglich, dass die Leserinnen und Leser beiläufig sehr viel über die Geschichte erfahren. So sind in den Asterix-Bänden sowohl die Fusssandalen der Römer als auch der Topfhelm der Gallier historisch verbürgt. Auch die Streifen bei Obelix' Beinkleidern lassen sich mit Quellen belegen. Comics werden aber für den Geschichtsunterricht nicht verwendet, um Schülerinnen und Schülern diese Details beizubringen. Sie dienen viel eher als Motivation zur vertieften Beschäftigung mit Geschichte und dazu, die geschichtliche Vorstellungskraft der Schülerinnen und Schüler anzuregen.

C'était la guerre des tranchées

Was es bedeutete, im Ersten Weltkrieg Monate und Jahre in Gräben zu kämpfen, zu essen und zu schlafen, vermag sich heute kaum mehr jemand vorzustellen. Die Schwarz-Weiss-Bilder von Jacques Tardi fangen die Situation glaubwürdig ein. Tardi zeichnet Episoden von grosser Eindringlichkeit des Grabenkrieges im Ersten Weltkrieg. Keine Hauptfigur, kein Held führt durch die Geschichte. Es ist das Leben der Menschen in dieser speziellen Situation, welches im

Zentrum dieses französischsprachigen Comicbandes ist. Da die Sprache einfach, klar und korrekt ist, eignet sich dieser Comic ausgezeichnet für den fächerverbindenden Geschichtsunterricht (vgl. Abbildung). So wie im Deutschunterricht in der Klasse ein ganzes Buch gelesen wird, so kann dies in Geschichte (oder in Französisch) begleitend zum regulären Unterricht geschehen. Natürlich sind auch andere Formen des Einsatzes dieses Comicbandes denkbar, zum Beispiel in einer Lernwerkstatt. Die Comicstationen in Lernwerkstätten sind bei den Jugendlichen sehr beliebt. Da es zu vielen Themen geeignete Comics gibt, ist es meistens möglich, eine Station mit Comics zu gestalten. Wenn mehrere Einzelexemplare von einigen ausgewählten Comics im Geschichtszimmer stehen, dann können Schülerinnen und Schüler diese während der Pausen oder wenn sie ihre Arbeit erledigt haben, lesen und anschauen. Trotz einiger Vorbehalte von Comicliebhabern, die glauben, der Charakter eines Werkes werde zerstört, wenn bloss einzelne Bilder im Unterricht eingesetzt würden, ist es oft eine gute Lösung, Ausschnitte aus Comics zu zeigen. Dies kann als Impuls in der Motivationsphase, als ergänzende oder kontrastierende Darstellung in der Erarbeitungsphase, als Provokation in der Festigungsphase oder als Variante in der Erweiterungs- oder Vertiefungsphase dienen.

Selber Comics zeichnen

Manchmal wird sich auch die Gelegenheit ergeben, dass Schülerinnen und Schüler selber einen Comic entwickeln, z. B. während einer speziellen Projektwoche oder aus Anlass eines Jubiläums. Als Ausgangspunkt kann eine Quelle oder eine Erzählung dienen. Auch Bilder eignen sich, um von ihnen ausgehend eine Geschichte vorwärts oder rückwärts weiterzuentwickeln. Die Herstellung des Comics kann arbeitsteilig oder arbeitsgleich erfolgen. Natürlich eignen sich auch einzelne geschichtliche Episoden zur gestalterischen Umsetzung in einen Comic. Oft allerdings brauchen die Lernenden Hilfestellungen, seien es Bildvorlagen, um die historische Wirklichkeit besser einzufangen, seien es gestalterische Hinweise, um die Handlung besser in die Bildsprache umzusetzen. Wer hier Ansprüche stellt, der wird das Projekt zur Entwicklung eines Comics vielleicht fachverbindend mit dem Bildnerischen Gestalten oder dem Zeichenunterricht konzipieren.

Literatur
– Geschichte lernen. Heft 37/1994. *Geschichte im Comic.* Seelze-Velber: Friedrich
– Pandel, Hans-Jürgen: Visuelles Erzählen. In: Pandel, Hans-Jürgen; Schneider, Gerhard (Hrsg.): *Handbuch Medien im Geschichtsunterricht.* Düsseldorf: Schwann, 1986 (2). S. 389–408

Comics für den Geschichtsunterricht

Antike
- Burgler, Edgar: *Le convoi*. Genf: Edition Lied, 1983
- Convard: *Eterna*. Hamburg: Carlsen. 1996
- Goscinny und Uderzo: *Asterix bei den Schweizern*. Stuttgart: Delta, 1996
- Goscinny und Uderzo: *Asterix…* (z. B. Legionär, Gladiator, Kleopatra, Goten, Olymp. Spiele usw.)
- Munzlinger, Tony; Zink, Anton: *Unterwegs mit Odysseus*. Köln: vgs, 1981
- Simko, Dorothée und Roloff: *Prisca und Silvanus I: Unruhige Zeiten in Augusta Raurica*. Augst: Römermuseum Augst, 1995
- Simko, Dorothée und Roloff: *Prisca und Silvanus II: Die Zerstörung von Augusta Raurica*. Augst: Römermuseum Augst, 1996

Mittelalter
- Bory, Jean-René; u. a.: *Schweizer Geschichte I. Von der Steinzeit (…)*. Neuenburg: Delachaux & Niestlé, 1982
- Bory, Jean-René; u. a.: *Schweizer Geschichte II. Von Burgund (…)*. Neuenburg: Delachaux & Niestlé, 1982
- Bünzli, Frida; Illi, Martin: *Hirsebarden und Heldenbrei*. Bern: Zytglogge, 1995
- Burgler, Edgar: *L'affaire du Morgarten*. Genf: Edition Lied, 1988
- Forster, Harold R.: *Prinz Eisenherz*. Hamburg: Carlsen, 1987 ff.
- Heinzer, Peter; Strebel, Guido: *Globi und Wilhelm Tell*. Zürich: Globi-Verlag, 1991
- Huppen, Hermann: *Die Türme von Bos-Maury*. Hamburg: Carlsen, 1987 ff. (z. B. Band 7: Williams Irrweg)

Neuzeit
- Balli, D.; Kirchhofer, M.: *Zschokkes Haus*. Buchs: Lehrmittelverlag des Kantons Aargau, 1998
- Bourgeon: *Reisende im Wind*. Hamburg: Carlsen, 1991 (5 Bände)
- Cothias, Patrick; Millard, André: *Die 7 Leben des Falken*. Hamburg: Carlsen, 1997
- Fürst, Ursula: *Die Ballade von der Typhoid Mary*. Zürich: Edition moderne, 1990
- Gloor, Reto; Kirchhofer, Markus: *Matter*. Zürich: Edition moderne, 1992
- Gloor, Reto; Kirchhofer, Markus: *Matter entZWEIt*. Zürich: Edition moderne, 1993
- Gloor, Reto; Kirchhofer, Markus: *Meyer & Meyer*. Zürich: Edition moderne, 1996
- Guth; u. a.: *Simplicissimus*. München: Splitter, 1995
- Liechti, Stephan; Volz, Bettina: *Patrioten, Chaoten, Idealisten*. Basel: Merian-Verlag, 1998
- Mattoti, L.; Zentner, J.: *Caboto*. Thurn: Edition Kunst der Comics, 1992
- Maurer, Sibylle; Koller, Ursula: *Leila, Luk + Leu*. Baden: Baden-Verlag, 1997
- Nussbaumer, Erich L.; Putzker, Ronald: *Einsam stirbt Kolumbus*. Hamburg: Comicplus+, 1992
- Sambal Oelek: *Dufour*. Zürich: Edition moderne, 1998

20. Jahrhundert
- Boucq/Charyn: *Teufelsmaul*. Thurn: Edition Kunst der Comics, 1990
- Christin, P.; Bilal, E.: *Treibjagd*. Hamburg: Carlsen, 1983
- Cothias, Patrick; Gillon, Paul: *Der Schrei nach Leben*. Hamburg: Comicplus+, 1988 (2 Bände)
- Eisner, Will: *Im Herzen des Sturms*. Stuttgart: Feest, 1992 (2 Bände)
- Kubert, Joe: *Fax aus Sarajewo*. Hamburg: Carlsen, 1996
- Spiegelmann, Art: *Maus I und II*. Reinbek: Rowohlt, 1989
- Tardi, Jacques: *C'était la guerre des tranchées*. Tournai: Castermann, 1993

Film und Video – populäre Medien der Geschichtsvermittlung

Wer heute untersucht, wodurch Geschichtsbewusstsein bei Jugendlichen geprägt wird, erkennt bald, dass Film und Video einen grossen Einfluss haben. Über die Judenvernichtung wissen Jugendliche aus dem Fernsehen Bescheid, Kolumbus kennen sie aus dem Kino, ebenso die Indianer, die Dinosaurier und die Titanic. Die Höhlen von Lascaux und die antiken Bauten von Athen haben sie via Internet besucht. Wenn früher die mündliche Überlieferung das bestimmende Aufzeichnungs- und Darstellungsmittel von Geschichte war, und heute schriftliche Unterlagen sowohl die Geschichtswissenschaft als auch den Geschichtsunterricht dominieren, so könnten dies in Zukunft Film und Video sein.

Dass sich der Umgang mit Film und Video in der Schule rasant geändert hat, zeigt ein kurzer Blick zurück: Noch in den Siebzigerjahren sahen Schülerinnen und Schüler im Verlauf ihrer Schulzeit nur wenige Filme. Kurz vor Schulaustritt durften sie vielleicht zum Abschluss und als Höhepunkt des Geschichtsunterrichts mit ihren Lehrpersonen ins Kino und sich den Film «Der längste Tag» anschauen. Dazu wurde etwa einmal pro Jahr in der Aula auf dem 16-mm-Projektor ein Film vorgeführt. Dann kam Video. In den Achtzigerjahren gelang es, durchs blosse Hineinrollen oder Hineintragen der Videoabspieleinheit ins Zimmer die Aufmerksamkeit der Schülerinnen und Schüler zu gewinnen und gesteigerte Motivation zu erwirken: Welchen Film dürfen wir schauen? Heute haben viele Jugendliche zu Hause selber ein Videoabspielgerät, und viele verbringen einen grossen Teil ihrer Freizeit mit Video und vor dem Computer, wo ebenfalls kleine Filmsequenzen angeschaut werden. Seit es zu vielen Themen eigens produzierte Unterrichtsfilme gibt, welche dank der professionellen didaktischen Ausgestaltung mehr zu erklären vermögen als viele Geschichtsstunden, ist der Einsatz von Video und Film im Unterricht etwas Alltägliches geworden: Nach einer kurzen Einleitung verdunkelt die Lehrperson per Knopfdruck das Zimmer, holt die Fernbedienung hervor – et voilà: Der Filmausschnitt über die Landung von Kolumbus in Amerika läuft (sofern nicht gerade die Batterie bei der Fernbedienung fehlt oder das Videoband ohne Wissen der Lehrperson zurückgespult hat oder der Ton ausgefallen ist oder das Gerät falsch verkabelt wurde…). Das Videogerät gehört mittlerweile zum unentbehrlichen Handwerkszeug für den Geschichtsunterricht.

Der Dokumentarfilm als geschichtliche Quelle
Film- und Videosequenzen können als Quellen von grossem Nutzen im Geschichtsunterricht werden:
▶ Sie zeigen «Wirklichkeit» in einer Komplexität, der verbale Beschreibung oder Erzählung nicht gerecht werden können. Das ist ein Vorteil, weil so auch Stimmungen vermittelt werden. Es kann ein Nachteil sein, weil Komplexität bei der Vermittlung oft die Lernenden überfordert.
▶ Sie zeigen «Wirklichkeit» in einer grossen Direktheit. Das ist ein Vorteil, weil bekanntlich ein Bild mehr sagen kann als tausend Worte. Es kann ein Nachteil sein, weil die Direktheit (Bilder aus Vernichtungslagern) schockieren und abstumpfen kann. Bilder überwältigen auch. Oft können sich Erwachsene an Ängste erinnern, von denen sie als Jugendliche nach dem Anschauen eines Filmes ergriffen wurden.

- Filme und Bilder liefern unter Umständen objektivere Informationen, u.a. weil Dinge gezeigt werden, die dem Kameramann oder den Augenzeuginnen unwichtig erscheinen.
- Sie ermöglichen den Einblick in Geschehnisse vergangener Zeiten oder entfernter Orte, die für Lernende sonst unzugänglich oder nicht erreichbar wären: eine Demonstration im Iran, ein Vulkanausbruch vor 10 Jahren, der Grabenkrieg usw.

Andererseits müssen quellenkritische Bedenken den Einsatz von Filmen und Videos begleiten:
- Auch bewegte Bilder zeigen immer nur einen Ausschnitt der Wirklichkeit, was man allzu oft vergisst.
- Diese Begrenzung des Bildausschnittes kann subjektiv gewollt sein. Der Kameramann filmt prügelnde Polizisten und lässt die provozierenden Demonstranten weg.
- Bilder geben nur Sichtbares wieder. Gedanken können nicht direkt aufgezeigt werden.
- Die Unterscheidung zwischen Dokumentation und Fiktion ist nicht immer leicht. Aufnahmen sind oft gestellt. Schon zu Beginn der Filmgeschichte wurde dieses Spannungsfeld Dokumentarfilm (Nonfiction) – Spielfilm (Fiction) zum Thema: Während einzelne Produktionsfirmen ihre Filmleute in den Burenkrieg oder andere Krisengebiete schickten, um authentische Bilder zu bekommen, beschlossen andere aus praktischen und ökonomischen Gründen, etwa die Schlacht von Transvaal in New Jersey nachzustellen.
- Das Aufstellen einer Kamera verändert die zu filmende Situation gelegentlich radikal.

Im Geschichtsunterricht dienen oft Ausschnitte aus aktuellen Sendungen wie zum Beispiel die «Tagesschau» oder «10 vor 10» als Quellen. Für die Geschichte des 20. Jahrhunderts existieren eine Reihe von filmischen Quellendokumenten, welche für die Vermittlung dieser Epoche von grossem Wert sind (Holocaust, Kriege, Alltagsgeschichte usw.). Einem breiteren Publikum allerdings begegnet die Geschichte in erster Linie im historischen Spielfilm. Auch für den Geschichtsunterricht der Sekundarstufe I eignen sich aus didaktischen Überlegungen oft Spielfilme besser.

Der Spielfilm als Geschichtserzählung

Ähnlich wie der historische Roman setzt der Spielfilm eine spannende Handlung vor einen historischen Hintergrund. Er arbeitet mit den Mitteln von Personifizierung und Dramatisierung und entwickelt sich entlang einer exemplarischen Gegebenheit. So werden die Gefühle der Zuschauerinnen und Zuschauer angesprochen. Dabei kommt es zunächst nicht unbedingt auf historische Genauigkeit an. Es gibt aber auch Regisseure und Produzentinnen, die sich aus Besessenheit, Stolz, Verpflichtung oder Ehrgeiz heraus um geschichtliche Authentizität bemühen. Solche Realitätsnähe kann ebenso eindrucksvoll wie lehrreich sein. Dem Spielfilm gelingt es im Vergleich zu Geschichtstexten besser, die historische Wahrheit von Ereignissen eindrücklich und ganzheitlich darzustellen.

Didaktische Faustregeln
- Geschichtsunterricht hat als zentrale Aufgabe, Multiperspektivität zu fördern. So ist vor allem

dann sinnvoll im Geschichtsunterricht eine Filmsequenz zu zeigen, wenn anschliessend den Schülerinnen und Schülern bewusst gemacht wird, dass das Gesehene auch anders hätte dargestellt werden können. Es lohnt sich, die Darstellung der Landung von Kolumbus in Amerika im Film und auf verschiedenen Bildern zu vergleichen.
- Eine andere wichtige Aufgabe des Geschichtsunterrichts besteht darin, einen quellenkritischen Umgang mit Filmdokumenten zu fördern. Die Lehrperson sollte eine gezeigte Filmsequenz nicht isoliert stehen lassen, sondern mit der Klasse darüber sprechen, wer den Film aus welchem Beweggrund produziert hat.
- Oft hilft eine Abschrift von einzelnen Gesprächspassagen, welche die Schüler vor oder nach der Visionierung lesen, um ein inhaltliches Gespräch in Gang zu bringen (vgl. Textauschnitt zu «Im Westen nichts Neues», Seite 127).
- Wie beim Umgang mit Bildern bewährt sich auch bei Filmen der Vierschritt Empfindungen–Beobachtungen–Vermutungen–Fragen, um historisches Lernen zu ermöglichen.
- Wichtige Videogerätetasten im Geschichtsunterricht sind die Pausen- und die Rücklauftasten. Erst die gestoppte Bilderflut und allenfalls zweimaliges Anschauen ermöglichen eine Entwicklung der Reflexionskompetenz.
- Es ist ratsam, Videosequenzen, die länger als 20 Minuten dauern, nur in gut überlegten Ausnahmefällen zu präsentieren.
- Eine weitere wichtige Videogerätetaste beim Vorbereiten von Geschichtsunterricht ist die «Tonweg-Taste». Nur wenn der Film ohne Ton einen Beitrag zum Geschichtsunterricht leisten kann, ist sein Einsatz (durchaus auch mit Ton) gerechtfertigt.
- Im Unterricht sollten keine Videosequenzen gezeigt werden, die nicht durch die Lehrperson vorher angeschaut wurden. Es gilt immer wieder abzuschätzen, ob den Jugendlichen die Bilder zugemutet werden können. Niemals sollte die Lehrperson allfällige Ängste übergehen oder Jugendliche sogar dazu zwingen, einen Filmausschnitt anzuschauen.
- Filmsequenzen im Geschichtsunterricht sollten nicht zu kurz sein, damit ein Sicheinlassen auf die Bilder möglich wird und damit nicht Details oder der Ton zu grosses Gewicht bekommt.

Schülerinnen und Schüler produzieren Videos

Auf viele Jugendliche übt es eine grosse Faszination aus, wenn sie gefilmt werden oder selber filmen können. Gelegentlich kann man als Geschichtslehrperson diese Motivation durchaus auch für das Fach nutzen. Rollenspiele zu einer geschichtlichen Begebenheit können auf Video aufgenommen und dann entlang geschichtlicher Fragestellungen ausgewertet werden. So können Schülerinnen und Schüler zu Beginn einer Unterrichtseinheit ihre Ideen und ihr Vorwissen gestalterisch umsetzen. Vielleicht ergibt es sich auch während Projektwochen, dass Lernende selber Kurzfilme zu einem geschichtlichen Thema produzieren. Auch hier kann man als Lehrperson grosse Überraschungen erleben: Wenn Schülerinnen und Schüler ihrem Hobby in schulischen Zusammenhängen nachgehen dürfen, dann können Filme entstehen, die sich sogar für die öffentliche Ausstrahlung eignen.

Literatur
- Geschichte lernen, Heft 42/1994. *Geschichte im Film*. Seelze-Velber: Friedrich
- Rohlfes, J.; u. a.: *Umgang mit Geschichte. Tempora. Historisch-politische Weltkunde*. Stuttgart: Klett, 1992
- Kittelberger, R.; Freisleben, I.: *Lernen mit Video und Film*. Weinheim und Basel: Beltz, 1991
- Klepper, Martin: Schüler produzieren Videos. In: *Geschichte, Erziehung, Politik, Heft 8/1997*. S. 151–156
- Meyers, Peter: *Film im Geschichtsunterricht*. Frankfurt am Main: Diesterweg, 1998

**Textausschnitt aus «Im Westen nichts Neues»
von Erich Maria Remarque**

Lies vor der Filmbetrachtung folgenden Textausschnitt durch und überlege dir, wo und wie dieser Ausschnitt filmisch umgesetzt werden könnte.

Tjaden erscheint wieder. Er ist noch immer angeregt und greift sofort wieder ins Gespräch ein, indem er sich erkundigt, wie überhaupt ein Krieg entstehe. «Meistens so, dass ein Land ein anderes schwer beleidigt», gibt Albert mit einer gewissen Überlegenheit zur Antwort. Doch Tjaden stellt sich dickfellig: «Ein Land? Das verstehe ich nicht. Ein Berg in Deutschland kann doch einen Berg in Frankreich nicht beleidigen. Oder ein Fluss oder ein Wald oder ein Weizenfeld.» «Bist du so dämlich oder tust du nur so?», knurrt Kropp. «So meine ich das doch nicht. Ein Volk beleidigt das andere.» «Dann habe ich hier nichts zu suchen», erwidert Tjaden, «ich fühle mich nicht beleidigt.» «Dir soll man nun was erklären», sagt Albert ärgerlich, «auf dich Dorfdeubel kommt es doch dabei nicht an.» «Dann kann ich ja erst recht nach Hause gehen», beharrt Tjaden, und alles lacht. «Ach Mensch, es ist doch das Volk als Gesamtheit, also der Staat», ruft Müller. «Staat, Staat» – Tjaden schnippt schlau mit den Fingern – «Feldgendarmen, Polizei, Steuern, das ist euer Staat. Wenn du damit zu tun hast, danke schön.» (...) «Richtig, aber bedenk mal, dass wir fast alles einfache Leute sind, und in Frankreich sind doch die meisten Menschen auch Arbeiter, Handwerker oder kleine Beamte. Weshalb soll nun ein französischer Schlosser oder Schuhmacher uns angreifen wollen? Nein, das sind nur die Regierungen. Ich habe nie einen Franzosen gesehen, bevor ich hierher kam, und den meisten Franzosen wird es ähnlich mit uns gehen. Die sind ebenso wenig gefragt wie wir.» «Weshalb ist dann überhaupt Krieg?», fragt Tjaden.

Kat zuckt die Achseln. «Es muss doch Leute geben, denen der Krieg nützt.» «Na, ich gehöre nicht dazu», grinst Tjaden. «Du nicht, und keiner hier.» «Wer denn nur?», beharrt Tjaden. «Dem Kaiser nützt er doch auch nicht. Der hat doch alles, was er braucht.»

Diskutiert nach der Filmbetrachtung in der Klasse folgende Fragen:
▶ *Entsprach die Filmgestaltung euren Erwartungen? Wenn nicht, was hättet ihr anders dargestellt?*
▶ *Welche Bilder und Sätze sind euch in Erinnerung geblieben? Was ist für euch wichtig?*
▶ *Welchen Titel würdet ihr dem gezeigten Ausschnitt geben?*

«Das sag nicht», entgegnet Kat. «Einen Krieg hat er bis jetzt noch nicht gehabt. Und jeder grössere Kaiser braucht mindestens einen Krieg, sonst wird er nicht berühmt. Sieh mal in deinen Schulbüchern nach.» «Generale werden auch berühmt durch den Krieg», sagt Detering. «Noch berühmter als Kaiser», bestätigt Kat. «Sicher stecken andere Leute, die am Krieg verdienen, dahinter», brummt Deterin. «Ich glaube, es ist mehr eine Art Fieber», sagt Albert. «Keiner will es eigentlich, und mit einem Male ist es da. Wir haben Krieg nicht gewollt, die anderen behaupten dasselbe – und trotzdem ist die halbe Welt feste dabei.»

Lieder – Schlüssel zum Verständnis von Epochen

Musik begleitet Jugendliche in vielen Lebenssituationen. Oft werden besonders glückliche oder traurige Momente mit einem Lied verknüpft, weil hier die Gefühle stimmig ausgedrückt erscheinen. Gruppen brauchen Lieder, um ihre Identität darzustellen: Während die Nationalhymne der Volksrepublik China zum Aufstand aufruft – «Steh auf! Wir wollen keine Sklaven sein!» –, beschwört diejenige von Grossbritannien das Bewahrende – «Gott, schütz die edle gnädige Königin, lang lebe sie.» Lieder können als Schlüssel zum Verständnis von Epochen dienen, weil sie mit Melodie und Text sowohl die Gefühle als auch den Intellekt ansprechen.

Die Klasse hört überrascht französische Chansons, als sie ins Geschichtszimmer kommt. Einige Schülerinnen und Schüler haben eher einen Videoausschnitt von den Luftangriffen auf Belgrad erwartet, den sie gestern Abend schon in der Tagesschau gesehen haben. Eigentlich können sie sich darauf verlassen, dass die Lehrperson aktuelle zeitgeschichtliche Geschehnisse in den Unterricht einbaut, aber heute scheint der neu aufgeflammte Konflikt zwischen der Nato und Jugoslawien kein Thema zu sein. Oder doch? Worum geht es eigentlich im Lied? Der Lehrperson ist es gelungen, Neugier zu wecken. Sie verteilt den Adjektivzirkel (vgl. Seite 130), auf welchem die Schülerinnen und Schüler das Chanson charakterisieren sollen. Erstaunlicherweise sind die Beschreibungen höchst unterschiedlich. Bei der Diskussion zeigt es sich, dass diejenigen, welche «kriegerisch», «kraftvoll» oder «düster» angekreuzt haben, offenbar durch ihr Verständnis von einigen Textbrocken geleitet wurden. Die Übersetzung macht schliesslich allen klar: Es geht um einen Dienstverweigerer (vgl. Seite 131). Und plötzlich wird der Zusammenhang mit der aktuellen Geschichte deutlich. Gibt es Gründe, einen Marschbefehl zu missachten und den Menschen zu sagen: «Verweigerts Militär»?

Politische Lieder

Lieder haben politische Wirkung. Als 1983 der Kabarettist Franz Hohler das Lied vom «Dienstverweigerer» in einer Fernsehsendung singen wollte, wurde die Sendung kurzerhand vom Programm gestrichen. Lehrpersonen wurden entlassen, weil sie das Chanson von Boris Vian im Unterricht mit den Schülerinnen und Schülern gelesen haben. Während des Vietnamkrieges entstanden eine Vielzahl von Protestsongs. Einige Beispiele sind die bekannten Songs von Bob Dylan, The Doors, County Joe & The Fish. Am berühmtesten ist die Interpretation der amerikanischen Nationalhymne durch Jimi Hendrix. Politische Lieder haben eine lange Tradition. Während der Französischen Revolution wurden im Nationalkonvent Klagelieder vorgetragen. Überhaupt war diese Zeit ein Höhepunkt der politischen Lieder. Wer in der Schule die Französische Revolution behandelt, findet fast zu jeder Phase ein Lied. Die «Marseillaise» ruft im Gegensatz zum «Deserteur» zur Mobilisierung auf: «Marsch, marsch! Tränkt Feld und Flur mit schwarzem Feindesblut.»

Lieder als zentraler Lerninhalt

Die Lieder können in verschiedenen Phasen des Unterrichts eingesetzt werden. Sie eignen sich zur Motivation am Stundenanfang, sie können zentraler Lerninhalt einer Lektion sein und sie können an einer Lernstation im Rahmen einer Lernwerkstatt eingesetzt werden. Falls das Lied selbst zum Thema werden soll, eignen sich zum Umgang damit folgende Schritte:

▶ *Erstkontakt mit dem Lied:* Um die Neugier zu wecken, kann das Lied ab Tonband oder CD im Hintergrund laufen. Eine andere Variante ist es, das Lied mit der Klasse zu singen, ohne über Inhalt oder Zweck zu informieren. Eine musikalisch begabte Lehrperson singt das Lied vielleicht selber vor, oder sie fragt vorher eine Schülerin, einen Schüler, ob er oder sie das Lied vorsingen oder vorspielen würde.

▶ *Untersuchung der affektiven Wirkung:* Oft spricht ein Lied zuerst über die Melodie die Gefühle an, und erst in einer zweiten Phase beginnen sich die Zuhörerinnen und Zuhörer über den Text Gedanken zu machen. Dieser Ablauf wird verstärkt, wenn der Text nicht in der Muttersprache der Schülerinnen und Schüler steht. Deshalb eignet sich der Hevnersche Adjektivzirkel (vgl. Seite 130) als erster Analyseschritt bei Liedern. Die Jugendlichen sollen die durch das Gehörte ausgelösten Gefühle artikulieren. Darüber kann eine erste Diskussion entstehen, welche sehr bald Fragen zum Inhalt aufwerfen wird.

▶ *Textanalyse:* Hier eignen sich alle Möglichkeiten, die sich auch im Umgang mit Quellen anbieten. Lernende können Schlüsselwörter suchen, Wortfelder entwickeln, Titel und Zwischentitel setzen. Es können auch Verfahren angewendet werden, mit deren Hilfe die Schülerinnen und Schüler im Deutschunterricht Gedichte analysieren. Lernende können versuchen, Lücken zu ergänzen, welche die Lehrperson absichtlich im Lied ausgespart hat.

▶ *Historische Einbettung:* Mit Liedern können im Geschichtsunterricht Erkenntnisse angebahnt, Fähigkeiten entwickelt und Einstellungen aufgebaut werden. Hier wie anderswo trägt eine klare und transparente Zielvorstellung zur Güte des Unterrichts bei. Indem die Lehrperson zu Liedern ergänzende Darstellungen wie Bilder oder Filme sucht und präsentiert, kann ihre Wirkung verstärkt werden. Dadurch bekommen Epochen ein charakteristisches Gesicht. Oft eignen sich auch Quellen, welche eine Gegenposition zum Liedertext deutlich machen. Dadurch wird der Perspektivwechsel von Schülerinnen und Schülern erleichtert.

Lieder als Hilfsmittel

«Neunzehnhundertdreiundsiebzig
Meine Mutter presste gebar und liebt mich
trägt mich an der Brust stillt und
wiegt mich indess'ne
Mutter mit Sohn in Kambodscha den Schuss
zu spät sah
er wäre wie ich jetzt dreiundzwanzig»

Wenn Schülerinnen und Schüler das Lied der Hip-Hop-Gruppe Freundeskreis «Leg dein Ohr auf die Schiene der Geschichte» hören, stellen sie vielleicht die Frage, wer in Kambodscha 1973 geschossen haben könnte. Vielleicht aber gehen ihre Gedanken auch in eine andere Richtung: Sie beginnen sich zu fragen, was denn in ihrem Geburtsjahr sonst noch in der Welt geschah. Je nach Zielsetzung des Unterrichts werden Lehrpersonen diese Frage mehr in den Vordergrund rücken als diejenige nach der im Lied beschriebenen geschichtlichen Situation. Dann ist das Lied vielleicht bloss Hilfsmittel, um geschichtliches Arbeiten einzuleiten. Es kann zum Beispiel Modell sein, um einen eigenen Text zu verfassen, welcher berichtet, was zur Zeit der eigenen Geburt in der Welt geschah. Es könnte auch Ausgangspunkt einer gestalterischen Arbeit zum selben Thema sein. Schülerinnen und Schüler entwickeln eine Collage zu ihrem Geburtsjahr mit Bildern aus ihrem Fotoalbum und solchen aus geschichtlichen Büchern oder CD-ROMs. Die Arbeit wird die Gleichzeitigkeit von verschiedenen Ereignissen deutlich machen. Sie macht bewusst, in welch verschiedenen Verhältnissen Menschen heute leben. Eine solche Lektion kann zu Beginn einer projektartigen Unterrichtseinheit zur Zeitgeschichte oder sogar zu Beginn des Geschichtsunterrichts stehen. Das Beschäftigen mit der eigenen Geschichte führt aber auch vor Augen, dass Geschichte etwas mit einem selber zu tun hat, oder wie «Freundeskreis» formuliert:

"Anything is connected to anything
is connected to anything is connected to anything,
cause you is all and all is you
you is all is all is you is you is all
anything anything anything"

Metaphermeditation

Viele Liedtexte spielen mit Worten und Satzteilen. Gerade im Rap werden Sätze umgestaltet, verändert, ironisiert. Die Metaphermeditation funktioniert mit ähnlichen Mitteln. Die Lehrperson gibt einen Satzanfang vor und lädt die Schülerinnen und Schüler ein, ihre Assoziationen und Gefühle auszudrücken, indem sie den Satz vervollständigen. «Zu einer Minderheit zu gehören ist wie ...» kann als Satzanfang viele Gefühle aufleben lassen, weil wohl die meisten schon diese Erfahrungen gemacht haben. «Zu einer Minderheit gehören ist wie gegen den Strom schwimmen, ist wie am Skilift ganz hinten anzustehen, ist wie im Traum schreien und niemand hört einen, ist wie ... ». Die Metaphermeditation eignet sich gut als Lektionseinstieg oder auch als zusammenfassender Abschluss. Oft kann ein Lied zum selben Thema die Wirkung der Metaphermeditation verstärken. Gerade zum Verhältnis Schwarz-Weiss in Amerika gibt es eine Reihe von Rap-Stücken, welche das Minderheits- und Minderwertigkeitsgefühl thematisieren, etwa Public Enemy mit «I don't wanna be called yo niga».

Literatur
- Geschichte lernen, Heft 50/1996. *Lieder im Geschichtsunterricht.* Seelze-Velber: Friedrich
- Sauer, Michael: *Historische Lieder.* Stuttgart: Klett, 1996
- Wimmer, Fridolin: *Das historisch-politische Lied im Geschichtsunterricht.* Frankfurt: Lany, 1994

fröhlich
glänzend
lebhaft
heiter
glücklich
bunt
freudig
lebendig

sich aufschwingend
triumphierend
froh erregt
aufregend
ungestüm
ruhelos
aufwühlend
animierend

sorglos
zartfühlend
leicht
anmutig
sprühend
spielerisch
humorvoll
wunderlich
fantastisch
putzig

kraftvoll
kräftig
kriegerisch
gewichtig
nachdrücklich
königlich, majestätisch
erhaben

ruhig
heiter
besänftigend
gefühlvoll
dichterisch
gemächlich
sanft

würdig
geistlich
feierlich
nüchtern, sachlich
ernsthaft

empfindsam
sehnsüchtig, verlangend
romantisch, versponnen
klagend
verträumt
zart

traurig, jämmerlich, kläglich
leidenschaftlich
trauernd
gedrückt, melancholisch
niederdrückend
düster
schwer
lastend, tragisch

Adjektivzirkel

«Der Dienstverweigerer» von Boris Vian

Verehrter Präsident
Ich sende Euch ein Schreiben
Lest oder lasst es bleiben
Wenn Euch die Zeit sehr brennt.

Man schickt mir da, gebt Acht
Die Militärpapiere
Dass ich in den Krieg marschiere
Und das vor Mittwoch Nacht.

Verehrter Präsident
Das werde ich nicht machen
Das wäre je zum Lachen
Ich hab kein Kriegstalent.

Seis Euch auch zum Verdruss
Ihr könnt mirs nicht befehlen
Ich wills Euch nicht verhehlen
Dass ich den Dienst verweigern
muss.

Seit ich auf Erden bin
Sah ich den Vater sterben
Sah meine Brüder sterben
Und weinen nur mein Kind.

Sah Mutters grosse Not
Nun liegt sie schon im Grabe
Verlacht den Bombenhagel
Und treibt mit Würmern Spott.

Als ich Gefangener war
Ging meine Frau verdienen
Ich sah nur noch Ruinen
Nichts blieb, was mir mal war.

Früh wenn die Hähne krähen
Dann schliess ich meine Türen
Und will die Toten spüren
Und auf die Strasse gehen

Ich nehm den Bettelstab
Auf meiner Tour de France
Durch Bretagne und Provence
Und sag den Menschen dies:

Verweigert Krieg, Gewehr
Verweigert Waffentragen
Ihr müsst schon etwas wagen
Verweigerts Militär.

Ihr predigt, Kompliment
Doch wollt Ihr Blut vergiessen
Dann lasst das Eure fliessen
Verehrter Präsident.

Sagt Eurer Polizei
Sie würde mich schon schaffen
Denn ich bin ohne Waffen
Zu schiessen steht ihr frei.

(Variante zur Schlussstrophe,
nur in Notfällen singen)

Sagt Eurer Polizei
Sie würde mich nicht schaffen
Denn ich besitze Waffen
Und schiesse nicht vorbei.

Karten – einprägsame und komplexe Darstellungen

Der Umgang mit Karten scheint bei Geschichtslehrerinnen und -lehrern aus diversen Gründen nicht sehr beliebt zu sein. Die Karten sind nicht auf dem aktuellen Stand; oder sie sind viel zu kompliziert für die Schülerinnen und Schüler; sie lassen sich nicht kopieren; sie passen nicht zum Unterrichtsthema; der Kartenausschnitt ist falsch gewählt. Auf den ersten Blick scheinen also viele Faktoren gegen den Einsatz von Karten im Unterricht zu sprechen. Geschichte aber handelt von Menschen in verschiedenen Zeiten und unterschiedlichen Gegenden. Wer als Lehrperson trotz allem Karten einsetzt, der hilft Schülerinnen und Schülern beim Aufbau ihres Raumbewusstseins und zeigt ihnen den Vorzug von Karten, umfassende Sachverhalte einfach und einprägsam darzustellen.

Wieder einmal stehen die Scheren auf dem Lehrertisch, als die Schülerinnen und Schüler ins Zimmer kommen. Einige Lernende freuen sich darauf, etwas auszuschneiden. Andere finden, solche Schnipselübungen gehörten nicht in einen ernsthaften Unterricht. Tatsächlich verteilt die Lehrperson im Laufe der Lektion eine Kopie mit Puzzleteilen, welche die Schülerinnen und Schüler zuerst ausschneiden und anschliessend richtig zusammensetzen sollen (vgl. Abbildung, Seite 135). Die meisten sind neugierig: «Was es wohl darstellen soll? – Das Suchen nach einer Landkarte! Was will die Lehrperson? Finde ich die Schweiz? Was ist Wasser, und was ist Land? Ob das da oben wohl Indien ist?» Diejenigen, welche über ein Vorwissen verfügen, kommen schneller voran: «Links ein Stiefel – das könnte doch Italien sein. Die V-Form ist typisch für Indien.» Wer Karten verstehen will, muss neugierig sein und über ein spezifisches Vorwissen und Abstraktionsvermögen verfügen. Karten sind symbolische Darstellungen der Realität, und wer eine Karte verstehen will, muss die Sprache des Kartenlesens, die Kartografie, beherrschen. Immer wieder wird behauptet, dies gelinge Jugendlichen erst ab etwa 11 Jahren; sie seien erst ab diesem Zeitpunkt in der Lage, symbolische Darstellungsweisen zu verstehen. Viele Beobachtungen zeigen aber, dass auch hier grosse Abweichungen von der so genannten Normalentwicklung möglich sind. Je besser es gelingt, eine symbolische Darstellung möglichst einfach zu halten und dem Abstraktionsvermögen der Lernenden anzupassen, desto früher können die Schülerinnen und Schüler die Vorzüge von Karten für das Lernen nutzen: Komplexe Informationen können einprägsam dargestellt werden.

Unterschiedliche Kartenarten

Geschichtliche Karten können auf unterschiedliche Arten eingeteilt werden. Ein erstes Einteilungskriterium ist der Inhalt: Es gibt Karten zu allen vier Gegenstandsbereichen der Geschichte: Gesellschaft, Wirtschaft, Herrschaft und Kultur. Die Karten können zweitens entweder statisch (sie halten einen Zustand fest) oder dynamisch (sie zeichnen eine Entwicklung nach) sein. Sie können drittens entweder einfach (mit einer einzigen Information) oder komplex (viele übereinander liegende Aussagen) sein.

Ein viertes Einteilungskriterium ist die Form der Präsentation, denn geschichtliche Karten sind in unterschiedlichsten Darstellungsweisen für den Unterricht greifbar. Der Geschichtsatlas bietet die Möglichkeit, geschichtliche Ereignisse, Entwicklungen und Probleme kontinuierlich zu verfolgen und verschiedene Karten zu vergleichen. Einzelthemen können aus der Isolation herausgelöst und in einen Zusammenhang gestellt werden. Karten bieten die Möglichkeit, ein Bündel von Informationen auf eine Seite zusammenzuraffen und erst noch bildlich darzustellen. Diese vielen Vorteile werden mit einer hohen Komplexität erkauft. Dazu kommt das Problem der unterschiedlichen Massstäbe. Karten in Geschichtsatlanten sind häufig sehr schwer zu lesen. Karten in Schulbüchern streben demgegenüber gerade eine leichte Lesbarkeit an und unterstützen dies durch die Verknüpfung mit einem Text, einem Bild, einer schematischen Darstellung oder einer Quelle. Hier liegt der grosse Vorteil darin, dass die Karte als ein Medium in einem Medienverbund spezifische Informationen transportieren kann. Karten im Geschichtsbuch sind oft als Arbeitsmittel konzipiert, und dieser Umgang mit der Karte fördert das Verständnis. Die Stärke von Wandkarten liegt darin, dass sie lange vor den Augen der Lernenden hängen und dass die Lehrperson immer wieder auf die Karte Bezug nehmen kann. Viel verbreiteter als die teuren und schwer zu verstauenden Wandkarten sind heute die Hellraumprojektor-Transparente. Dank ihnen ist es zu einer gewissen Renaissance von Karten im Geschichtsunterricht gekommen. Das grosse Plus von Folien liegt in ihrer Flexibilität und in der Möglichkeit, viele Schichten übereinander zu legen. Mit Hilfe der «Overlay»-Technik können auf die blinde Griechenlandkarte zuerst die Gebirgszüge, dann die Gewässer, darauf die Städte, danach die Kolonien und schliesslich das persische Reich als Hauptgegner gelegt werden. Auf diese Art und Weise kann eine Karte analytisch aufgebaut werden. Die daraus resultierende Komplexität wird den Schülerinnen und Schülern durch den allmählichen Aufbau verständlich. Mit immer komplexeren Karten zum gleichen Gebiet können Schülerinnen und Schüler allmählich ein Raumverständnis aufbauen. Vielleicht sind es letztlich gar CD-ROMs und das Internet, welche den Karten zu einer neuen Blüte verhelfen. Karten sind nämlich eine ausgezeichnete Oberfläche, um von hier via «Links» in die Tiefe zu gelangen. Viele elektronische Geschichtsinformationen bedienen sich einer Karte als Navigationsplattform, und durch diese grössere Präsenz prägen sich Konturen und Formen besser ein.

Muster für die Karteninterpretation

Häufig werden Karten im Unterricht zur Illustration oder zur topografischen Vergewisserung eingesetzt. Dies hat seine Berechtigung. Wer als Lehrperson darüber hinaus versucht, Schülerinnen und Schüler anhand von Karten in einen Lernprozess zu verwickeln, geht günstigerweise entlang des folgenden allgemeinen Musters vor:

In einer ersten Phase sollen sich die Lernenden orientieren. Welches könnte der Titel der Karte sein? Welcher Inhalt wird dargestellt? Ist es eine statische oder eine dynamische Karte? Um welchen geografischen Raum geht es? Wer statt dieses analytischen Zugangs einen eher synthetischen, handlungsorientierten sucht, fordert Schülerinnen und Schüler auf, eine zerschnittene Karte wieder zusammenzusetzen (vgl. Abbildung, Seite 135). Vielleicht wird dabei Neugier geweckt.

In einer zweiten Phase beschreiben die Lernenden den Sachverhalt präziser: Welche Informationssegmente sind zu erkennen? Kann ich die Informationen in einer Tabelle zusammentragen? Gelingt es, ein Kausalprofil zu erstellen oder einen Folien-Overlay zu konzipieren? Die Schülerinnen und Schüler sollen eine gewisse Sicherheit erlangen, indem sie zum Beispiel in der zusammengesetzten Karte die Wasserläufe und Gebiete anschreiben.

In einer dritten Phase suchen Schülerinnen und Schüler Erklärungen und stellen hoffentlich neue Fragen: Wie hängen die einzelnen Segmente zusammen? Welche inhaltlichen Bezüge scheinen auf? Was ist überraschend? Welche Fragen können mit der Karte beantwortet werden? Welche neuen Fragen stellen sich?

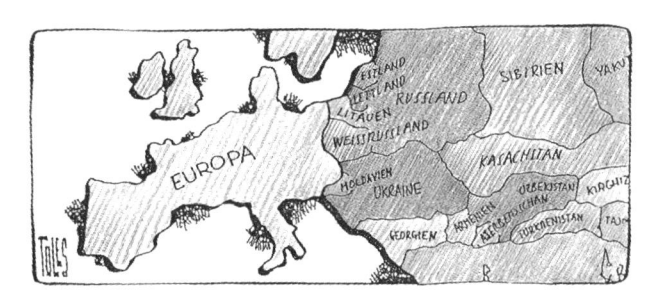

Am Schluss steht wie so oft im Geschichtsunterricht die Frage nach der Bewertung: Wie steht es um die Objektivität und die Wahrheit der Karte? Hätte man den Inhalt auch anders darstellen können? Wäre ein anderer räumlicher Ausschnitt denkbar? Was ist die Absicht der vorliegenden Karte? Wie lange wird diese Karte Gültigkeit haben?

Einige Ideen für den Schulalltag
Karten lassen sich oft und vielfältig im Unterricht einsetzen. Als Lehrperson kann man
- eine Karte zerschneiden und zusammensetzen, beschriften und erklären lassen (vgl. Abbildung, Seite 135);
- durch den Vergleich mehrerer Karten Geschehnisse und Zustände verdeutlichen und besser ins Bewusstsein rücken (vgl. Abbildung, Seite 133);
- mit einem Folien-Overlay den Verlauf eines historischen Ereignisses oder zusammenhängende komplexe Strukturen sichtbar und besser verständlich machen (Schlacht bei Morgarten, klassisches Griechenland usw.);
- mit einem Sandkasten (oder einer mit Sand gefüllten Schuhschachtel) die symbolische Repräsentation durch die enaktive Repräsentation günstig unterstützen. Einen geschichtlichen Raum (Morgarten, Sempach, die Schweiz usw.) werden Schülerinnen und Schüler besser verstehen, wenn sie ihn selber modelliert haben;
- mit einem Kausalprofil eine komplizierte Karte entschlüsseln und die einzelnen Segmente sicht- und interpretierbar machen (Kolonialzeit in Nordamerika);
- Karten radikal vereinfachen und Länder zum Beispiel als Kästchen darstellen (Europa vor dem Ersten Weltkrieg). Die Lernenden sollen die Legende in die Karte hineinschreiben;
- Atlanten und Karten während der Prüfungen gebrauchen lassen;
- Karten als «didaktische Bilder» benutzen und Arbeitsaufträge wie bei den Bildern geben. Zum Beispiel können die Jugendlichen zu den Karten Geschichten erzählen oder Zeichnungen entwerfen. Eine weitere Möglichkeit wäre, die Karten zu zerschneiden und neu zusammenzufügen;
- Schülerinnen und Schüler selber Karten und Kartogramme zeichnen lassen;
- am Computer mit Karten arbeiten: Profile entwickeln, Ausschnittvergrösserungen herstellen, «Links» ausprobieren;
- durch Kartenfolgen eine Entwicklung sichtbar machen (Rom: vom Stadtstaat zur Weltmacht);
- zu Karten Bilder suchen und diese zuordnen lassen;
- Schrägbilder und Luftbilder einsetzen, weil sich auf diese Weise gewisse Erkenntnisse leichter gewinnen lassen, etwa die Landschaftsveränderungen oder alte Verkehrswege.

Und was lernen die Schülerinnen und Schüler?
Natürlich unterstützen Karten den Aufbau von Wissen und das Gewinnen von Erkenntnissen und Fertigkeiten. Dies lernen Schülerinnen und Schüler durch ein regelmässiges reflektiertes Arbeiten mit Karten. Dennoch sind vielleicht die noch wichtigeren Lernschritte zu diesen Zielen diejenigen, bei welchen die Lernenden selber Karten zeichnen, zum Beispiel nach einem Stadtrundgang oder aufgrund eines Schrägbildes einer Burg. Auch das Umsetzen von Bildern und Modellen in Karten sowie das Erzählen mit Karten unterstützt den Aufbau der historischen Imagination.

Literatur
- Geschichte lernen, Heft 59/1997. *Arbeit mit Geschichtskarten.* Seelze-Velber: Friedrich
- *Putzger Historischer Weltatlas Schweiz.* Berlin: Cornelsen, 1994
- Seayer, Joni (Hrsg.): *Der Öko-Atlas.* Bonn: Dietz, 1995

Kartenpuzzle zu Hochkulturen

Statistiken – Informationen in Form von Zahlenwerten

Unter Statistiken versteht man eine geordnete Menge von Informationen in Form von Zahlenwerten. Diese Zahlenwerte sind entweder in Tabellenform angeordnet oder umgesetzt in Diagramme, Grafiken oder Schaubilder. Zahlen haben gegenüber anderen Informationsträgern den grossen Vorteil, dass sie exakt und vergleichbar sind, wenn sie nach wissenschaftlichen Methoden ermittelt und verarbeitet wurden. Gleichzeitig sind Zahlen ein abstraktes Medium, das an Anschaulichkeit erst durch den Vergleich gewinnt. Während Zahlentabellen also meist die grössere Informationsfülle liefern, liegt der Vorzug der Diagramme, Grafiken und Schaubilder in ihrer Anschaulichkeit. Erst so bekommen die Zahlen eine konkrete und visuell wahrnehmbare Grösse und Bedeutung.

Eine zweite Oberstufenklasse beschäftigt sich mit der Erschliessung der Welt für Europa zu Beginn der Neuzeit. In einem ersten Teil der Lektion haben Schülerinnen und Schüler durch einen Lehrervortrag erfahren, wer Pizarro und Athualpa waren und wie sie sich begegnet sind. Jetzt verteilt die Lehrperson eine Tabelle zum Thema und stellt dazu schriftlich verschiedene Aufgaben:

1. Gib der Tabelle einen Titel.
2. Versuche, aus den Zahlen ein Diagramm zu zeichnen. Wenn du gestalterische Fantasie hast, gelingt es dir mit grafischen Elementen vielleicht sogar, ein Schaubild zu entwickeln.
3. Stelle vier Vermutungen an, was die dargestellten Entwicklungen ausgelöst haben könnte.
4. Welche Fragen stellen sich dir nach dem Studium der Statistik? Formuliere drei Fragen.

Die Schüler beginnen nun in Partnerarbeit, die Lernaufgabe zu lösen. Lernaufgaben sind Kleinformen des gelenkten entdeckenden Lernens. Nachdem die Lehrperson einen Themenbereich eingeführt und eine Grundlage gelegt hat, stellt sie schriftlich eine weiterführende Aufgabe (vgl. auch Seite 56).

Statistiken eignen sich ausgezeichnet zur Ausarbeitung von Lernaufgaben, weil durch die Interpretation der Statistik ein neuer Sachverhalt gelernt wird, dazu aber das Erinnern an früher Erlerntes nötig ist. Ausserdem sind das Analysieren der Problemstellung, die Entwicklung von Hypothesen und die Überprüfung derselben zentrale Fähigkeiten für das Fach Geschichte.

Didaktische Einbettung

In den vergangenen Jahrzehnten hat der Umgang mit Statistiken in der Geschichte zunehmend an Bedeutung gewonnen. Auch die Lebenswelt der Schülerinnen und Schüler ist heute in hohem Ausmass von quantifizierenden Angaben und Bezeichnungen bestimmt, die es zu lesen, zu interpretieren und kritisch zu hinterfragen oder allenfalls zu entwickeln gilt. Auch der weit verbreitete Einbezug von Computern hat den Umgang mit Zahlen und deren Darstellung in Statistiken begünstigt. Gute Computersoftware entwickelt anhand von Zahlen in Sekundenschnelle Diagramme und Grafiken, manchmal sogar Schaubilder.

Jahreszahl	Indianer	Europäer	Mischlinge und Afrikaner	Total
1500	30,00 Mio.	–	–	30,00 Mio.
1600	10,00 Mio.	0,25 Mio.	0,50 Mio.	10,75 Mio.
1700	9,00 Mio.	2,50 Mio.	5,00 Mio.	16,50 Mio.
1800	7,50 Mio.	5,00 Mio.	15,00 Mio.	27,50 Mio.
1900	20,00 Mio.	60,00 Mio.	70,00 Mio.	150,00 Mio.
2000	35,00 Mio.	120,00 Mio.	135,00 Mio.	290,00 Mio.

(Quelle: *Weltgeschichte im Bild*. Lehrerhandbuch 8. Buchs: Lehrmittelverlag des Kantons Aargau, 1983. S. 143. Auf ganze Jahrhunderte extrapoliert)

Jahreszahl			
1500			
1600			
1700			
1800			
1900			
2000			

☐ Indianer ☐ Weisse ■ Mischlinge und Afrikaner

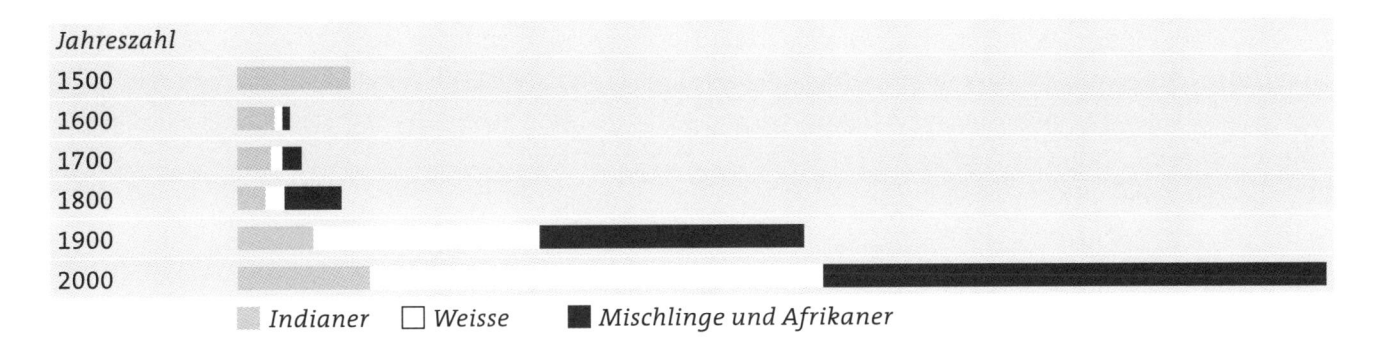

Statistische Angaben sind nicht auf den ersten Blick zugänglich. Das ist für den Geschichtsunterricht sowohl ein Vorteil als auch ein Nachteil. Zwar lässt sich wie oben beschrieben entdeckendes Lernen arrangieren, aber der Umgang mit Statistiken ist ein kognitiv anspruchsvolles Verfahren, das Schülerinnen und Schüler oft überfordert. Mit dem Umfang des Zahlenmaterials steigt zwar der Informationsgehalt, aber meist geht dann auch die Übersichtlichkeit verloren. Weiter täuschen Statistiken durch ihre Datenfülle oft eine Objektivität vor, die es in dieser Eindeutigkeit der Statistiken nicht gibt. «Ich glaube nur denjenigen Statistiken, die ich selber gefälscht habe», bringt ein Bonmot von Churchill diesen Umstand auf den Punkt. Deshalb ist es ein wichtiges fachdidaktisches und erzieherisches Ziel, zu einem kritischen Umgang mit Statistiken zu befähigen.

Folgende Vorgehensweise eignet sich zum Umgang mit Tabellen und Zahlen:
1. *Zahlenmaterial erfassen*
   a) Welchen Titel könnte man der Tabelle geben?
   b) Welche Informationen lassen sich der Tabelle entnehmen?
   c) Welche Informationen scheinen besonders wichtig zu sein?
   d) Auf welche Fragen könnte die Tabelle eine Antwort geben?
2. *Statistik umsetzen und gestalterisch darstellen*
   a) Versuche, aus den Zahlen ein Diagramm zu entwickeln.
   b) Wenn du gestalterische Fantasie hast, gelingt es dir mit grafischen Elementen vielleicht sogar, ein Schaubild zu entwickeln.
3. *Darstellung interpretieren*
   a) Lassen sich Entwicklungen feststellen?
   b) Wodurch könnten diese Entwicklungen ausgelöst worden sein?
   c) Was will der Herausgeber/Autor mit der Statistik zeigen?
4. *Anschlussfragen*
   a) Welche Fragen möchtest du nach dem Studium der Statistik beantwortet haben?

Die Umsetzung von Zahlen in Diagramme, Grafiken, Schaubilder erfordert mathematische Kenntnisse. Schülerinnen und Schüler vollziehen diese Umsetzung auf der Sekundarstufe I häufig gerne, weil es in dem Moment eine Fleissaufgabe ist, wo man herausgefunden hat, wie es anzupacken ist.

Damit Zahlen aber zu Quellen werden, aus denen Erkenntnisse gewonnen werden, gilt es sie zu interpretieren. Erst wem es gelingt, die Erkenntnisse in Worte und Merksätze zu fassen, hat geschichtlich gelernt. Und in der Regel zeigt sich der geschichtliche Lernerfolg und die geglückte Interpretation einer Statistik daran, dass man in der Lage ist, neue sinnvolle Fragen zu stellen.

Umwandlungen von Tabellen in Schaubilder
Es gibt eine Vielzahl von Möglichkeiten, Diagramme, Grafiken und Schaubilder herzustellen. Weit verbrei-

tet sind Kreisdiagramme. Sie veranschaulichen mit Hilfe von Kreissegmenten die prozentualen Anteile von einzelnen Komponenten an einem Gesamten. So fällt zum Beispiel bei der Betrachtung der Lebenshaltungskosten einer fünfköpfigen Maurerfamilie in Berlin um 1800 auf den ersten Blick auf, wie viel die Menschen allein für Brot ausgeben mussten (vgl. Seite 139). Leichter als Kreisdiagramme können Schülerinnen und Schüler Balkendiagramme entwickeln. Auch Balkendiagramme erlauben häufig auf Anhieb, zentrale Aspekte zu erkennen, etwa dass die Zahl der Indianer in Lateinamerika zwischen 1500 und 1700 rapid abgenommen und erst im Laufe des 20. Jahrhunderts wieder den Stand von 1500 erreicht hat (vgl. Seite 137). Zum Vergleichen von verschiedenen Entwicklungen eignet sich das Liniendiagramm. Diese Veranschaulichungsmöglichkeit betont besonders die Trends und kann aufzeigen, in welchem Ausmass Weisse sowie Mischlinge und Schwarze ab 1700 in Lateinamerika zugenommen haben.

Einsatzmöglichkeiten
Statistiken lassen sich in den verschiedensten Phasen des Unterrichtes einsetzen. Mit Statistiken kann ein gelungener Einstieg inszeniert werden. Statistiken eignen sich als Visualisierung von Darbietungen; sie haben ihren Ort in der Erarbeitungsphase für Schülerinnen und Schüler, eignen sich als Medium der Festigung und Verankerung und können auch in der Phase des Transfers oder in Prüfungen herangezogen werden. Statistiken sind dann für Schülerinnen und Schüler leichter zu interpretieren, wenn sie selber von den Zahlen betroffen sind oder wenn sie verschiedene Statistiken vergleichen können. Lernende können dazu angeleitet werden, entweder vorhandene Statistiken zu interpretieren oder selber neue Statistiken zu entwickeln und herzustellen. Auch durchaus spielerische Formen können im Umgang mit Statistiken einen Anreiz schaffen. So kann man Schülerinnen und Schüler erraten lassen, was in einer Statistik dargestellt ist, wenn man die Legenden weglässt. Oder man kann sie vermuten lassen, wie sich eine Kurve weiterentwickeln würde.

Wichtig ist, von Anfang an darauf hinzuweisen, wie Statistiken zu falschen Aussagen führen können oder wie Schaubilder manipuliert werden. Dies kann geschehen, wenn man Schaubilder zu stark vereinfacht, bewusst Informationen weglässt oder einen eindeutigen Akzent setzt. Ein völlig falscher Eindruck kann durch Diagramme entstehen, wenn man die einzelnen Achsen (Zeitachse) übermässig dehnt oder kürzt. Natürlich können auch Durchschnittszahlen, mit denen Statistiken häufig erstellt werden, zu falschen Schlüssen verleiten, etwa bei der Bevölkerungsdichte. Aus all diesen Gründen sollten Lehrpersonen auch bei diesem geschichtlichen Medium immer nach der Absicht der Autorinnen und Autoren fragen. Dies ist ein guter Weg, die Perspektivität im Umgang mit Geschichte zu lernen.

Literatur
– Best, Heinrich; Mann, Reinhard: *Quantitative Methoden in der historisch-sozialwissenschaftlichen Forschung.* Stuttgart: Klett-Cotta, 1977
– Bundesamt für Statistik (Hrsg.): *Strukturatlas der Schweiz.* Zürich: Verlag Neue Zürcher Zeitung, 1997
– Eurostat (Hrsg.): *Europa in Zahlen.* Luxemburg: Amt für amtliche Veröffentlichungen der Europäischen Gemeinschaften, 1995
– Ritzmann, Heiner: *Historische Statistik der Schweiz.* Zürich: Chronos, 1996
– Unicef (Hrsg.): *Zur Situation der Kinder in der Welt 1999.* Frankfurt am Main: Fischer Taschenbuch, 1998

Soziale Veränderung
(Vergleich zweier Kreisdiagramme)

Lebenshaltungskosten einer fünfköpfigen Maurerfamilie in Berlin um 1800
(in Prozenten des Einkommens, nach W. Abel, *Massenarmut und Hungerkrisen im vorindustriellen Deutschland*, Göttingen 1972, S.15)

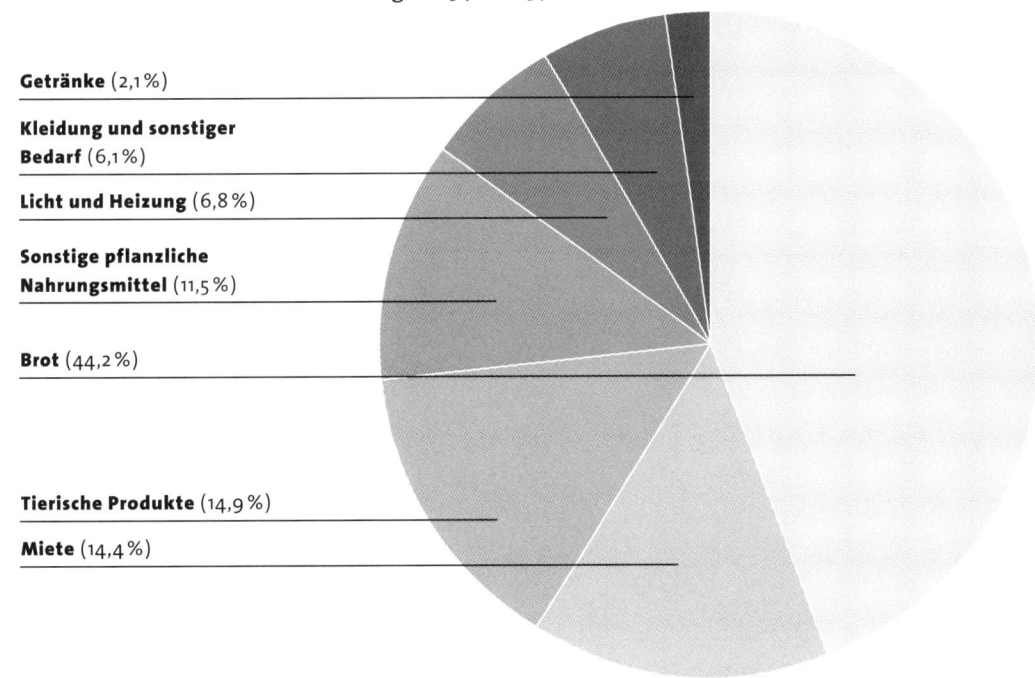

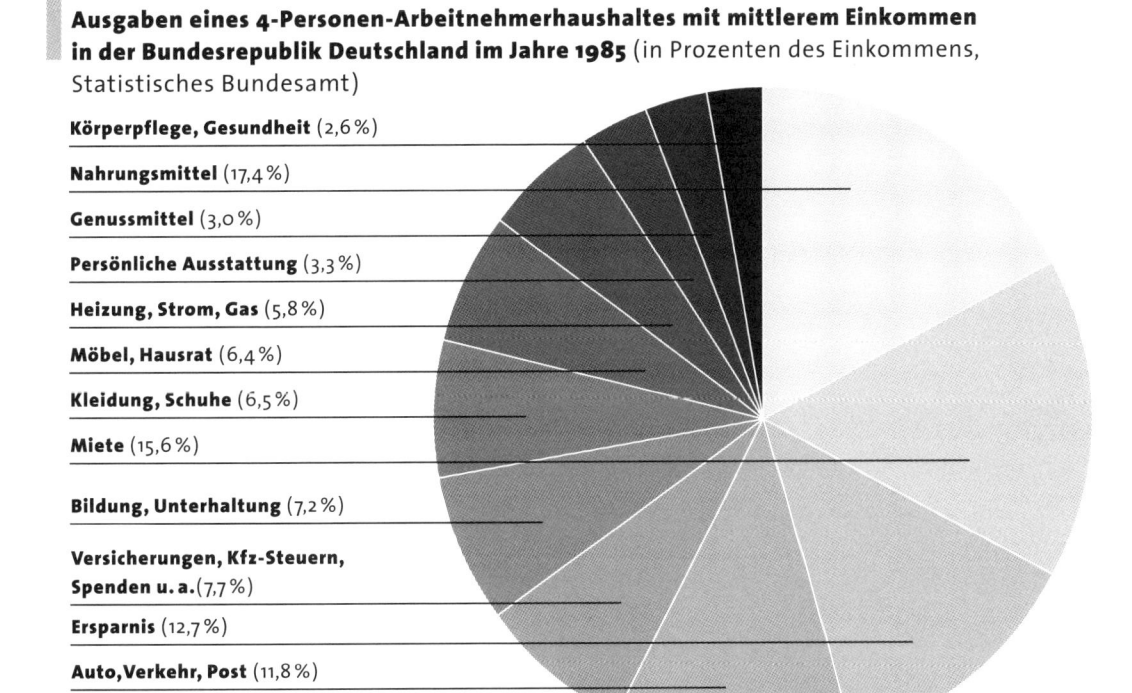

Getränke (2,1%)

Kleidung und sonstiger Bedarf (6,1%)

Licht und Heizung (6,8%)

Sonstige pflanzliche Nahrungsmittel (11,5%)

Brot (44,2%)

Tierische Produkte (14,9%)

Miete (14,4%)

Ausgaben eines 4-Personen-Arbeitnehmerhaushaltes mit mittlerem Einkommen in der Bundesrepublik Deutschland im Jahre 1985 (in Prozenten des Einkommens, Statistisches Bundesamt)

Körperpflege, Gesundheit (2,6%)

Nahrungsmittel (17,4%)

Genussmittel (3,0%)

Persönliche Ausstattung (3,3%)

Heizung, Strom, Gas (5,8%)

Möbel, Hausrat (6,4%)

Kleidung, Schuhe (6,5%)

Miete (15,6%)

Bildung, Unterhaltung (7,2%)

Versicherungen, Kfz-Steuern, Spenden u.a. (7,7%)

Ersparnis (12,7%)

Auto, Verkehr, Post (11,8%)

Zeitenstrahl – anschauliche Umsetzung von Zeit

Zeitenstrahl, Zeitleiste und Geschichtsfries sind eine räumlich-anschauliche Umsetzung des Abstraktums Zeit. Die drei Begriffe Zeitleiste, Geschichtsfries oder Zeitenstrahl sind nicht deutlich unterschieden: In der Regel wird unter dem Geschichtsfries eine differenziertere Darstellung (verschiedene Darstellungsebenen, besondere Aspekte, Bilder) als unter der Zeitleiste verstanden. Zeitenstrahl meint die Darstellungsform mit einem Pfeil und wird von einigen als Oberbegriff zu Zeitleiste oder Geschichtsfries verstanden. Hans Ebeling war einer der grossen Befürworter der Zeitleiste: «Für den Geschichtsunterricht, der menschliches Schicksal vornehmlich in der Dimension der Zeit begreift, ist (...) die Zeitleiste das entscheidende Werkzeug der Aufbereitung und Ordnung des unübersehbaren Materials. Sie gehört notwendig zum Geschichtsunterricht jeder Klasse.»

Karin schielt quer über den Tisch zu Thomas. Ihm traut sie zu, dass er die zwölf Bilder richtig ordnet, welche der Lehrer allen verteilt hat. Zwar hat der Lehrer gesagt, es gebe mehrere mögliche Lösungen, aber so recht traut sie dieser Aussage nicht. Irgendwie kann man die Aufgabe sicher falsch machen. Wenigstens soll es keine Note geben. Das Bild mit der Rakete liegt bei Thomas ganz unten, stammt also aus der neusten Zeit, aber das hat Karin schon selber herausgefunden. Schliesslich gibt es noch nicht so lange Raketen. Aber welches Bild soll sie am Anfang nehmen, was liegt am weitesten zurück? Ist es das Bild mit den Höhlenmenschen oder dasjenige mit den berittenen Nomaden oder gar jenes, welches in Hütten lebende Menschen zeigt? (vgl. Seite 143).

Schülerinnen und Schüler im Alter von 12 Jahren fällt es nicht leicht, Bilder chronologisch zu ordnen. Das, was Lehrerinnen und Lehrern selbstverständlich erscheint – das Mittelalter begann nach den klassischen Hochkulturen –, wissen einzelne Knaben und Mädchen noch nicht, andere haben es zwar gehört, aber wieder vergessen, und für Dritte ist es selbstverständlich. Zeitverständnis und Zeitbewusstsein sind bei Zwölfjährigen völlig unterschiedlich entwickelt. Um im Geschichtsunterricht bei Lernenden eine elementare Vorstellung von langfristigen Zeitabläufen und Zeitverhältnissen aufzubauen, um die Entwicklung des Temporalbewusstseins und überhaupt des Geschichtsbewusstseins günstig zu unterstützen, ist die Arbeit mit Zeitleiste, Geschichtsfries oder Zeitenstrahl unbedingt erforderlich.

Didaktische Einbettung

Ihre psychologische Begründung findet die Arbeit mit der Zeitleiste im anschaulichen, konkreten Charakter des bildlichen Denkens. Das nur geistig rekonstruktiv vorstellbare Moment der Zeit wird in die sinnlich wahrnehmbare Dimension des Raumes übertragen. Die Zeitleiste ist die Vorstellungsstütze, das «Fundament der Anschauung», auf dem der geistige Akt des Zeitdenkens sich aufbaut, sich analog und adäquat, geordnet und klar gegliedert vollziehen kann.

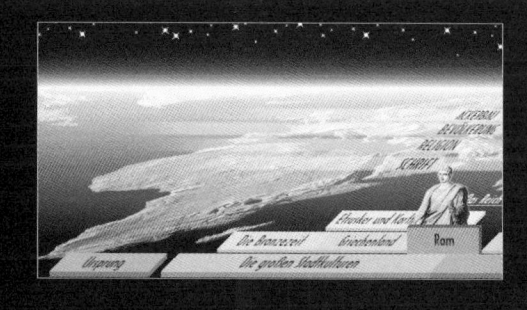

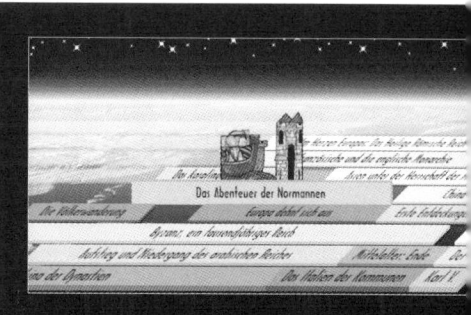

Zwar werden immer wieder Argumente gegen den Einsatz von Zeitleisten vorgebracht, etwa dass die Zeitleiste zu einem allzu simplen Fortschrittsdenken verführe und dass die Gegenwart selbstverständlich und unbefragt als End- und Höhepunkt historischer Entwicklung in Erscheinung träte. Darüber hinaus erhalte der chronologische Unterricht gegenüber dem exemplarischen Unterricht ein zu starkes Gewicht. Dem ist dagegenzuhalten, dass gerade ein kompetenter Umgang mit der Zeitleiste dies verhindert. Ausserdem wird ein exemplarischer Unterricht erst möglich, wenn das Ganze aufscheint und so das Exemplarische für etwas Allgemeines stehen kann. Die Zeitleiste bietet auch den Vorzug, dass nicht nur das Nacheinander der Geschichte anschaulich wird, welches im Übrigen durch das Nacheinander im Unterricht erst noch verstärkt wird, sondern auch das Nebeneinander bei kompetenter Darstellung berücksichtigt wird. So wird die Gleichzeitigkeit des Ungleichzeitigen, ein Merkmal von geschichtlicher Zeit, deutlich und nachvollziehbar.

Mögliche Formen

Kurt Messmer unterscheidet (nach Ebeling) drei Gliederungsgesichtspunkte von Zeitleisten: Zeitleisten können erstens nach Regionen gegliedert werden: zuoberst die Weltgeschichte, darunter entlang derselben Chronologie die europäische Geschichte, dann die Schweizer Geschichte und schliesslich die Ortsgeschichte. Zeitleisten können zweitens nach den vier Grundbereichen der Geschichte aufgebaut sein: Gesellschaft, Wirtschaft, Herrschaft, Kultur. Zeitleisten können drittens mit unterschiedlichen Darstellungsmitteln gestaltet werden: Kennworte/Leitsätze, Symbole, Karten, Bilder. Meistens werden je nach didaktischen Zielen verschiedene Gesichtspunkte in einer Zeitleiste berücksichtigt.

Ein Problem stellt sich bei der Arbeit mit Zeitleisten, wie immer sie auch gestaltet sein mögen, ganz besonders ausgeprägt: das Problem des Massstabs. Wer zum Beispiel eine Darstellung von der Entstehung der Erde an bis heute entwickeln will, der hat fast alle Ereignisse in einem viel zu kleinen Zeitraum. Hier findet man verschiedene Ansätze, um mit diesem Problem umzugehen: Die einen versehen die Gerade des Zeitstrahls zu Beginn mit einer Spirale, um grössere Zeiträume darstellen zu können, andere gehen ganz weg vom Zeitstrahl und führen Modelle wie die Erdzeitenuhr oder den Erdzeitenkalender ein. Wieder andere nehmen Massstabsveränderungen vor. Mit diesen Ansätzen gehen die Vorzüge der Zeitleiste teilweise oder ganz verloren. Wenn die Einfachheit nicht mehr vorhanden ist, verliert die Zeitleiste ihre Bedeutung, ihre Berechtigung als Anschauungsmittel und wird zum reinen Nachschlagewerk.

Einsatzmöglichkeiten

Zeitleisten können also im Unterricht als Anschauungsmittel und/oder als Nachschlagewerk eingesetzt werden. Für den Einsatz als Anschauungsmittel ist der handelnde Umgang mit Zeitleisten empfehlenswert. Damit ist auch schon gesagt, dass die professionell entwickelten Fertigprodukte auf Hochglanzpapier oder CD-ROM ihre Bedeutung primär als Nachschlagewerke haben.

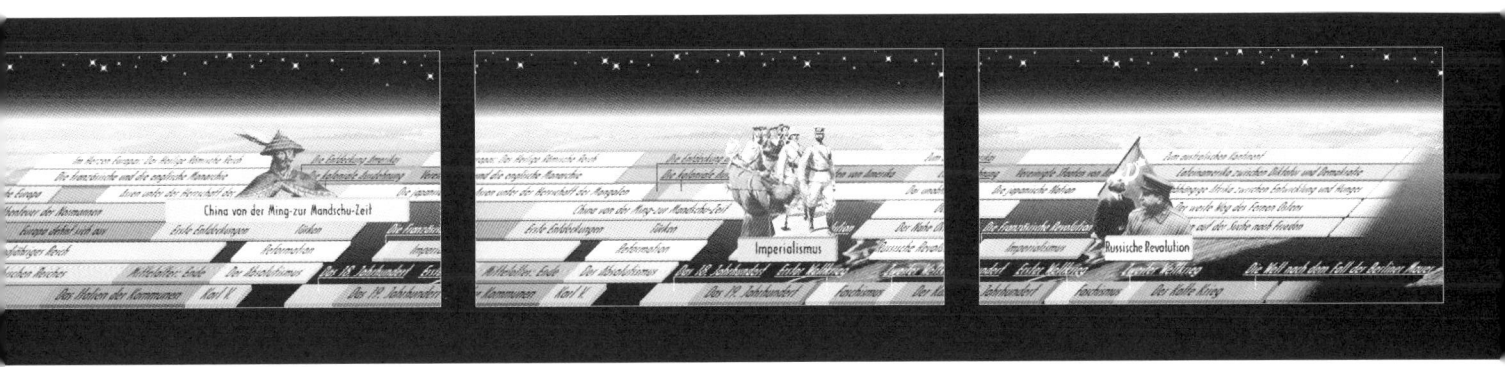

▶ *Geschichtsfries der Menschheit:* Als unerlässlicher Bestandteil gehört ein Geschichtsfries der Menschheit in ein Geschichtszimmer. Nur wenn Schülerinnen und Schüler die verschiedenen Epochen permanent vor Augen haben, ist exemplarisches Arbeiten in jeder Stunde möglich. Die Zeitleiste kann mit den Schülerinnen und Schülern selber hergestellt werden, indem Bilder entwickelt oder gesammelt und zum Beispiel zu vorgegebenen Kennwörtern und Leitsätzen zugeordnet werden.

- *Familiengeschichte:* Um das zeitliche Vorstellungsvermögen Jugendlicher von der Gegenwart her hin zur allgemeinen Geschichte zu erweitern, bietet sich die Familiengeschichte an. Lernende notieren zuerst spontan auf farbigen Zetteln, welche Personen ihnen in den Sinn kommen, an welche Ereignisse sie sich erinnern können usw. Anschliessend werden die Zettel chronologisch geordnet und auf einer Zeitleiste dargestellt. Diese kann zu einer eigentlichen Familienzeitleiste bzw. zum Familienstammbaum hin ausgeweitet werden.

- *Komplizierte Themen:* Es gibt Themen, welche Schülerinnen und Schüler einfach nicht begreifen, obwohl die Lehrperson schon mehrere vergebliche Erklärungsanläufe unternommen hat. Hier kann der Einsatz einer Zetteldarbietung entlang einer Zeitleiste Wunder bewirken. Beim Erklären der Entstehung der Schweiz legt die Lehrperson zuerst die Jahreszahlen chronologisch auf den Boden (1798, 1803, 1815, 1830, 1848). Danach führt sie das Spannungsfeld Liberale – Konservative ein. Anschliessend legt sie die Ereigniskarten (Einmarsch der französischen Truppen, Koalitionskrieg usw.) und die Namenskärtchen (Helvetik, Mediation usw.), bis das ganze Geschehen den Schülerinnen und Schülern vor Augen liegt. Als Festigung kann sie in der nächsten Stunde allen Schülern je ein Kärtchen zum Legen geben, oder sie gibt allen Schülerinnen alle Kärtchen zum Selberlegen (vgl. Seite 159).

- *Häuser, Plätze und Landschaften erzählen Geschichte:* Die Lehrperson entwickelt eine Zeitleiste zu einem bestimmten Platz oder einem bestimmten Haus. Dabei erkennen Schülerinnen und Schüler, wie sich z. B. die Zofinger Stadtkirche im Verlauf der Jahrhunderte oder wie sich das Birrfeld in kurzer Zeit völlig verändert hat.

- *Eine Zeitreise zur heiligen Katharina von Alexandria:* In der Krypta der Zofinger Stadtkirche ist ein Wandgemälde der heiligen Katharina. Lernende beginnen zu erzählen, was diese in den letzten Jahrhunderten alles gesehen haben könnte, z. B. wie vor einigen Jahren die Kirche zusammengefallen ist, wie im Zweiten Weltkrieg ... Die Ereignisse werden auf Kärtchen geschrieben und anschliessend auf einer Zeitleiste festgehalten.

Als Einstieg in ein Kapitel oder als Abschluss und Zusammenfassung entwickeln Lehrpersonen selber eine Zeitleiste zum entsprechenden Kapitel oder lässt die Lehrperson eine entwickeln (19. Jahrhundert/Zeitalter der Extreme).

Mittlerweile existieren viele gute CD-ROMs auf dem Markt, welche Geschichte entlang der Zeitleiste aufbereitet haben. Diese Zeitleisten eignen sich vor allem als Nachschlagewerke. Sie setzen in der Regel einen kompetenten Umgang mit dem Zeitenstrahl und ebenso ein gut entwickeltes Temporalbewusstsein voraus.

Literatur
- *Bertelsmann Lexikon Geschichte (CD-ROM).* München: Bertelsmann, 1996
- Ebeling, Hans: *Zur Didaktik und Methodik eines kind-, sach- und zeitgemässen Geschichtsunterrichts.* Hannover: Schroedel, 1973
- Geschichte lernen, Sammelband 1997. *Geschichte lehren und lernen.* Seelze-Velber: Friedrich
- *Historica (CD-ROM).* Berlin: Cornelsen, 1997
- Messmer Kurt: *Geschichte im Unterricht.* Luzern: Kantonaler Lehrmittelverlag, 1981
- Schweiggert, Alfons: *Die kleine Weltgeschichte.* Donauwörth: Auer, 1991
- *Weltgeschichte neu entdecken (CD-ROM).* Mannheim: Bibliogr. Institut, 1997

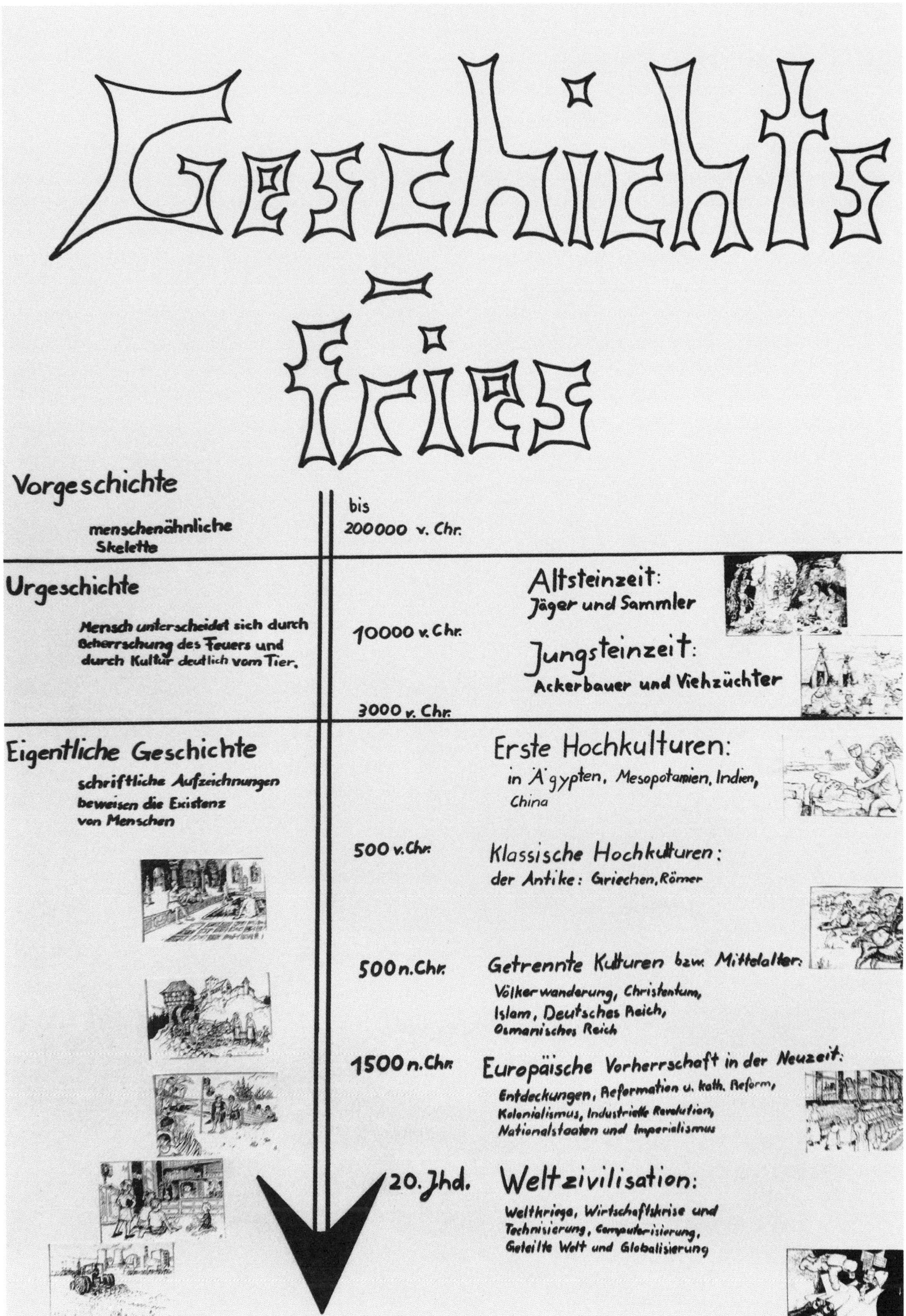

Geschichts-Fries

Vorgeschichte		bis 200000 v. Chr.	
	menschenähnliche Skelette		
Urgeschichte			**Altsteinzeit:** Jäger und Sammler
	Mensch unterscheidet sich durch Beherrschung des Feuers und durch Kultur deutlich vom Tier.	10000 v. Chr.	**Jungsteinzeit:** Ackerbauer und Viehzüchter
		3000 v. Chr.	
Eigentliche Geschichte			**Erste Hochkulturen:** in Ägypten, Mesopotamien, Indien, China
	schriftliche Aufzeichnungen beweisen die Existenz von Menschen		
		500 v. Chr.	**Klassische Hochkulturen:** der Antike: Griechen, Römer
		500 n. Chr.	**Getrennte Kulturen bzw. Mittelalter:** Völkerwanderung, Christentum, Islam, Deutsches Reich, Osmanisches Reich
		1500 n. Chr.	**Europäische Vorherrschaft in der Neuzeit:** Entdeckungen, Reformation u. kath. Reform, Kolonialismus, Industrielle Revolution, Nationalstaaten und Imperialismus
		20. Jhd.	**Weltzivilisation:** Weltkriege, Wirtschaftskrise und Technisierung, Computerisierung, Geteilte Welt und Globalisierung

Geschichte im Internet – per Mausklick durch Raum und Zeit

Wer Geschichte lehrt, muss das Internet beachten. In einer Erkundung zum Geschichtsbewusstsein von Jugendlichen im Aargau haben im Jahr 1998 auf die Frage «Zu welchen Darstellungen von Geschichte hast du Vertrauen?» die meisten das Internet als zuverlässigstes Medium rangiert, noch vor den Museen und historischen Stätten, vor Quellen, weit vor Lehrererzählungen und historischen Romanen. Diese Einschätzung des Internets als vertrauenswürdige Instanz kam unabhängig davon zustande, ob die 15-jährigen zu Hause über einen eigenen Internetanschluss verfügten (ein Fünftel der Befragten in der oben erwähnten Erkundung) und ob sie schon Erfahrungen mit dem «Surfen» hatten oder nicht. Einige Jugendliche verbringen so viel Zeit im Internet wie andere vor den Fernsehschirmen. Deren Geschichtsbewusstsein wird vom Internet geprägt.

Internet ist ein Transportmittel von Daten, wo via Telefon- und anderen Leitungen riesige Mengen von Informationen (Texte, Bilder, Töne, Filme) hin- und hergeschoben werden. Bereits haben weltweit viele Institutionen und Personen einen Anschluss an diese Datenautobahn. Für den Geschichtsunterricht ist es optimal, wenn sowohl im Geschichtszimmer selbst Computer mit Internet-Zugängen vorhanden sind als auch ein Computerraum zur Verfügung steht, wo die Schülerinnen und Schüler der halben oder ganzen Klasse je an einer eigenen Station arbeiten können. Von der technischen Seite her braucht es dazu Telefonanschlüsse, leistungsfähige Computer, die dazugehörige Software und Modems. Wenn dies gewährleistet ist, wird Internet sowohl die Inhaltsauswahl (das «Was») als auch die methodische Umsetzung (das «Wie») des Geschichtsunterrichts wesentlich verändern: Lernende gehen per Mausklick auf eine Welt- und Zeitreise.

Internet als Chance
Wenn Schülerinnen und Schüler im Geschichtsunterricht selber Fragen stellen, ist eine der besten Voraussetzungen für Lernen von Geschichte gegeben. Wenn Geschichtslehrpersonen zudem in der Lage sind, den Lernenden aufzuzeigen, wie sie diese Fragen mit Hilfe des Internets selber beantworten können, bekommen diese die Chance, sich selbstständig Geschichte anzueignen.

▶ Sie, mich interessiert die Thematik «Raubgold». Können Sie mir sagen, wo ich mehr dazu erfahre? – *Schau doch mal im Internetarchiv deiner Zeitung nach oder klicke die Links zur Politik an.*
▶ Sie, jetzt habe ich gesehen, dass sich eine Klasse in Endingen auch am Geschichtswettbewerb beteiligt und wie ich das Thema «Judenverfolgung» gewählt hat. Was soll ich jetzt tun? – *Das ist doch toll. Tauscht via Internet eure Projektskizzen aus und überlegt, wo sich eine sinnvolle Zusammenarbeit ergeben könnte.*
▶ Sie, ich habe den Lesetext zu den Alamannen nun fertig gelesen, was soll ich tun? – *Hast du die Ausstellung im Landesmuseum zu den Alamannen bereits gesehen? Besuche doch einmal diese Homepage oder diejenige eines anderen Museums deiner Wahl oder suche im Internet, ob du etwas zu den Alamannen findest.*

Internet im Geschichtsunterricht
Internet kann im Geschichtsunterricht vielseitig eingesetzt werden. Die oben erwähnten Beispiele zeigen dies. Internet dient erstens Schülerinnen und Schülern und natürlich Lehrpersonen der Informationsbeschaffung und Recherche. Wer sich über einen Provider mit einer guten Einstiegsseite ins Internet einwählt, erfährt jeweils das Neuste und Aktuellste aus Politik, Kultur und Sport. Weiter gibt es eine Reihe von Zeitungen und Zeitschriften auf der ganzen Welt, welche ihre wichtigsten Beiträge täglich neu aufs Netz laden und die über ein ausgezeichnetes Archiv verfügen. Dann betreiben viele staatliche Stellen und Regierungen einen eigenen Informa-

tionsdienst im Netz. Für Geschichte spielen natürlich die Bibliotheken eine grosse Rolle, auch Bildarchive oder Datenbanken, wie z.B. das Historische Lexikon der Schweiz (vgl. Abbildung) oder die Datenbank zu den schweizerischen Kulturgütern. Daneben gibt es speziell für Geschichte aufbereitete Webseiten, z.B. zur Schweizer Politik, oder auch Universitätsseiten, die versprechen, «alles über Geschichte» zu liefern. Wenn man im Geschichtsunterricht zu einem bestimmten Thema, zu einem Stichwort oder zu einer Person genauere Informationen oder Bilder sucht, dann können die grossen Suchprogramme sowohl den Lernenden als auch den Lehrpersonen weiterhelfen. Auf diese Weise lassen sich leicht Bilder von Konzentrationslagern finden oder Quellen zur Französischen Revolution herunterladen. Karten zu verschiedenen Themen, Karikaturen, Strukturdiagramme usw. können schliesslich die Präsentation eines Inhaltes erleichtern.

Das Internet dient zweitens der Kooperation und Kommunikation: Die Schule und speziell der Geschichtsunterricht sollen die Teamfähigkeit fördern, um ein Zusammenleben in demokratischen Gesellschaften zu ermöglichen. Auch hier bietet das Internet ganz neue Möglichkeiten. Mit Dialog- oder Chatboxen können Ideen schnell und unkompliziert in der ganzen Welt ausgetauscht, Tipps abgegeben und Fragen gestellt werden. Eine Zusammenarbeit weit über Landesgrenzen hinaus wird leicht möglich (vgl. das zeitgeschichtliche Regionenporträt). Für viele Jugendliche spielt E-Mail bereits eine grosse Rolle.

Internet dient drittens der Unterhaltung. Geschichte sollte schon immer auch unterhalten. Man las und liest historische Romane, man schaut sich historische Spielfilme an, man taucht ab in andere ferne Zeiten. Mit Internet ist diese Möglichkeit noch einmal erweitert worden. Jetzt kann jede und jeder von zu Hause aus die Höhlenzeichnungen in Lascaux besuchen, zu denen man sonst kaum mehr Zutritt hätte.

Chancen und Gefahren des Internets
Zu den oben geschilderten Vorzügen des Internets im Schulzimmer gesellt sich natürlich für Lehrpersonen die Möglichkeit, Internet als Vorbereitungsmedium zu nutzen, sei es für die thematische Aufarbeitung eines Lerninhaltes, sei es zum Austausch von Arbeitsblättern oder Ideen, sei es zur Abstimmung von Zielen, sei es zum Herunterladen von Medien für den Unterricht.

Internet wird von vielen als basisdemokratische Chance zu einer gerechteren Gesellschaft gesehen. Informationsmonopole werden geknackt. Im Moment scheint es nicht mehr möglich zu sein, ein ganzes Land informationsmässig hermetisch abzuriegeln. Wer z.B. eine Säuberungsaktion oder andere

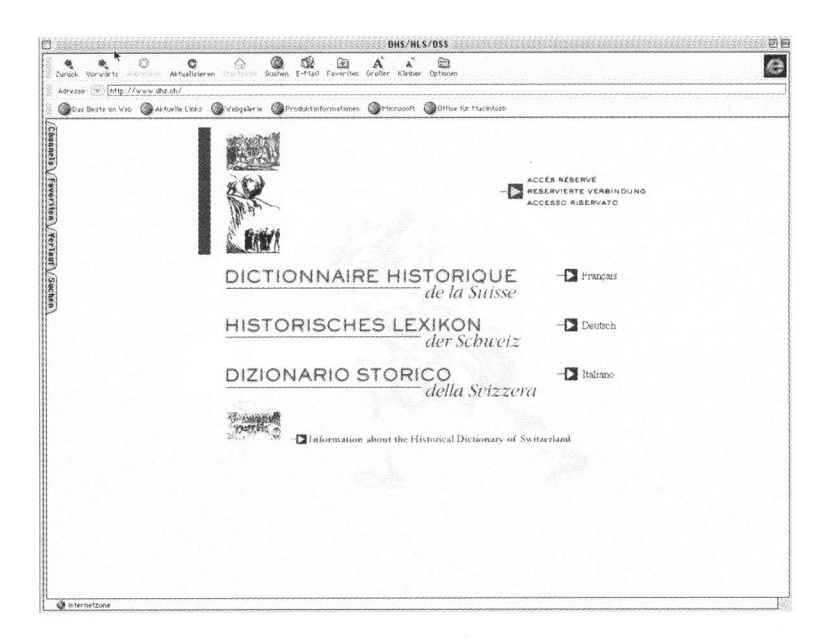

Verbrechen an der Menschlichkeit begeht, muss damit rechnen, dass dies innert Kürze der Weltöffentlichkeit bekannt sein wird. Während die einen die völlige Transparenz und Öffentlichkeit aller Informationen anstreben, sind andere bestrebt, die Zensur im Netz einzuführen. Hier spielt auch die Angst vor krimineller und pornografischer Nutzung eine grosse Rolle. Da solche Seiten zum Teil leicht zugänglich sind, ist es in der Schule unerlässlich, Schutzmassnahmen zu ergreifen. Die einfachste Lösung bleibt die, dass die Lehrperson präsent ist, wenn Schülerinnen und Schüler surfen, und so Einblick in deren Bildschirm hat. Weiter ist der Datenschutz ein noch ungelöstes Problem. Auch ist es häufig schwierig herauszufinden, woher denn die Informationen genau stammen, weil die Quellenangaben fehlen oder ungenau sind. Trotz vieler Unsicherheiten ist offensichtlich: Internet beherrscht/beherrschen viele Jugendliche. Aus diesem Grunde ist es wichtig, das für andere Medien eingeführte kritische Bewusstsein bei der Informationsbeschaffung (vgl. Quellenkritik, S. 109) auch im Internet zu üben. So kann es gelingen, zu zeigen, dass das Internet keineswegs die vertrauenswürdige Instanz ist, für die viele Jugendliche es halten.

Mit Hypermedia lernen

Der rasante Siegeszug des Internets hat ein Medium zurückgedrängt, das einige Vorteile des Internets auch besitzt und erst noch vertrauenswürdiger wäre: die CD-ROM. Auch die Inhalte auf CD-ROMs sind wie im Internet multimedial arrangiert: Man findet Bilder, Karten, Filmausschnitte, Tondokumente usw. Die schriftlichen Unterlagen sind als Hypertext zugänglich, das heisst, nicht nur linear und hierarchisch aufgebaut, sondern mit Links verknüpft. So ergibt sich ein offenes und abwechslungsreiches System (Hypermedia), das selbstgesteuertes Lernen ermöglicht. Für Geschichte eignet sich Hypermedia ausgezeichnet, weil sich damit das historische Universum unter vielerlei Gesichtspunkten ordnen lässt. Gute CD-ROMs bieten zum Beispiel sowohl einen chronologischen wie thematischen oder regionalen Zugang zum Lerninhalt. Je nach Fragestellung oder Problem, das man lösen möchte, wird die adäquate Plattform gewählt. So kann Geschichte mehrdimensional und multiperspektivisch angeboten werden. Vielen CD-ROMs gelingt es allerdings nicht, den Lerninhalt adressatengerecht aufzubereiten, obwohl sich doch gerade Hypermedia dafür eignen würde, Inhalte auf verschiedenen Niveaus anzubieten. Der Hauptmangel von Hypermedia fürs Lernen aber liegt darin, dass der Unterhaltungsaspekt häufig die Lernabsicht verdrängt. Wer sich verleiten lässt, immer weiter von einem Link zum nächsten zu hüpfen, wer durch zu grosse Neugier ins lustvolle Surfen gerät, dem gelingt es nicht, einen Lernzuwachs festzuhalten. So führt das Arbeiten mit Internet und CD-ROMs häufig zu einem unverbindlichen Nippen ohne nachhaltigen Erfolg. Die schwierige Aufgabe und Kunst der Lehrperson im Umgang mit Hypermedia ist es, die grosse Neugier und Lust der Schülerinnen und Schüler als Startbasis für ein wirkungsvolles und bedeutsames Lernen zu nutzen.

Literatur
– Ditfurth, Christian v.: *Internet für Historiker*. Frankfurt: Campus-Verlag, 1998 (2.)
– Gersmann, Gudrun: Neue Medien und Geschichtswissenschaft. In: *Geschichte in Wissenschaft und Unterricht, Heft 4/99.* S. 239–249
– http://www.bias.ch/links/links.html
– http://www.cx.unibe.ch/hist/fru/gi/histlink.htm
– Issing, Ludwig J.; Klisna, Paul (Hrsg.): *Information und Lernen mit Multimedia*. Weinheim und Basel: Beltz, 1997 (2.)
– Riemann, Mario: Historisches Lernen mit Hypermedia. In: Schönemann B.; u.a. (Hrsg.): *Geschichtsbewusstsein und Methoden historischen Lernens*. Weinheim: Deutscher Studien Verlag, 1998. S. 120–142
– Schüle, H.; Bär, P.; Ritter, G. (Hrsg.): *Geschichte und Informatik. Histoire et informatique. 1996/97 (Vol. 7/8)*. Bern: Verein Geschichte und Informatik, 1997

Zeitgeschichtliches Regionenporträt

Ziel und Aufgabe	Während des kommenden Schulhalbjahres sollst du ein zeitgeschichtliches Regionenporträt entwickeln. Du sollst zu einer bestimmten Gegend mindestens acht Beiträge sammeln, diese kommentieren und dazu Fragen stellen, deine Fragen einer Partnerin oder einem Partner in der gewählten Gegend schicken oder mailen und dann die Antworten wieder sammeln. Das Porträt, das du verfassen wirst, soll für dich ein Anstoss sein, gezielt Informationen zu suchen, diese zu lesen, über das Gelesene nachzudenken und Fragen zu stellen, zu diskutieren und deine Gedanken festzuhalten. Diese Arbeit will dich zur Beschäftigung und Auseinandersetzung mit der heutigen Welt anregen.
Vorgehen	a) Suche zuerst eine Person in der gewählten Gegend, welche mit dir Informationen austauschen und vielleicht einen Mail-Kontakt aufbauen möchte. Achte darauf, dass du nicht nur forderst, sondern auch etwas anbietest, z.B. Informationen aus der Schweiz. b) Suche dann Informationen über die Gegend. Wähle während des kommenden Halbjahres mindestens acht Beiträge deiner Wahl aus. c) Sammle die Beiträge in einer Dokumentation oder in einer speziellen Datei. d) Zu jedem Beitrag schreibst du einen eigenen Kommentar. Formuliere selber Fragen und schicke oder maile diese deiner Partnerin oder deinem Partner in der betreffenden Gegend. Er oder sie kann dir deine Fragen beantworten oder dir dazu Hinweise geben.
Hinweise	▶ Bei jedem Bericht sollst du vermerken, woher du ihn hast, zum Beispiel: *Zofinger Tagblatt*, 6. Juni 1999, Seite 15, oder «http://www.nzz.ch/online; 6. Juni 99». ▶ Das Regionenporträt wird hinsichtlich Artikelauswahl, Kommentar und Fragen, Darstellung und Form bewertet. ▶ Die Berichte sollen etwas mit «Geschichte» zu tun haben. Achte also darauf, dass Menschen vorkommen und dass sich der Bericht den Bereichen Gesellschaft, Wirtschaft, Herrschaft oder Kultur zuordnen lässt.

Geschichte festhalten – Verankerung statt Kulissenlernen

Schülerinnen und Schüler lernen dann Geschichte, wenn es ihnen gelingt, Neues zu verinnerlichen und an eigenen Strukturen festzumachen. Sie sollen Geschichte in Bezug zu sich selber bringen. Geschieht diese Verankerung des Lerninhaltes nicht, bleibt es beim blossen Kulissenlernen. Festhalten muss jede Schülerin und jeder Schüler selber. Die Aufgabe der Lehrperson besteht darin, den dafür notwendigen Raum zu gewähren und günstige Anregungen und Hilfestellungen zu geben.

Es geht langsam gegen 12 Uhr mittags. Man hört die ersten Mägen knurren und einige Füsse scharren. Die Doppelstunde Geschichte neigt sich ihrem Ende zu. Die Lernenden sollten heute erkennen, dass mindestens acht Faktoren den Ausbruch der Französischen Revolution bedingen und dass die revolutionären Umwälzungen des Jahres 1789 als drei verknüpfte Teilrevolutionen verstanden werden können. Jetzt leitet die Lehrerin wie so oft, wenn sie mit der Klasse im Plenum arbeitet, eine Phase des Festhaltens ein. Sie skizziert den Schülerinnen und Schülern an der Wandtafel ein zusammenfassendes Bild: ein Trichter, ein überlaufendes Fass, drei Ereignisstränge. Die Schülerinnen und Schüler sollen die 10 Minuten nutzen und allein oder in Partnerarbeit versuchen, acht Faktoren, welche den Ausbruch der französischen Revolution bedingen, in den Trichter hineinzuschreiben, sowie die drei Ereignisstränge genauer zu bezeichnen (vgl. Abbildung, Seite 151). Die Schülerinnen und Schüler gehen noch einmal konzentriert an die Arbeit, weil sie wissen, dass diese zusammenfassenden Darstellungen wichtig sind und ihnen vor allem beim Vorbereiten von Prüfungen viel helfen. Sie nehmen ein Blatt zur Hand, beginnen die Skizze abzuzeichnen und inhaltlich zu füllen. Einigen fallen nur noch vier oder fünf Aspekte im Trichter ein. In Zusammenarbeit mit den Kolleginnen und Kollegen und dank der Lehrerin, die durch die Klasse geht und Fragen beantwortet, gelingt es auch ihnen, acht Faktoren zusammenzubringen.

Vom Sinn des Festhaltens

Wie viel Unterrichtszeit für das Festhalten eingesetzt wird, ist von Lehrperson zu Lehrperson ganz unterschiedlich. Auch scheint sich das Verhältnis im Laufe der letzten Jahre geändert zu haben. Noch vor nicht allzu langer Zeit setzten Lehrerinnen und Lehrer bis zur Hälfte der Unterrichtszeit für das Abschreiben von Geschichtsbüchern ein. 1981 schätzte Kurt Messmer die für das Führen eines Geschichtsheftes benötigte Zeit auf gut einen Viertel der ganzen Unterrichtszeit. Heute gibt es immer mehr Lehrpersonen, die gar nichts festhalten lassen, weil das Wesentliche schliesslich auf Blättern, in Lexika oder im Internet nachzulesen sei.

Der Hauptsinn des Festhaltens liegt darin, dass Lernende den Lerninhalt inhaltlich und formal verarbeiten. Schülerinnen und Schüler müssen sich in der Phase des Festhaltens noch einmal geistig mit dem Lerninhalt auseinander setzen. Blosses Abschreiben eines Buches oder eines vorgegebenen Tafelbildes wird zu diesem Zweck meistens nicht so viel bringen, weil da das Motorische im Vordergrund steht. Das Festhalten dient als Unterrichtsprotokoll und kann für die Vorbereitung von Repetitionen und Tests eine wertvolle Hilfe sein. Manchmal dient ein Geschichtsheft oder ein Ordner auch nach der Schulzeit als persönliches Nachschlagewerk. Zudem werden die Schülerinnen und Schüler zu sauberer Arbeit und gefälliger Darstellung erzogen, was weit über den Geschichtsunterricht hinaus von Bedeutung ist.

Festhalten dient aber nicht «bloss» der inhaltlichen Aufarbeitung des Lerninhaltes oder der Förderung einer Arbeitshaltung. So hat sich in Untersuchungen gezeigt, dass das Lernen bei Schülerinnen und Schülern effektiver verläuft, wenn diese über ihr Lernen nachdenken (vgl. Seite 162). Dies lässt sich gelegentlich günstig mit der Phase des Festhaltens verknüpfen, welche nicht nur am Schluss eines Lernprozesses wichtig ist.

Für Lehrpersonen ist es aber nicht nur aus lerntheoretischer Sicht sinnvoll, der Phase des Festhaltens besondere Aufmerksamkeit zu schenken. Geschichtshefte und Ordner sind auch ein Spiegel des betreffenden Geschichtsunterrichts. Sie sind Visitenkarten vis-à-vis der Eltern, der Kollegen, des Inspektors, der Rektorin, der Schulpflegerin usw. Zudem sind die Produkte aus der Phase des Festhaltens eine wichtige Datenbasis für die Lerndiagnose der Schülerinnen, Schüler und für die Evaluation des Unterrichts. Schliesslich ermöglicht diese Phase oft ruhige Einzelarbeit. Dies kann mithelfen, eine Lektion sinnvoll zu rhythmisieren und stimmig abzuschliessen.

Geschichtsordner oder Geschichtsheft

Fast alle Geschichtslehrer und -lehrerinnen führen ein Geschichtsheft oder einen Geschichtsordner. Viele argumentieren zugunsten eines Heftes:

- Im Heft gebe es keine losen Flatterblätter. Die Blätter könnten einfacher eingeordnet werden, und alles sei schön beieinander.
- Die Führung eines Heftes erfordere von den Lernenden mehr Sorgfalt und Ordentlichkeit. Dies gelte auch für Lehrerinnen und Lehrer, weil es schwer sei, nachträglich etwas hineinzuflicken. Bei einem Ordner scheine dies viel unverbindlicher zu sein, und die Blätter seien beliebig einführbar. Im Heft aber würde die Arbeitshaltung günstig entwickelt.
- Hefte könnten Schülerinnen und Schüler gut mit nach Hause nehmen, wohingegen Ordner im Schulzimmer oder zu Hause aufbewahrt werden müssten und viel Platz benötigten.
- Ein Heft könne besser persönlich gestaltet werden, auch weil die Lehrpersonen nicht so viel abgäben wie bei einem Ordner.

Ins Heft eingetragen wird das «Gerippe» des behandelten Lerninhalts. Dabei wechseln sich vom Lehrer, von der Lehrerin diktierte und von den Schülerinnen, Schülern selber geschriebene Zusammenfassungen oder Arbeitsergebnisse ab.

Andere Geschichtslehrpersonen empfinden den oben geschilderten Nachteil der beliebigen Reihenfolge gerade als Vorteil beim Ordner:

- Im Ordner könne der Lerninhalt leichter überarbeitet, ergänzt, umgeordnet werden.
- Um keinen «Blättersalat» zu erhalten, müssten die Lernenden sorgfältig arbeiten.
- In einem Ordner hätten verschiedene Kategorien von Blättern besser Platz.
- Beim Ordner entfalle das lästige Ausschneiden und Einkleben der Blätter, und so werde auch Papier gespart.
- Ein Ordner passe besser zu den Erweiterten Lehr- und Lernformen als ein Heft.

Die Form des Festhaltens hängt von der Lernkultur und vom Umfeld ab. Wichtig ist, dass festgehalten wird. Dazu gibt es verschiedene Möglichkeiten.

Verschiedene Möglichkeiten des Festhaltens

«Ende gut, alles gut» – Diese Aussage bringt die Bedeutung des Abschlusses auf den Punkt. Ein gelungener Abschluss kann den Lernprozess günstig verstärken, ein misslungener Abschluss den Lernerfolg gefährden. Ein guter Abschluss und eine gelungene Festigungsphase ist eine Art Visitenkarte des Lehrers, der Lehrerin. Es gibt viele Möglichkeiten dazu:

- *Übungsaufgabe:* Das Gelernte wird mit einem Arbeitsblatt oder einem Lückentext repetiert.
- *Lernkontrolle:* Das Erreichen der Lernziele wird mündlich oder schriftlich überprüft.
- *Zusammenfassung:* Die Lernenden oder Lehrenden fassen das Gelernte systematisch und kurz zusammen und halten es allenfalls mittels Lehrervortrag, Hefteintrag, Folienoverlay, Tafeltext, Kurzdiktat oder Protokoll fest.
- *Bild:* Ein Schema oder eine Struktur veranschaulicht das Gelernte (vgl. Abbildung, Seite 151).

- *Rückgriff auf den Anfang:* Wenn die Lernziele klar deklariert und an der Tafel aufgeschrieben sind, kann darauf zurückgegriffen werden.
- *Ergänzungs- und Erschliessungsaufgaben:* Ein gestelltes Problem oder ein Ereignis wird von einer neuen Seite oder aus einer andern Perspektive beleuchtet, z.B. mit einer Karikatur oder einem Gedicht.
- *Fortsetzungs- und Analogieaufgaben:* Die ursprüngliche Ausgangssituation wird erweitert und fortgesetzt, z.B. durch das Diskutieren weiterführender Fragestellungen.
- *Zettelwand:* Resultate werden an einer Wandzeitung veröffentlicht.
- *Unterrichtsgespräch:* Ein abschliessendes Podium, ein Streitgespräch oder das Abfragen thematisiert die wichtigsten Aspekte.
- *Ausblick:* Die Lehrperson gibt die Anschlussziele oder die nächsten Lernschritte bekannt und verdeutlicht dadurch das Erreichte.
- *Lied oder Spiel:* Durch einen Wechsel der Arbeitsform oder durch eine neue Figur wird das Wichtigste neu beleuchtet und vertieft.

Eine gelungene Festigungsphase sichert einerseits den Lernprozess rückwärtsblickend und ermöglicht andererseits vorwärtsblickend einen Transfer. Für viele Schülerinnen und Schüler eignet sich dazu besonders das Mind Mapping. Dies ist eine einfache Möglichkeit, Wichtiges festzuhalten. Das Grundprinzip dieser Notiztechnik ist die Überwindung des gewohnten, scheinbar wohlgeordneten Untereinanderschreibens. Beim Notieren mit der Mind Map-Technik soll gewissermassen eine Gedächtnislandkarte entstehen. Zuerst wird das Thema in eine Ellipse hineingeschrieben. Von diesem Zentrum aus werden mehrere Bogenlinien nach aussen gezogen, welche als Hauptäste die zentralen Gedanken bzw. Kapitel symbolisieren. Wenige Schlüsselwörter werden auf diese Linien geschrieben. Von den Hauptästen gehen Seitenäste ab, die sich vielleicht weiter verzweigen. Neben Wörtern können auch Symbole oder Bilder gezeichnet werden. All das lässt sich mit geringem Aufwand erledigen, nichts geht verloren, und man hat am Schluss alles auf einen Blick und erst noch einigermassen übersichtlich, weil eine Mind Map auf eine Seite beschränkt bleibt. Bei der Entwicklung einer Mind Map verbindet sich logisches und assoziatives Denken. Wer eine Mind Map macht, ist aktiv und kreativ. Durch die bildhafte Darstellung und die Beschränkung auf Kernbegriffe wird Wesentliches vom Unwesentlichen unterschieden. Alle, die selbstständig eine Mind Map entwickeln, gliedern und hierarchisieren einen Inhalt so, wie dies zu ihrem Vorwissen und ihren Denkstrukturen passt. Mind Maps eignen sich deshalb gut für die Festigung, weil Gedanken verankert werden und gleichzeitig offen für weitere Anschlüsse bleiben. Mind Maps unterstützen auch Darbietungen oder Präsentationen günstig. Je klarer die Bildstruktur von Mind Maps ist, desto besser prägen sie sich ein.

Literatur
- Buzan, Tony; Buzan, Barry: *Das Mind-Map-Buch*. Landsberg: mvg, 1997 (2.)
- Heymann, Hans Werner: Üben und wiederholen – neu betrachtet. In: *Pädagogik, Heft 10/98*. S. 7–11
- Lipp, Ulrich: Mind-Mapping in der Schule. In: *Pädagogik, Heft 10/94*. Seite 22–26
- Osburg, Florian: *Tafelskizzen für den Geschichtsunterricht*. Frankfurt am Main: Diesterweg, 1994
- Svantesson, Ingemar: *Mind Mapping und Gedächtnistraining*. Bremen: Gabal Verl., 1998 (5.)
- Will, Hermann (Hrsg.): *Mit den Augen lernen*. Weinheim; Basel: Beltz, 1991. 6 Seminareinheiten

Beginn der Französischen Revolution

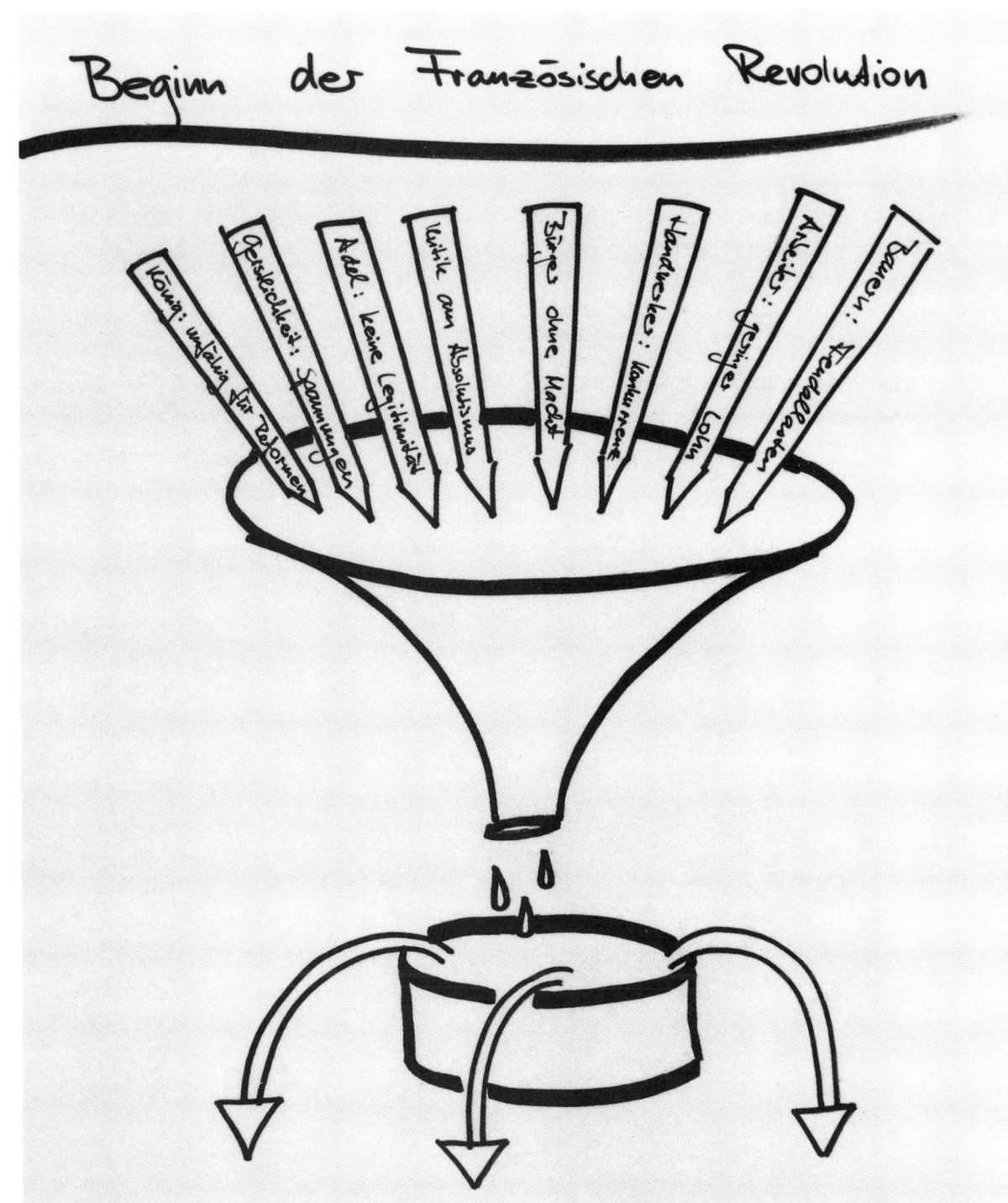

Trichter-Eingaben (von links nach rechts):
- König: unfähig für Reformen
- Geistlichkeit: Spannungen
- Adel: keine Legitimität
- Kritik am Absolutismus
- Bürger ohne Macht
- Handwerker: Konkurrenz
- Arbeiter: geringer Lohn
- Bauern: Abgaben/Lasten

1789: Die Französische Revolution beginnt mit 3 Teilrevolutionen

Revolution der Abgeordneten des 3. Standes	Revolution der Bürger von Paris	Revolution der Bauern in der Provinz
20. Juni: Ballhausschwur	14. Juli: Sturm auf Bastille	Ende Juli: Plünderungen, Flucht von Adligen

Geschichtslernen beurteilen – Lernende fördern und auslesen

Die Art und Weise, wie das Geschichtslernen beurteilt wird, ist ein guter Spiegel für den Geschichtsunterricht. Aus diesem Grund lohnt es sich, zu überlegen, wieso im Geschichtsunterricht eine Beurteilung erfolgen soll, was beurteilt wird, wie dies geschieht und welche Fehler vermieden werden müssen. Denn nirgendwo wird eine Lehrperson schneller und heftiger von Schülerinnen und Schülern, Eltern, Kollegen und der Schulaufsicht kritisiert, als dann, wenn eine Beurteilung unprofessionell erfolgt. Aus diesem Grund ist auch wichtig, einige Fachbegriffe zur Beurteilung zu kennen.

Beurteilungen scheinen im Fach Geschichte besonders gefürchtet zu sein. Viele Schülerinnen und Schüler beklagen sich, sie wüssten nicht, wie man sich auf eine Geschichtsprüfung gezielt vorbereiten könne. Diese Vorbereitung sei zudem sehr zeitaufwendig. Obwohl viele Geschichtslehrpersonen immer wieder betonen, man müsse in ihrem Unterricht die Jahreszahlen nicht auswendig lernen, hält sich hartnäckig das Vorurteil, in Geschichtstests werde primär vordergründiges Faktenwissen und würden Jahreszahlen geprüft. Da Lernende ihre Beurteilungen mit ihren Kolleginnen und Kollegen aus andern Klassen vergleichen, fällt ihnen schnell auf, wie unterschiedlich im Fach Geschichte beurteilt wird. Die einen Lehrpersonen geben nie eine ungenügende Beurteilung, andere bewerten primär den individuellen Lernfortschritt, dritte achten darauf, dass ihr Klassenschnitt bei schriftlichen Beurteilungen immer genau bei «genügend» liegt, vierte machen keine schriftlichen Lernkontrollen. Wieder andern ist es ein grosses Anliegen, dass die Schülerinnen und Schüler sich selbst beurteilen, denn nur so könne ein Hauptziel des Geschichtsunterrichts erreicht werden, das da laute: Die Lernenden sollen mündige Bürgerinnen und Bürger werden. Und dann gibt es schliesslich noch die Untersuchungen, die belegen, dass über die Hälfte der Jugendlichen bei Prüfungen regelmässig oder gelegentlich mogeln.

Funktionen von Beurteilungen

Ohne Beurteilung im Geschichtslernen geht es nicht. Wer anstrebt, dass Schülerinnen und Schüler Geschichte lernen, der wird den individuellen Lernfortschritt erkennen wollen. Wer in ein Schulsystem eingebunden ist, in welchem Übertritte aufgrund von Leistungsnoten ermöglicht werden, der wird die erforderliche Erreichung der dafür notwendigen Kompetenzen überprüfen müssen. Beurteilungen haben also je nach Situation ganz unterschiedliche Funktionen: Mit der summativen Beurteilung erfolgt zu einem bestimmten Zeitpunkt ein zusammenfassendes Urteil über die Gesamtheit der erworbenen Kompetenzen. Auf diese Weise können Lehrpersonen Schülerinnen und Schüler sowie andere Interessierte über den Leistungsstand der Lernenden informieren. Die summative Beurteilung dient zum Beispiel der Zuweisung zu weiterführenden Schulen. Die formative Beurteilung hingegen dient in erster Linie der Optimierung des Lernprozesses. Damit Lehrpersonen erkennen, wo Schülerinnen und Schüler einen Lerninhalt nicht begriffen haben, und damit Lernende merken, wo genau weitere Lernanstrengungen erforderlich sind, ist es nötig, dass Beurteilungen erfolgen, welche unmittelbare Rückkoppelungen auf den weiteren Lernprozess haben. Aufgrund einer formativen Beurteilung können Lehrpersonen den geplanten Geschichtsunterricht verändern. Solche Beurteilungen kommen in der Regel mitten in einem Kapitel vor, wohingegen summative Beurteilung am Schluss eines Lernprozesses erfolgen und auf diesen zurückblicken. Als dritte Funktion neben der summativen und formativen ist schliesslich noch die prognostische zu erwähnen. Mit einer prognostischen Beurteilung versuchen Lehrpersonen, eine Aussage hinsichtlich des künftigen Geschichtslernens zu machen. Sie blicken also im Gegensatz zur summativen Beurteilung in die Zukunft. Für eine solche prognostische Beurteilung braucht es andere Daten als für eine formative oder summative Beurteilung. Deshalb hängt die Konzeption einer Beurteilung in erster Linie von deren Funktion ab.

Relevante Daten für eine Beurteilung

Wer Geschichtslernen beurteilen will, braucht dazu Daten. Diese Daten sollen erstens möglichst objektiv sein, das heisst zum Beispiel, dass verschiedene Beurteilerinnen und Beurteiler bei den gleichen Daten zum gleichen Urteil kommen. Die Daten sollen zweitens möglichst gültig sein, dass heisst auch, dass die gewonnenen Daten tatsächlich etwas mit dem Lernprozess zu tun haben. Die Daten sollen drittens möglichst verlässlich sein, das heisst etwa, dass die Daten nicht ein zufälliges Leistungsvermögen der Schülerinnen und Schüler zeigen. Es versteht sich von selber, dass es ausgesprochen anspruchsvoll ist, zu solchen Daten zu kommen, und man wird es im Alltag kaum je schaffen, all diese Gütekriterien gut zu erfüllen. Dennoch sind diese Gütekriterien als Zielrichtung bei der Datensuche unerlässlich.

Als Daten für eine Beurteilung können mündliche Äusserungen, schriftliche Unterlagen von Schülerinnen und Schülern oder Beobachtungsnotizen von Lehrpersonen dienen. Alle drei Möglichkeiten haben ihre spezifischen Vorzüge und Nachteile. Am verbreitetsten sind im Geschichtsunterricht auf der Sekundarstufe die Beurteilungen aufgrund von schriftlichen Unterlagen, auch weil hier die Gütekriterien am einfachsten umgesetzt werden können.

Anspruchsniveau bei Beurteilungen

Wer Geschichte lernt, wird sich Fakten aneignen. Die Beurteilung von Geschichtslernen soll also Kenntnisse überprüfen, welche die Schülerinnen und Schüler im Verlauf des Unterrichts zum Beispiel durch Lesen eines Textes aufgebaut haben: Welche europäischen Staaten waren um die Jahreswende 1942/43 nicht Kriegsgebiet? Wer Geschichte lernt, soll auch in die Lage kommen, seine Kenntnisse zu verstehen und zu übertragen. Die Lernenden haben zum Beispiel im Unterricht mit einem Puzzle die Lage der Staaten im Balkan 1999 gelernt und sollen jetzt diese Staaten schematisch in eine blinde Karte von Europa eintragen. Wer Geschichte lernt, soll zudem fähig sein, sein erlerntes Wissen anzuwenden. Die Schülerinnen und Schüler haben zum Beispiel einen Überblick über den Zweiten Weltkrieg erarbeitet, und jetzt sollen sie Quellen aus verschiedenen Phasen des Krieges richtig einordnen und näher bestimmen können. Die drei oben genannten Beispiele unterscheiden sich durch ihre Komplexität.

Bloom hat in der kognitiven Dimension sechs solche Stufen unterschieden: Anspruchsvoller als 1. Kenntnisse, 2. Verständnis/Übertragung und 3. Anwendung sind gemäss Bloom 4. Analyse, 5. Synthese und 6. Beurteilung. Um Daten zur Fähigkeit der Analyse zu bekommen, kann man Lernende zum Beispiel dazu auffordern, ihnen unbekannte Schemen zu beschreiben und mit Bekanntem zu vergleichen. Nach der Behandlung des Schweizer Bundesstaates bekommen die Schülerinnen und Schüler ein Schema der Verfassung der Weimarer Republik. Sie sollen diese noch nicht besprochene Verfassung analysieren. Bei diesem Beispiel zeigt es sich schön, dass bloss aufgrund der Daten oder der Aufgabenstellung nicht einzuschätzen ist, wie komplex die Ansprüche sind. Wer das Schema der Weimarer Verfassung nicht kennt, muss analysieren. Wer es kennt und im Unterricht schon analysiert hat, der muss Kenntnisse wiedergeben. Wenn Lehrpersonen beurteilen wollen, wie Schülerinnen und Schüler eine Synthese schaffen, dann können sie sie auffordern, aufgrund von im Unterricht Analysiertem selber ein Schema zu entwickeln. Wem es gelingt, nach der Behandlung des Merkantilismus ein Schema zu zeichnen, der verfügt über komplexe kognitive historische Kompetenzen. Die anspruchvollste Komplexitätsstufe erreichen Lernende dann, wenn sie zum Beispiel in der Lage sind, selbstständig eine ihnen unbekannte Quelle zu interpretieren. Eine schriftliche Prüfung in

Geschichte sollte auch bei 12- bis 16-Jährigen Aufgaben zu den Komplexitätsstufen 1 bis 3 umfassen.

Um Geschichtslernen zu beurteilen, müssen aber neben den Kenntnissen und Erkenntnissen auch Fähigkeiten und Fertigkeiten berücksichtigt werden. Klug konzipierte Aufgabenstellungen zu Tabellen, Karikaturen, Bildern usw. können dies leisten.

Vom Umgang mit den Daten
Um von den vorliegenden Daten zu einem Urteil zu kommen, gibt es verschiedene Möglichkeiten. Bei einer summativen Beurteilung wird vorzugsweise kriterienorientiert bewertet. Dies bedeutet, dass sich Lehrerinnen, Lehrer bei der Ausarbeitung der Datenerhebung überlegen, wie viele Punkte die einzelnen Aufgaben ergeben und wie viele Punkte Schülerinnen und Schüler erreichen müssen, damit ihre Leistung genügend ist. Wer einen zielgerichteten Unterricht arrangieren will, der konzipiert die Lernkontrollen günstigerweise vor Beginn des Unterrichts. Wenn eine Lehrperson weiss, wie der eigene Unterricht überprüft wird, dann beeinflusst dies auch das eigene unterrichtliche Handeln.

Die Daten können auch normorientiert ausgewertet werden. Dies bedeutet zum Beispiel, dass Lehrpersonen eine Prüfung erstens korrigieren, zweitens den Durchschnitt ausrechnen, drittens von der Norm ausgehen, dass die Klasse durchschnittlich genügend arbeitet, viertens den Durchschnitt als genügend annehmen und schliesslich fünftens eine Beurteilungsskala entwickeln. Dieses im Schulalltag häufig praktizierte Vorgehen erfüllt die geforderten Gütekriterien an eine Beurteilung nicht, da die Objektivität nicht gewährleistet ist. Aber angesichts des Umstandes, dass die Gütekriterien im Schulalltag sowieso nie vollumfänglich umgesetzt werden können, ist eine reflektierte Anwendung dieser Normorientierung vertretbar.

Lehrpersonen sollen die Daten beim formativen Einsatz auch subjektorientiert beurteilen. Dies bedeutet, dass sie den Lernfortschritt einzelner Schülerinnen und Schüler in den Blick nehmen. Während also bei weniger guten Schülerinnen und Schülern eine selber entwickelte Karte des Balkans, welche vier Fehler aufweist, als sehr gut bezeichnet wird, dann wird dieselbe Karte bei guten Schülerinnen und Schülern bloss als genügend taxiert.

Vom Umgang mit den Beurteilungen
Einen professionellen Umgang mit Beurteilungen im Geschichtsunterricht erkennt man auch an der Vorbereitung und an der Nachbesprechung der Beurteilung. Vor allem bei summativen Beurteilungen ist es wichtig, dass Schülerinnen und Schüler genau wissen, wie sie sich auf die Prüfung vorbereiten können. Eine rechtzeitige Vorbesprechung der Beurteilung und ein schriftlicher Hinweis, was geprüft wird, wie und wie lange man sich vorbereiten soll, führen auch dazu, dass Beurteilungssituationen transparent und angstfrei werden.

Beurteilungen sind dann vor allem lernfördernd, wenn die Dauer zwischen Datenerhebung und Bekanntgabe des Urteils kurz ist. Wer zum Beispiel Prüfungen während der Ferien korrigiert, macht deutlich, dass es ihm primär um Auslese und weniger um die Förderung von Geschichtslernen geht. Auch sollen Schülerinnen und Schüler bei Fremdbeurteilungen die Möglichkeit erhalten, dazu mündlich und sofort Stellung zu nehmen. Geschieht dies nicht, können sich negative Gefühle und Meinungen aufbauen, die lernhemmend wirken.

Literatur
– Borries, Bodo von: Leistungsmessung und Leistungsbeurteilung. In: Bergmann; Fröhlich; Kuhn; Rüsen; Schneider (Hrsg.): *Handbuch der Geschichtsdidaktik*. Seelze-Velber: Kallmeyer, 1997 (5., überarb. Auflage). S. 475–480
– Gies, Horst: *Repetitorium Fachdidaktik Geschichte*. Bad Heilbrunn/Obb.: Klinkhard, 1981
– Henseler, Johann: Leistungsmessung, - beurteilung. In: Niemetz, Gerold: *Ploetz. Lexikon für den Geschichtsunterricht*. Freiburg: Ploetz, 1984. S. 109 ff.

Tipps zu schriftlichen Beurteilungen

Vorbereitung
- Termin rechtzeitig bekannt geben oder mit Schülerinnen und Schülern verabreden.
- Mit Lernenden gemeinsam Beurteilungen vorbereiten: Wie lerne ich? Was erwartet die Lehrerin, der Lehrer von mir?
- Verschiedene Lernziele durch unabhängige Prüfungsaufgaben erfassen: Kurze, voneinander unabhängige Aufgaben stellen, aber nicht zu viele Aufgaben.
- Das Wissen umformen lassen (Perspektivenwechsel; Umkehraufgaben).
- Sich bei der Vorbereitung einer Beurteilung fragen, ob Aufgaben mit verschiedenen Komplexitätsstufen zu lösen sind.
- Besondere Sorgfalt für die Formulierung von Prüfungsaufgaben verwenden und überlegen, ob die Aufgaben verständlich sind. Insbesondere «Regieanweisungen» (Mach eine Tabelle!) von «Fragen» (Welche Regierungsformen kennst du?) deutlich trennen, damit Schülerinnen und Schüler wissen, was sie tun müssen.
- Sich vor der Durchführung der Probe über die Auswertungsgesichtspunkte klar werden: Worauf achte ich bei der Bewertung? Lösungen schriftlich festhalten. Überlegen, welches die Mindestanforderungen für eine positive Beurteilung sind, schliesslich Punktzahl mit entsprechender Note festlegen.
- Punktzahlen an den Rand schreiben. Der Schüler soll nach der Probe abschätzen können, welche Note er gemacht hat.
- Gelegentlich Hilfsmittel nennen, die während der Durchführung gebraucht werden dürfen (Spick, Atlanten usw.).
- Sich überlegen, wie man vorgeht, wenn man Schülerinnen, Schüler beim Mogeln erwischt. Zum Beispiel die Regel einführen, dass Mogeln als Zeichen gilt, dass man mit der Prüfung fertig ist und diese also abgeben will.

Nachbereitung
- Vergleich mit Mitschülerinnen, Mitschülern fördern, ohne den Persönlichkeitsschutz zu verletzen und ohne Blossstellungen zu ermöglichen.
- Genügend Zeit für die Rückmeldung einplanen. Einzelgespräche fördern, z. B. durch Ansetzen von stiller Einzelarbeit während der Rückmeldung.
- Dazu stehen, dass eine Beurteilung ganz gut/ganz schlecht herauskommt.

Lernsituationen zum Abschliessen

Aufhören kann jeder, Schluss machen nicht. Abschlussfiguren gehören wie die des Anfangs zu den wichtigsten didaktischen Gestaltungsmomenten des Unterrichts. «Ende gut, alles gut» bringt die Bedeutung des Abschlusses auf den Punkt. Ein gelungener Abschluss kann den Lernprozess günstig verstärken, ein misslungener Abschluss den Lernerfolg gefährden. Ein guter Abschluss ist eine Art Visitenkarte der Lehrperson: Wer gut lehren will, gestaltet das Ende (machtvoll oder leise, harmonisch oder konfliktträchtig) und überlässt es nicht dem Zufall. Dazu muss das Herannahen des Abschlusses wahrgenommen werden, auch und gerade dann, wenn der Lernprozess spannend und intensiv wird. Die Lehrerin, der Lehrer darf sich nicht durch das Ende überraschen lassen.

Noch gut 15 Minuten geht es, und dann ist die Doppelstunde Geschichte schon wieder vorbei. Die Lehrperson hat gerade ihre Erklärung zum Beginn des Sonderbundkrieges abgeschlossen. Jetzt verteilt sie wieder einmal ihre berühmten 30 Zettelchen. Darauf stehen zu einem Thema die wichtigsten Begriffe, Namen und Jahreszahlen, und die Schülerinnen und Schüler müssen jeweils zu zweit die Zettelchen ordnen und in eine sinnvolle Struktur bringen. Während dieser Ordnungsübung können sie auch noch einmal Fragen zu Begriffen stellen, die sie nicht verstanden haben. Die Schülerinnen und Schüler machen diese Arbeit gerne, weil sie ihnen sofort vor Augen führt, ob sie den Lerninhalt verstanden haben. Es ist auch spannend, die verschiedenen Strukturen, die entstehen, zu vergleichen. Und mit diesen Zettelchen haben die Lernenden das Wichtigste zum Thema zusammen. Auch für die Lehrperson ist es spannend zu verfolgen, wie die Schülerinnen und Schüler diese so genannte Sortier- und Strukturierfigur lösen: Wo stellen die Lernenden Fragen? Welche Struktur kommt am meisten hervor? Habe ich den Lerninhalt gut erklärt? Zudem ist der Einstieg für die nächste Lektion schon geplant. Zwei Lernende werden die Zettelchen, welche sie am Schluss der Stunde zusammengepackt haben, vor Beginn der nächsten Stunde mit Magneten an die Tafel heften, und die Klasse wird zu deren Anordnung der Begriffe Stellung nehmen.

Ziele des Abschliessens

Der oben beschriebene Abschluss ist in verschiedener Hinsicht gelungen: Erstens hat er den Lernprozess rückwärtsblickend gesichert, gefestigt und dadurch Sicherheit gegeben. Der Abschluss hat zudem vorwärtsblickend einen Transfer ermöglicht: Die Kenntnisse, Fähigkeiten, Absichten und Verhaltensweisen werden auch ausserhalb der Lernsituation in der nächsten Geschichtslektion tragen. Schliesslich hat diese Sortier- und Strukturierfigur die für den Lernprozess notwendige, am Anfang erzeugte Aufmerksamkeit, Bereitschaft und Gruppenzugehörigkeit der Lernenden gelöst. Die Schülerinnen und Schüler konnten in angenehmen Partnergesprächen ihr noch vorhandenes Wissen gegenseitig ergänzen. Zum Abschliessen gehört immer auch Loslassen. Das kann lustvoll oder schmerzhaft sein. Für die Lehrperson ist es deshalb wichtig, die strukturellen Bedingungen zur Be- und Verarbeitung jener Gefühle, Stimmungen, Erwartungen, Lernerfahrungen, die die Lernenden am Schluss haben, bereitzustellen. Die Ernsthaftigkeit des Umgangs mit der Grenze zeigt sich nicht zuletzt daran, dass die Lehrperson dafür genügend Zeit einräumt und vielleicht sogar gewisse Rituale wie das Händeschütteln pflegt.

Abschliessen ist nicht gleich abschliessen. Auch bei den Abschlusssituationen ist die Reflexion der Lehrpersonen unabdingbare Voraussetzung, um ein gutes Ende setzen zu können: Unterrichte ich die Klasse, mit welcher ich eine Lektion beenden will, gleich anschliessend in einem andern Fach? Oder ist es die letzte Stunde der Woche, des Schuljahres, der obligatorischen Schulzeit? Ist der Lernprozess zu Ende, beginne ich morgen mit einer neuen Methode einen neuen Lerninhalt? Eine Abschlussfigur, welche sich für viele Situationen eignet, ist das Blitzlicht.

Das Blitzlicht – ein Must für alle Lehrprofis
Das Blitzlicht will vorhandene Gefühle, Wünsche, Erwartungen, Ideen, Vorschläge und Störungen bei Lernenden klären und öffentlich machen. Schülerinnen und Schüler nehmen reihum mit wenigen Sätzen zu einer einzelnen Fragestellung. Es soll weder von der Lehrperson noch von den Lernenden nachgefragt, kritisiert oder kommentiert werden. Die Einzeläusserungen sollen wirklich kurz sein (wie ein Blitzlicht). Deshalb greift die Lehrperson bei Missachtung der Vereinbarung ein. Das Blitzlicht soll die subjektive und persönliche Sicht der Teilnehmerinnen und Teilnehmer betreffen. Auf diese Weise erhalten alle einen offenen Einblick in die augenblickliche Befindlichkeit aller. Ein Blitzlicht kann beliebig oft vorgeschlagen werden, insbesondere zum Abschluss von Lernprozessen, in welchen Einstellungen, Gefühle, Werte eine grosse Rolle spielen. Auch wenn Unlust, Aggression oder Unsicherheit die Lerngruppe prägen, kann ein Blitzlicht lösen. Oft ist es dann allerdings günstig, wenn eine Weiterarbeit möglich ist oder eine Vereinbarung bezüglich Weiterarbeit getroffen wird. Folgende Checkliste für das Blitzlicht hilft beim Vorbereiten dieser Figur:

- *Ankündigung:* Die Lehrperson macht zuerst für alle deutlich klar, dass sie jetzt ein Blitzlicht durchführen. Die Interpunktion im Lernprozess muss deutlich sein.
- *Gründe und Ziel:* Sie formuliert anschaulich und leicht verständlich die Gründe, wieso sie jetzt ein Blitzlicht durchführen wird, und sie macht die Ziele öffentlich, die sie mit dieser Figur erreichen will.
- *Rahmenbedingungen:* Die Lehrperson klärt eindeutig die Rahmenbedingungen: a) die Reihenfolge (z. B. der Reihe nach von links her); b) der Umfang der erwarteten Äusserung (z. B. ein Satz); c) das Verbot der Intervention, Kommentierung usw.; d) ob die Lehrperson am Blitzlicht teilnimmt oder nicht.
- *Blitzlichtfragen:* Die Lehrperson stellt eine oder höchstens zwei Blitzlichtfragen und visualisiert diese günstigerweise mit Unterrichtsmedien (Tafelanschrieb, Hellraumprojektor, Plakat).
- *Weiterarbeit:* Die Lehrperson überlegt sich in einer mindestens 30-sekündigen Pause nach der letzten Äusserung, ob sie weiter aufs Blitzlicht eingehen will oder ob sie es stehen lassen kann.

Weitere Erfolg versprechende Abschlusssituationen
- *Mit Lernenden über den Unterricht nachdenken:* Die Schülerinnen und Schüler reflektieren den Lernprozess hinsichtlich des persönlichen Lerngewinns, ihres Wissenszuwachs, der allfälligen Verhaltensveränderungen oder ihrer Gefühle. Sie sollen zum Beispiel schriftlich Antwort geben auf die Frage: «Was geht mir durch den Kopf, wenn ich nach dieser Lektion nach Hause gehe?» (vgl. Abbildung, Seite 157).
- *Lernkontrollen:* Das Erreichen der Lernziele wird mündlich oder schriftlich summativ oder formativ überprüft.
- *Zusammenfassungen:* Die Lernenden oder Lehrenden fassen das Gelernte systematisch und

kurz zusammen und halten es schriftlich fest: Hier sind verschiedenste Formen denkbar, etwa ein Kurzdiktat, ein vorbereiteter zusammenfassender Tafelanschrieb oder eine zusammenfassende bildliche Darstellung. Vielleicht schreiben einzelne Lernende ein Protokoll, welches sie in der nächsten Veranstaltung allen verteilen, oder die Schülerinnen und Schüler verfassen eigenständig eine Zusammenfassung.

- *Ergänzungs- und Fortsetzungsaufgaben:* Ein gestelltes Problem oder ein Fall wird von einer neuen Seite beleuchtet.
- *Ausblick:* Die Lehrperson gibt Anschlussziele bekannt, trägt Hausaufgaben auf oder referiert kurz, was in folgenden Lektionen geschehen wird.
- *Gemeinsamkeit* in der Lerngruppe stiften, verstärken und loslassen, zum Beispiel durch das Singen eines Liedes oder durch Inszenierung eines Gesprächskreises.
- *Spiele:* Bei Lehrpersonen beliebt sind Wissensspiele, zum Beispiel Memory, wo alle Namen der Lernenden und gleichviele Stichworte oder Sachfragen aufgeschrieben werden. Danach werden je ein Namenskärtchen und ein Sachkärtchen gezogen, und die entsprechenden Schülerinnen und Schüler sollen zum Sachthema Stellung nehmen oder die Frage beantworten. Dieses Spiel kann beliebig ausgebaut und etwa zum Lotto ergänzt werden, wo viele Fragen existieren, welche mit einem Schwierigkeitsgrad bezeichnet werden. Lernende können Fragen austauschen und sollen versuchen, möglichst viele Punkte zu sammeln (vgl. auch Abschnitt «Spiel», Seite 78).
- *Lückentext:* Das Gelernte wird gefestigt und repetiert, indem die Lehrperson einen Text vorbereitet, in welchem die wichtigsten Begriffe fehlen. Eventuell stehen in den Lücken so viele Punkte, wie das gesuchte Wort Buchstaben hat.
- *Ordnungs-, Aufräumtätigkeiten:* Aufstuhlen, ursprüngliche Raumordnung wiederherstellen.

Abschliessen – Festhalten – Anfangen

Abschliessen heisst oft auch Brücken bauen. Abschliessen hat deshalb viel mit Anfangen zu tun. Ein guter Anfang hilft, einen guten Abschluss zu inszenieren, und ein gelungener Abschluss erleichtert den nächsten Anfang. Viele Figuren des Anfangens eignen sich deshalb auch für das Abschliessen (vgl. Abschnitt «Lernsituationen zum Anfangen», Seite 104) und umgekehrt. Wer die Schülerinnen und Schüler zum Beispiel am Schluss einer Veranstaltung festhalten lässt, was ihnen durch den Kopf geht, wenn sie nach Hause gehen, wird viele Aussagen finden, um den nächsten Anfang zu gestalten (vgl. Abbildung, Seite 157). Die Lehrperson kann auch alle Aussagen wieder auflegen und lesen lassen. Häufig wird dies zu einem spannenden Klassengespräch führen, in welchem auch über das Lernen nachgedacht wird und wo das Festhalten zum Thema wird. Natürlich lässt sich diese Figur leicht für den Anfang benützen, indem die Aufgabe gestellt wird, das aufzuschreiben, was einem durch den Kopf gegangen ist, als man zur Veranstaltung gekommen ist.

Die beste Planung und alle intelligenten Überlegungen sind aber nutzlos, wenn die Lehrperson den Anfang des Abschlusses verpasst. Didaktische Profis verfügen über eine innere Uhr, die ihnen eine Viertelstunde vor Ende das Signal gibt und ihnen mitteilt: Achtung, bald wird der Unterricht zu Ende sein. Wie willst du den Abschluss gestalten? – Lehrpersonen, die noch nicht über diese innere Uhr verfügen, tun gut daran, sich Techniken zuzulegen, damit auch sie sich diese Frage zum richtigen Zeitpunkt stellen. Nur so können sie auch bewusst didaktisch handeln.

Literatur
- Döring, K.W.: *Lehren in der Weiterbildung.* Weinheim: Deutscher Studien Verlag, 1992 (4.)
- Geissler, K.A.: *Schluss-Situationen. Die Suche nach dem guten Ende.* Weinheim; Basel: Beltz, 1992
- Grell, J.; Grell, M.: *Unterrichtsrezepte.* Weinheim; Basel: Beltz, 1990
- Knoll, J.: *Kurs- und Seminarmethoden.* Weinheim; Basel: Beltz, 1999 (8.)

Modernisierung der Eidgenossenschaft

- wirtschaftl.
- sozial
- politisch

Liberale Konservative

Zentralisten Föderalisten

Alte Eidgenossenschaft

alteuropäi. Staatswesen

1776

1789

1798 Aarau Hauptstadt Einmarsch franz. Truppen Basel Ochs Helvetische Revolution

Helvetik

Bürgerkrieg

1803 Koalitionskrieg Napoleon

Staatsstreiche

1815 Mediation

Die Reflexion von Geschichtsunterricht ist für die Lehrenden eine Energiequelle. Sie sichert die Verknüpfung von Diagnose, Planung und Durchführung von Unterricht und erlaubt eine permanente professionelle Weiterentwicklung.

Reflexion

Mit Jugendlichen über ihr Geschichtslernen nachdenken	162
Mit Jugendlichen den Geschichtsunterricht evaluieren	164
Den eigenen Geschichtsunterricht beobachten lassen	166
Den eigenen Lehr- und Lernstil überdenken	168
Die Durchführung von Geschichtsunterricht beurteilen	170

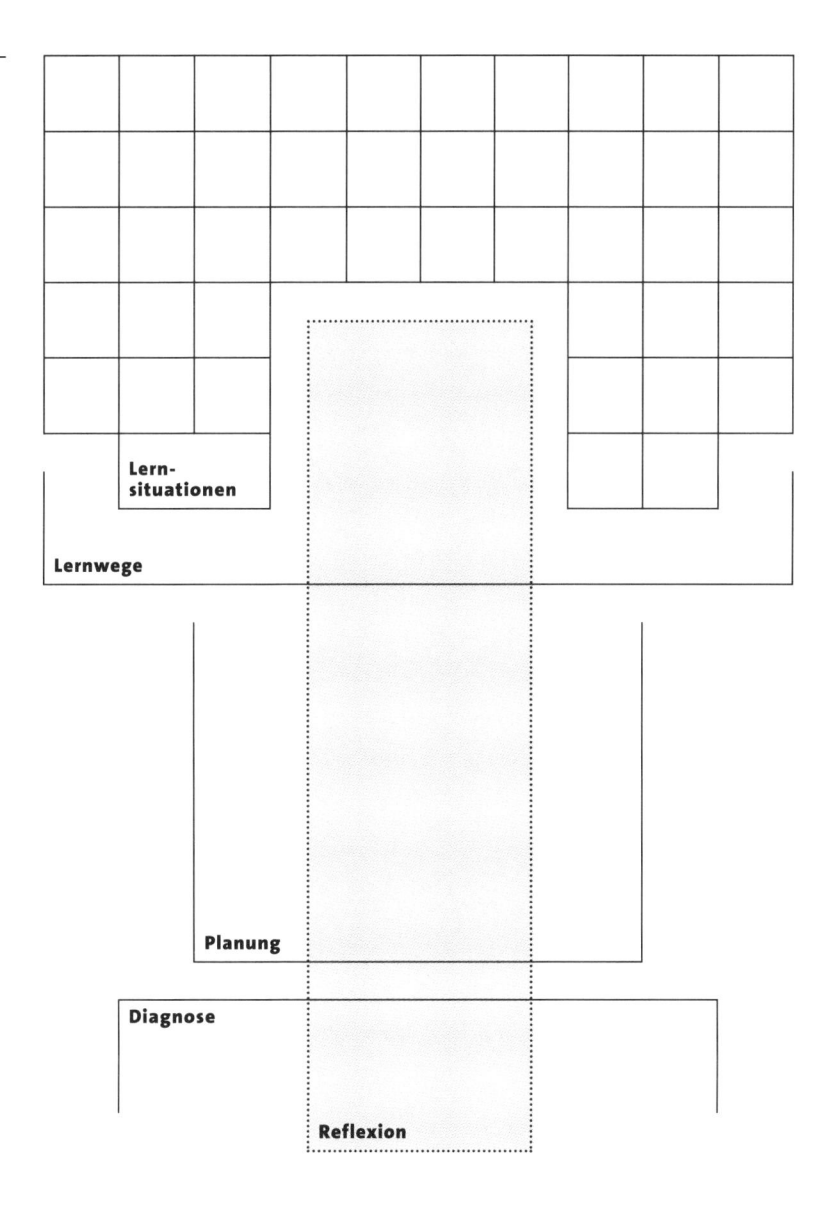

Der Erfolg und der Misserfolg des eigenen Lehrens bleiben oft im Dunkeln. Weil das unterrichtliche Handeln ein kompliziertes Gefüge ist, bei dem Ursache und Wirkung schwer zu erkennen sind, ist es notwendig, sich nach dem Lehren ein klareres Bild des Abgelaufenen zu machen, damit man nicht blind in seinen Erfahrungen gefangen bleibt. Wichtige Merkmale von kompetenten Lehrpersonen scheinen ein gewisses Mass an Skepsis gegenüber den eigenen Erfahrungen und eine typische Vorläufigkeit und Prozesshaftigkeit des Wissens zu sein. Daher sind Expertinnen und Experten informationshungriger als Neulinge und verwenden viel Zeit und Energie darauf, die spezifischen Anforderungen von konkreten Situationen zu ergründen. Nach ihren Aktionen reflektieren sie diese, entwickeln eine praktische Theorie, probieren diese in ihrer nächsten Aktion aus, reflektieren wieder usw. Wer es sich zur Gewohnheit macht, nach seiner Aktion die Reflexion zu etablieren, hat Chancen, aus dem eigenen Tun zu lernen und sein Handeln zu optimieren. So kann man zur Lehr-Expertin, zum Lehr-Experten werden.

Mit Jugendlichen über ihr Geschichtslernen nachdenken

Wer Lernwege und Lernsituationen inszeniert, der gestaltet äussere Arrangements, damit Lernen möglich wird. Das Lernen selber aber ist ein innerer Prozess der Auseinandersetzung mit dem historischen Universum. Es kann weder mechanisch erzwungen noch ausschliesslich von aussen erzeugt werden. Lernen ist ein Vorgang, der subjektintern erfolgt. Aus diesem Grunde sollen Lehrpersonen sowohl die äusseren Rahmenbedingungen möglichst lernfördernd gestalten als auch Schülerinnen und Schüler zu erfolgreichem Lernen anleiten. Das «Erlernen von Geschichtslernen» wird dadurch unterstützt, wenn Lehrpersonen mit ihren Schülerinnen und Schülern gemeinsam über das Geschichtslernen nachdenken: Diese lernen dann erfolgreich, wenn sie erstens wissen, wie Lernen abläuft, zweitens sich und andere beim Lernen beobachten können und drittens ihr Lernen selber steuern.

Es geht gegen 12 Uhr. Man hört die ersten Mägen knurren und einige Füsse scharren. Die Doppelstunde Geschichte neigt sich ihrem Ende zu. Die letzte Gruppe hat ihre Arbeitsergebnisse präsentiert, es bleiben noch 10 Minuten für das Festhalten des Lerngewinns. Der Lehrer oder die Lehrerin gibt die Anweisungen für diese letzte Phase des Unterrichts: «Für die heutige Doppelstunde sollt ihr das Reflexionsblatt ausfüllen und abgeben.» Die Schülerinnen und Schüler holen ein leeres Formular aus der dafür vorgesehenen Schublade. Sie kennen mittlerweile die acht Rubriken, die es auszufüllen gilt, weil sie diesen Auftrag öfters bekommen:

1. *Was:* Die heutige Arbeit gliederte sich für mich in folgende Schwerpunkte
2. *Wie:* In Bezug auf den Verlauf war mir wichtig
3. *Mein Bezug zum Thema:* Wieso das Thema für mich wichtig war oder mich berührt hat
4. *Mein Lerngewinn:* Was ich heute neu gelernt habe und festhalten möchte
5. *Unerledigtes und zu Vertiefendes:* Wo ich unsicher bin
6. *Ich:* Was mir heute zu mir selber aufgefallen ist
7. *Die andern:* Was mir in Bezug auf unsere Klasse aufgefallen ist
8. *Die Lehrperson:* Was mir zur Lehrperson aufgefallen ist

Die Jugendlichen gehen konzentriert an ihre Arbeit. Sie wissen, dass sie durch ihre Rückmeldungen viel zu einem Geschichtsunterricht beitragen können, wie sie ihn wünschen, weil die Lehrperson die Blätter studiert und zu Beginn der nächsten Doppelstunde oder in der Klassenlehrerstunde darauf zurückkommen wird. Auch erleichtern diese Reflexionsblätter das Erstellen des kleinen Lernberichts, welchen sie gegen Ende jedes Semesters abgeben müssen und den sie dann mit der Lehrperson besprechen. Zudem hat es sich eingebürgert, dass die Reflexionsblätter in den Geschichtsproben gebraucht werden dürfen. Wer die Blätter also sorgfältig ausfüllt, wird dafür belohnt.

Konkrete Möglichkeiten

Es gibt mehrere Möglichkeiten, um das Nachdenken über das Geschichtslernen zu fördern. Die oben beschriebene periodische schriftliche Arbeitsrückschau auf Reflexionsblättern oder im Lerntagebuch eignet sich sowohl nach einer kurzen wie auch nach einer längeren Unterrichtssequenz. Neben solchen individuellen Möglichkeiten sind permanente und öffentliche Zettel- oder Plakatwände günstig, um das Lernen zum Thema zu machen. Fragebogenerhebungen haben auch ihre besondere Bedeutung gegenüber einer am Unterricht interessierten Öffentlichkeit. Wer als Lehrperson über eine solide Datenbasis von Schülerrückmeldungen verfügt, ist besser in der Lage, professionell mit den Eltern zu kommunizieren (vgl. Seite 165).

Alle Massnahmen von Lehrpersonen, welche die Jugendlichen dazu anleiten, das eigene Lernen zu beobachten, führen zu besseren Lernerfolgen. Die Arbeit in festen Lernpartnerschaften, wo zwei Jugendliche ihre Erfahrungen und Schwierigkeiten beim Lernen austauschen und bewerten, bewirkt, dass diese sich gegenseitig helfen und dass ihnen ihr Lernen bewusster wird. Auch wenn die Lehrperson bei einer Aufgabe laut denkt, was sie gerade tut und wie sie die Aufgabe anpackt, kann dies zu einem Lernerfolg bei Schülerinnen und Schülern führen.

Erfolgreiche Lernerinnen und Lerner
Erfolgreiche Lernerinnen und Lerner wissen, wie sie Geschichte lernen sollen. Sie beobachten, wie sie selber lernen, und sie steuern ihr eigenes Lernen wirksam. Im Unterschied zu den weniger erfolgreichen Schülerinnen und Schülern lernen die erfolgreichen bewusst. Aus der Lernforschung ist zudem bekannt, dass erfolgreiche Lernerinnen und Lerner gute biologische Grundlagen, ein qualitativ und quantitativ gutes Vorwissen und ein positives Selbstkonzept haben. Sie halten sich für fähig, Geschichte zu lernen. Aus diesem Grunde sind positive Rückmeldungen bei guten Leistungen während der Lektion und nicht nur in Prüfungssituationen von grosser Bedeutung. Erfolgreiche Lernerinnen und Lerner verfügen über so genannte sachbezogene Primärstrategien, das heisst, sie wissen zum Beispiel, dass sie im Umgang mit Quellen zuerst Schlüsselwörter suchen sollen. Zudem setzen sie Arbeits- und Lerntechniken günstig um, planen also beispielsweise ihre Lernzeiten. Lehrpersonen können viel zur Entwicklung dieser Kompetenz beitragen, wenn sie zur Vorbereitung einer Prüfung ein genaues Lernprogramm als Muster abgeben. Erfolgreich Lernende setzen sich konkrete Ziele und definieren ihr Anspruchsniveau, und sie sind in der Lage, eigene Erwartungen zu formulieren und Fragen zu stellen. Der informierende Unterrichtseinstieg, wo an der Tafel die Ziele und der Ablauf festgehalten sind, kann Schülerinnen und Schüler ermuntern, sich aktiver mit dem «Wie» des Unterrichts auseinander zu setzen. Erfolgreiche Lernerinnen und Lerner kontrollieren auch fortlaufend ihr Verständnis und sind beim Lernen aktiv. Das heisst nicht, dass Schülerinnen und Schüler permanent Puzzles zusammensetzen oder Theater spielen. Wer als Lehrperson aber vor der Geschichtsstunde überlegt, was denn die Schülerinnen und Schüler während der kommenden Lektion tun, und nicht, was er oder sie als Lehrperson macht, dem wird besser bewusst, ob die Schülerinnen und Schüler die Möglichkeit zur aktiven Auseinandersetzung haben.

Das Geschichtslernen lernen
Schülerinnen und Schüler vollziehen im Fach Geschichte verschiedenste Lerntätigkeiten: Aufnehmen und Verarbeiten von Wissen und Können; etwas nachahmen; repetieren und üben; Anwenden und Wiedergeben von Wissen und Können; denken und Probleme lösen; selbstständiger Aufbau von Wissen und Können; etwas selbstständig entdecken; zusammenarbeiten; ausdrücken und darstellen; über das Lernen nachdenken. All diese Lerntätigkeiten können erfolgreicher oder weniger erfolgreich ausgeführt werden. Um das Geschichtslernen der Schülerinnen und Schüler zu verbessern, können diese Lerntätigkeiten mit der ganzen Klasse oder individuell gefördert werden, isoliert als Fertigkeiten oder eingebettet in inhaltliche Zusammenhänge. Diese Förderung wird dann einen Lernfortschritt bringen, wenn die Jugendlichen bereit sind, über ihr Geschichtslernen nachzudenken. Dies zu bewirken, ist eine der wichtigsten Aufgaben von Geschichtslehrpersonen.

Literatur
– Beck, E.; u.a.: *Projekt Eigenständige Lerner. Wissenschaftlicher Schlussbericht*. St. Gallen: Forschungsstelle der Pädagogischen Hochschule, 1992
– Beck, E.; u.a.: Eigenständig lernende Schülerinnen und Schüler. In: Beck, E.; u.a. (Hrsg.): *Eigenständig lernen*. St. Gallen: UVK, 1995. S. 15–58
– Messner, Helmut: Die kompetente Lernerin, der kompetente Lerner. In: *forum schule heute. Heft 4/1998*. S. 3–6
– Montada, L.: *Die Lernpsychologie J. Piagets*. Stuttgart: Klett, 1970

Mit Jugendlichen den Geschichtsunterricht evaluieren

Wer seinen Unterricht evaluiert, sammelt systematisch Daten, wertet diese methodisch bewusst aus und zieht aus den Ergebnissen Schlüsse für sein weiteres unterrichtliches Handeln. Aus guten Gründen liegt es auf der Hand, solche Daten regelmässig mit Hilfe der Schülerinnen und Schüler zu produzieren. Diese sollen als Lernende erstens die Nutzniesserinnen und Nutzniesser des Unterrichts sein. Sie sind zweitens im Gegensatz zu kritischen Freundinnen und Freunden oder professionellen Evaluatorinnen und Evaluatoren immer dabei. Drittens zeigen empirische Untersuchungen, dass die Beurteilungen der Unterrichtsqualität durch Schülerinnen und Schüler recht zuverlässig sind und sich durch Faktoren wie zum Beispiel das eigene Leistungsvermögen und das Anspruchsniveau der Veranstaltung kaum beeinflussen lassen. Und schliesslich wird viertens bei Lernenden durch regelmässige Evaluationen das Gefühl gestärkt, dass sie ernst genommen werden und Mitverantwortung für den Lernprozess tragen.

Mit Evaluationen sollen Lehrpersonen persönliche Entwicklungsimpulse erhalten und sich ihrer Stärken bewusst werden. Evaluationen können so beitragen, das eigene Selbstbewusstsein zu festigen. Natürlich ist auch ein ehrlicher Wille zum Aufdecken von blinden Flecken wichtig. Für Evaluationen mit Schülerinnen und Schülern gibt es keine Patentrezepte. Formen, die mit der einen Klasse funktionieren, greifen bei einer andern überhaupt nicht. Generell lässt sich jedoch sagen, dass Schülerinnen und Schüler, die über ihr eigenes Lernen nachdenken können und in der Selbstbeurteilung kompetent sind, die Aufgabe als Evaluationspartnerinnen und -partner gut erfüllen. Auch die Auswertung der Daten können in einer entwickelten Evaluationskultur die Lernenden selber übernehmen.

Kleinformen zum Lektionsschluss
Bei den Lernsituationenen zum Abschliessen (Seite 156) sind bereits einige Kleinformen vorgestellt worden, die sowohl den Lernenden zum Festhalten wichtiger Aspekte dienen als auch den Lehrenden Hinweise zu ihrem Unterricht geben.

- *Blitzlicht:* Zu einer Leitfrage äussern sich reihum alle Schülerinnen und Schüler ganz kurz.
- *Denkblase:* Schülerinnen und Schüler schreiben in eine vorgegebene Denkblase hinein, was ihnen durch den Kopf geht, wenn sie nach der Lektion oder dem Halbtag heimgehen (vgl. Seite 157).
- *Barometer:* Auf einer Skala, zum Beispiel von +3 bis −3, sollen Schülerinnen und Schüler mit Hilfe von Magnetknöpfen eine Einschätzung vornehmen. Erfragt werden können etwa der Lernerfolg, die Stimmung, das Erreichen der Lernziele usw. Solche Barometer können im Klassenzimmer auch permanent installiert werden.
- *Gefühlsausdruck und Lerngewinn:* Schülerinnen und Schüler sollen auf ein quadratisches Blatt ein Gesicht zeichnen. Die Grösse des Gesichts verdeutlicht den Lerngewinn, die Mundstellung ihre Befindlichkeit.
- *Reporterspiel:* Die Lehrperson geht mit einem supponierten Mikrofon durch die Klasse und interviewt einzelne Schülerinnen und Schüler zu bestimmten Fragen.
- *Viereckenfigur:* Die Lehrperson hängt je eine Aussage zur Güte der Lektion in die vier Ecken des Klassenzimmers und bittet die Schülerinnen und Schüler, zu einer Aussage zu stehen (vgl. auch Seite 104).
- *Wandzeitung:* Auf Haftzettelchen halten Schülerinnen und Schüler ihre Meinungen zu ausgewählten Aspekten fest und kleben diese auf ein permanent im Klassenzimmer aufgehängtes Anschlagbrett. Wenn man Packpapier verwendet, kann auch direkt auf diese Wandzeitung geschrieben werden.
- *SOFT-Analyse:* In einem vorgegebenen Viereck in je einem Quadranten Folgendes festhalten lassen: Das ist gut; dazu tragen wir Sorge. Das ist

problematisch; das verändern wir. Das ist eine Chance; das entwickeln wir weiter. Das ist bedrohlich; dem beugen wir vor.

Darüber hinaus kann gegen Stundenschluss eine kurze offene Frage Gelegenheit zu einigen Äusserungen bieten. Diese Datensammlung braucht wenig Zeit und ist spontan. Das kann dazu führen, dass die Daten zufällig sind und nicht ein adäquates Bild der Situation ergeben. Trotzdem entstehen bei den Lernenden durch solche kurzen Meinungsäusserungen oft konkrete, unausgesprochene Erwartungen, und um so grösser ist dann die Enttäuschung, wenn diese nicht erfüllt werden.

Schriftliche Befragung

Die schriftliche Befragung ist sicher eine der ergiebigsten Formen der Evaluation, allerdings auch zeitaufwendig und weder einfach zu entwickeln noch einfach zu handhaben. Zwar gibt es viele Vorlagen von Fragebögen, aber kaum einer passt für die eigenen spezifischen Ziele und die Situation des Unterrichts. Trotz dieser Schwierigkeiten sollte man als Lehrperson nicht darauf verzichten, mindestens einmal pro Semester und Klasse auf diese Weise zu Rückmeldungen zu kommen. Wichtig ist, dass das Ausfüllen der Fragebögen nicht zu viel Zeit in Anspruch nimmt, das Ziel der Erhebung für alle klar ist, die Auswertung und vor allem die Rückmeldung an die Schülerinnen und Schüler tatsächlich erfolgen. Mit folgenden Fragen können Jugendliche zur Evaluation des Geschichtsunterrichts eingeladen werden. Natürlich können auch Antworten zum Ankreuzen vorgegeben werden.

- Hast du den Eindruck, du hast im Geschichtsunterricht im letzten Halbjahr viel Neues gelernt?
- Glaubst du, dass das, was du im letzten halben Jahr im Geschichtsunterricht gelernt hast, für dich wichtig ist?
- Wie hat dir der Geschichtsunterricht gefallen?
- Hat dich der Geschichtsunterricht eher unter- oder eher überfordert, oder wurdest du etwa richtig gefordert und gefördert?
- Glaubst du, dass die letzte Prüfung, die du geschrieben hast, gut und gerecht korrigiert wurde?
- Was muss ich in Zukunft unbedingt beibehalten in meinem Unterricht? Schreibe auf, was dir am Geschichtsunterricht am besten gefällt.
- Was muss ich in Zukunft in meinem Unterricht unbedingt vermeiden? Schreibe auf, was dir am Geschichtsunterricht am wenigsten gefällt.

Günstig ist es, wenn solche Evaluationsvorhaben im Kollegium besprochen werden, auch damit eine Klasse nicht zu viele Fragebögen ausfüllen muss und so evaluationsverdrossen wird. Allerdings sollte die Absprache im Kollegium nicht dazu führen, dass die produzierten Daten über Gebühr beansprucht werden. Wie bei den Prüfungen so gilt auch hier, dass die Reichweite der Ergebnisse in aller Regel äusserst beschränkt ist. Viel zu oft laden Vergleiche zu unstatthaften Interpretationen ein. So sind denn zum Zwecke der Verbesserung der eigenen Lehre selbstbestimmte Evaluationsgegenstände und -kriterien, welche mit selber entwickelten Evaluationsinstrumenten erkundet werden, den verordneten Evaluationsgegenständen und -kriterien vorzuziehen.

Literatur
- Altrichter, Herbert; Posch, Peter: *Lehrer erforschen ihren Unterricht. Eine Einführung in die Methode der Aktionsforschung.* Bad Heilbrunn: Klinkhardt, 1994 (2.)
- Frey, Karl; u.a.: *Allgemeine Didaktik.* Zürich: ETH, Verlag der Fachvereine, 1990 (4.)
- Maritzen, Norbert: Sich selbst und anderen Rechenschaft geben. In: *Pädagogik, Heft 1/1996.* Seite 25–29
- *Pädagogik, Heft 5/1997. Evaluation. Schulen erforschen ihre Praxis.* Hamburg: Pädagogische Beiträge Verlag

Den eigenen Geschichtsunterricht beobachten lassen

Geschichte lehren ist ein anspruchsvolles Unterfangen. Während des Unterrichts finden gleichzeitig so viele unterschiedliche Ereignisse statt, dass man als Lehrperson unmöglich alle wahrnehmen kann. Zudem treten die Ereignisse in einer schnellen Abfolge ein und sind oft kaum vorhersehbar. Kein Wunder, ist es als Lehrperson schwierig, sich im Nachhinein ein genaues Bild des Abgelaufenen zu machen. Und da die Lernenden ebenfalls unmittelbar am Unterricht teilnehmen, haben auch sie «blinde Flecken» und die Schwierigkeit, das Geschehen aus einer reflektierten Distanz zu begutachten. Gut also, wenn man Kolleginnen und Kollegen hat, die einen periodisch im Unterricht beobachten. Dank ihren Rückmeldungen kann man viel über die eigene Lehrtätigkeit erfahren und daraus lernen.

Es braucht immer ein wenig Überwindung, um eine Kollegin oder einen Kollegen in den Unterricht einzuladen. Häufig hat man als Beobachtete, als Beobachteter ungute Gefühle. Man fühlt sich einer unangenehmen, unnatürlichen Laborsituation ausgesetzt, im Schaufenster ausgestellt und weiss, dass jede Beobachtung den Unterricht beeinflusst und verändert. Auch die Beobachterin, der Beobachter sieht sich einer Überforderungssituation ausgesetzt, die er oder sie irgendwie bewältigen muss: Man kann gar nie alles sehen, was sich in diesem komplexen Geschehen Geschichtsunterricht abspielt. Um einen produktiven Reflexionsprozess anzustossen, braucht es deshalb auch bei der Unterrichtsbeobachtung ein methodisch bewusstes Vorgehen.

Offene und strukturierte Beobachtung

Ein methodisch bewusstes Vorgehen bedeutet erstens Daten sammeln und festhalten. Grundsätzlich sind zwei Beobachtungsarten zu unterscheiden.
- ▶ Die offene Beobachtung ist das Sammeln von erkanntem Unterrichtsgeschehen, unmittelbaren Informationen und subjektiven Eindrücken ohne vorgegebene Auswahl und Einordnung in eine Systematik. Diese Beobachtungsart vermag das Unterrichtsgeschehen breit und allgemein zu skizzieren. Um offene Beobachtungen festzuhalten, eignet sich das chronologische stichwortartige Protokollieren. Auch Mind Maps können hilfreich sein, gelegentlich unterstützt durch Aufzeichnung mit Tonband oder Video.
- ▶ Die strukturierte Beobachtung ist die planmässige Erfassung von wahrnehmbarem Unterrichtsgeschehen. Das Beobachtungsziel bestimmt die selektiven Beobachtungskriterien. Es gibt eine Reihe von Möglichkeiten, um die beobachteten Phänomene festzuhalten. Dies sind in der Regel ausgeklügelte Vorlagen oder Instrumente, die wie Lupen auf einzelne Aspekte fokussieren, etwa Strichlisten zu Häufigkeiten, Klassifikationssysteme zu Frageformen, Zeitdiagramme zu Schülerantworten, Schätzskalen zur Aufmerksamkeit.

Ein methodisch bewusstes Vorgehen bedeutet zweitens, Daten zu sammeln, die bedeutsam sind. Aus diesem Grunde ist es wichtig, sein eigenes Bild von gutem Geschichtsunterricht zu klären (vgl. dazu auch Seite 171). Auf der Grundlage einer solchen Vorstellung lassen sich anschliessend Ziele für eine Beobachtung formulieren, Vorgehensweisen festlegen sowie allfällige Hilfsmittel entwickeln.

Ein methodisch bewusstes Vorgehen bedeutet drittens, zwischen Wahrnehmung und Deutung zu trennen. Zwar sind auch die Wahrnehmungen nie wertfrei, sondern durch persönliche Erfahrungen und Theorien geleitet. Wir nehmen unsere Umwelt so wahr, dass wir die möglichen Informationen auswählen und gewichten. Zudem ist der erste Eindruck zentral für die Urteilsbildung, und unsere Wahrnehmungswelt neigt dazu, sich nicht zu verändern. Neue Informationen werden häufig nur dann zugelassen, wenn unsere Werte und Normen nicht hinterfragt werden. So bleiben alle Beobachtungen subjektiv gefärbt. Umso wichtiger ist das stete Bemühen, bei der Wahrnehmung die Subjektivität durch Übung und Hilfsmittel zu reduzieren und mit den Beobachteten klar zu verabreden, ob möglichst objektiv wahrgenommen oder subjektiv gedeutet werden soll. Um dies zu gewährleisten, bedeutet methodisch bewusstes Vorgehen viertens, sich bei kollegialen Unterrichtsbesuchen an einen standardisierten Ablauf zu halten.

Ablauf eines kollegialen Unterrichtsbesuches
Ein kollegialer Unterrichtsbesuch verläuft günstigerweise in vier Schritten. Erstens legt die einladende Lehrperson die Beobachtungsart und bei einer allfälligen strukturierten Beobachtung den Fokus fest. Sie klärt auch, ob sie möglichst objektive Wahrnehmungen gespiegelt haben oder subjektive Deutungen hören möchte. Ein schriftlich festgelegter Wunsch ist klarer als ein mündlich geäusserter und schafft für die Zusammenarbeit eine verbindliche Grundlage. Zweitens soll ein gemeinsames Vorgespräch eine klare Ausgangslage schaffen und den Beteiligten Sicherheit geben. Drittens erfolgt die Unterrichtsbeobachtung, während der Daten gesammelt und festgehalten werden, um so eine Grundlage für das Rückmeldegespräch zu schaffen. Dieses Rückmeldegespräch, wo die Fremdbeobachtungen die Reflexion der Beobachteten anstossen und unterstützen sollen, ist der vierte und letzte Schritt des kollegialen Unterrichtsbesuches.

Für das Rückmeldegespräch selber gibt es die verschiedensten Formen. Es kann unmittelbar an die Beobachtung anschliessen oder später stattfinden. Als günstig erweist es sich oft, wenn die Beobachterinnen und Beobachter ihre Daten auf den Tisch legen und möglichst konkrete Wahrnehmungen spiegeln, aber noch nicht deuten. So kann sich der oder die Beobachtete auf die Rückmeldungen einlassen, kann zuhören, muss sich nicht verteidigen und kann dort die Deutungen einfordern, wo sie hilfreich für die Reflexion scheinen.

Weitere Formen der kollegialen Praxisberatung
Solche kollegialen Unterrichtsbesuche können in weitere Formen der kollegialen Praxisberatung eingebettet sein. Eine einfache Form ist das so genannte Tandem, wo Kolleginnen und Kollegen zu zweit in Lernpartnerschaften ihre Berufskompetenz weiterentwickeln, sich gegenseitig in ihrer Reflexion anstossen, aus ihren Erfahrungen lernen, zusammenarbeiten, ihren Unterricht und ihre Tätigkeit besprechen. Wenn mehr als zwei voneinander lernen wollen, wird vielleicht ein Qualitätszirkel, ein Unterrichtsteam oder eine Intervisionsgruppe gebildet. All diese Formen haben unterschiedliche Ansätze, unterschiedliche Organisationsformen und unterschiedliche Verfahren. Neben diesen Unterschieden gibt es auch Gemeinsamkeiten. Kolleginnen und Kollegen begegnen sich auf der gleichen Ebene, es sind symmetrische Gesellungen ohne hierarchische Abstufung. Alle Zusammenarbeitsformen geschehen wechselseitig, also beobachten und beobachtet werden, beurteilen und beurteilt werden, beraten und beraten lassen. Alle Formen haben gewisse Spielregeln und Arbeitsweisen. Ohne deren Kenntnis laufen die guten Absichten in der Regel ins Leere. Und alle Formen bauen auf Wertschätzung, gegenseitige Anerkennung und Einfühlung. Wo dies vorhanden ist, ist der Unterrichtsbesuch einer Kollegin, eines Kollegen eine der besten Möglichkeiten, das Geschichtslehren zu verbessern.

Literatur
- Achermann, E.; Gautschi, P.; Rüegsegger, R.; u.a.: *Lernpartnerschaften. Anregungen für gemeinsames Lernen im Tandem und in Kleingruppen.* Aarau: Erziehungsdepartement, (in Vorbereitung)
- Mutzeck, Wolfgang: *Kooperative Beratung.* Weinheim: Deutscher Studienverlag, 1996
- Pallasch, W.; u.a. (Hrsg.): *Beratung – Training – Supervision.* Weinheim: Juventa, 1996 (2.)
- Wahl, Diethelm; Weinert, Franz E.; Huber, Günter L.: *Psychologie für die Schulpraxis. Ein handlungsorientiertes Lehrbuch für Lehrer.* München: Kösel, 1997 (6.)

Den eigenen Lehr- und Lernstil überdenken

Wie jemand Geschichte lehrt, wird stark dadurch beeinflusst, wie er selber gelehrt worden ist und welche Lerngewohnheiten er im Umgang mit Geschichte erworben hat. Deshalb ist das Überdenken des eigenen Lehr- und Lernstils für Lehrpersonen ein notwendiger und hilfreicher Prozess, um nicht einfach blindes Opfer der eigenen Gewohnheiten zu werden. Für jeden, der Geschichte lehrt, ist auch schon das Wissen um die Vielfalt von Lehr- und Lernstilen wichtig. Wer zur Kenntnis nimmt, dass man Geschichte eher schüler- oder fachorientiert, eher unterrichts- oder gesellschaftsorientiert lehren kann, wird sich Rechenschaft über die eigenen Präferenzen ablegen wollen. Und wer weiss, dass die einen Schülerinnen und Schüler durch aktives Experimentieren lernen, andere durch reflektierendes Beobachten, wieder andere durch konkretes Erleben oder durch abstraktes Bilden von Begriffen, wird viele gute oder schlechte Lernleistungen nicht ausschliesslich als Ausdruck von Fleiss und Intelligenz respektive Faulheit und Dummheit interpretieren, sondern verstehen, dass die Lernleistungen auch dadurch zustande gekommen sein könnten, weil die Lernwege und Lernsituationen zufälligerweise dem Lernstil der Jugendlichen entsprochen oder eben nicht entsprochen haben.

Kolb unterscheidet im Umgang mit Erfahrungen vier Dimensionen, die in einem Lernprozess durchlaufen werden. Es sind dies das konkrete Erleben, das reflektierende Beobachten, das abstrakte Bilden von Begriffen und das aktive Experimentieren. Wenn alle vier Dimensionen durchlaufen sind, ist der Lernprozess vollständig und bewirkt eine dauerhafte Veränderung im Wissen, im Handeln oder bei Einstellungen. Bei den einzelnen Lernerinnen und Lernern sind die Ausprägungen in den vier Dimensionen, die für einen vollständigen Lernprozess notwendig sind, aber völlig unterschiedlich. Während die einen in einem starken Ausmass das aktive Experimentieren und also ausführliche Übungsphasen benötigen, reicht bei andern hier eine kurze Erfahrung. Sie benötigen dafür vielleicht in einem viel stärkeren Ausmass den abstrakten Umgang mit Begriffen, was wiederum bei andern kaum nötig ist.

Vier Lernstile

Nach Kolb charakterisieren diese unterschiedlichen Ausprägungen in den Dimensionen verschiedene Lernstile: Für Entdeckerinnen und Entdecker zum Beispiel sind klare Strukturen wichtig, aber auch Zeit und Ruhe im Umgang mit den Erfahrungen sowie eine angenehme Lernatmosphäre. Jugendliche mit diesem Lernstil werden als Lernweg ein Gruppenpuzzle schätzen, und sie sind froh, wenn eine Lektion mit einem Lied oder einer Fotolanguage beginnt und wenn ein Film vorkommt. Die Denkerinnen und Denker suchen nach allgemein gültigen Schlussfolgerungen und möchten Modelle verinnerlichen, die aus Theorien und Begriffen bestehen. Ihnen entspricht die Arbeit mit dem Leitprogramm, weil sie gerne alleine arbeiten, zusätzliches Hintergrundwissen sowie eine weiterführende Literaturliste brauchen. Wenn im Verlauf einer Lektion eine Karte gezeichnet wurde und die Lektion mit einer Definition oder einem klaren Tafelbild aufhört, dann haben sie das Gefühl, viel profitiert zu haben. Entscheiderinnen und Entscheider mögen den direkten Weg und sind froh, wenn die Lehrperson erklärt, wie es ist und anschliessend einen Lückentext anbietet, damit man das Wichtigste festhalten kann. Ihnen gefällt eine Lektion, in der sie mit Tabellen und Statistiken umgehen können. Die Macherinnen und Macher schliesslich sind besonders offen für praktische Erfahrungen und lieben den Umgang mit andern Menschen. Wer ihnen Oral History oder eine Lernaufgabe anbietet, wird ebenso auf Begeisterung stossen, wie wenn er einen Gast in die Lektion einlädt oder ein Brainstorming durchführt.

Natürlich gibt es auch andere und vielleicht ebenso triftige Modelle zu Lernstilen. Wichtig für Geschichtslehrpersonen ist die Erkenntnis, dass es verschiedene Lernstile gibt und es deshalb notwendig ist, Unterricht immer wieder daraufhin zu hinterfragen, ob man auch genügend Abwechslung bietet und Binnendifferenzierung inszeniert, um möglichst vielen Schülerinnen und Schülern einen Lernfortschritt zu ermöglichen.

Vier Lehrstile

Neben dem eigenen Lernstil ist es vor allem die Überzeugung, was Geschichtsunterricht soll, welche den Lehrstil prägt und dazu führt, dass Geschichte auf unterschiedlichste Art und Weise gelehrt werden kann. Rohlfes unterscheidet vier Positionen. Wer eine schüler-, erziehungs- oder bildungsorientierte Konzeption vertritt, geht von der Betroffenheit der Lernenden aus, von ihrem Denken und Handeln. Lebensnähe ist diesen Lehrpersonen ein wichtiges Anliegen, und aus diesem Grunde hat das spielerische Lernen auch eine grosse Bedeutung. Geschichte soll den Lernenden Spass machen, ihren Interessen entgegenkommen sowie ihre Denkfähigkeit fördern. Geschichtsunterricht soll in erster Linie Erziehung zum selbstbewussten und engagierten Denken sein. Wer davon ausgeht, dass im geschichtswissenschaftlichen Wissen selbst alle wesentlichen Prinzipien, Kategorien und Elemente vorhanden sind, auf die es beim historischen Lernen ankommt, ist eher der fach- und wissenschaftsgeleiteten Konzeption zuzuordnen. Bei solchen Lehrpersonen sollen Schülerinnen und Schüler vor allem lernen, Geschichte selber wahrzunehmen und zu deuten. Sie sollen Fähigkeiten und Fertigkeiten im Umgang mit Geschichte entwickeln und die dafür wichtigsten Regeln beachten. Im fragend-entwickelnden Umgang mit Quellen bekommen Jugendliche einen Zugang zur Komplexität von Geschichte und sie entwickeln einen permanenten Frage- und Problematisierungswillen. Die dritte Position ist diejenige der gegenwarts- und gesellschaftsbezogenen Ansätze. Diejenigen Lehrpersonen, welche diese vertreten, stellen das historische Wissen ganz in den Dienst heutiger und zukünftiger Lebensbewältigung. Jede Generation entnimmt gemäss den Problemen ihrer Zeit der Geschichte diejenigen Einsichten, die ihr hier und heute weiterhelfen. Die Schülerinnen und Schüler sollen zum Beispiel mit Hilfe der Projektmethode versuchen, ihre so genannt kleine Lebensgeschichte mit den grossen Entwicklungslinien zusammenzubringen.

Die vierte Position ist diejenige der lern- und unterrichtsbezogenen Ansätze. Hier beschäftigt Lehrpersonen vor allem die Frage, wie die Lerninhalte arrangiert werden sollen, damit Lernende einen Zugang dazu bekommen und anhand der Sache lernen können. Wer so denkt, strebt eine Optimierung des Lernprozesses an. Wichtige Postulate bei dieser Position sind das Exemplarische, das Anschauliche, das Konkrete und Angemessene. Lehrpersonen, die lern- und unterrichtsbezogene Ansätze verfolgen, diagnostizieren den Lernstand ihrer Schülerinnen und Schüler, bedienen sich in pragmatischer Beweglichkeit einleuchtender Vorschläge, probieren diese praktisch aus, reflektieren den Erfolg und planen aufgrund dieser Erfahrung neu.

Gut Geschichte lehren ist auf verschiedensten Wegen möglich. Unumgänglich aber ist die Bereitschaft, den eigenen Lehr- und Lernstil permanent zu überdenken.

Literatur
- Gudjons, H.; u.a.: *Auf meinen Spuren*. Reinbek bei Hamburg: Rowohlt rororo, 1986
- Hoerning, Erika; u.a.: *Biografieforschung und Erwachsenenbildung*. Bad Heilbrunn/Obb.: Klinkhardt, 1991
- Kolb, David A.: *Experiential learning*. Englewood Cliffs, New Jersey: Prentice-Hall, 1984
- Rohlfes, Joachim: *Geschichte und ihre Didaktik*. Göttingen: Vandenhoeck & Ruprecht, 1986
- Vester, Frederic: *Denken, Lernen, Vergessen*. Stuttgart: dtv, 1978

Die Durchführung von Geschichtsunterricht beurteilen

Wer Geschichte lehrt, handelt in drei Kompetenzdimensionen: Die Lehrperson muss erstens inhaltliche Kompetenzen haben, welche ermöglichen, einen Sachverhalt richtig zu erläutern. Sie muss zweitens Kompetenzen im Bereich des Sozialen, der Beziehungen mit Jugendlichen, der Klassenführung haben, um einen störungsarmen Unterricht zu gewährleisten. Und sie muss drittens Kompetenzen im Bereich der Lernprozesse, der Gestaltung und Strukturierung von Unterricht haben, um die zur Verfügung stehende Zeit günstig zu rhythmisieren. Geschichtsunterricht gelingt dann am besten, wenn die Lehrpersonen in ihrem Handeln eine Einheit dieser drei Dimensionen erreichen. Dies von Zeit zu Zeit selber zu beurteilen oder durch andere beurteilen zu lassen, schärft den Blick für die eigenen Stärken und macht bewusst, wo eine Verbesserung der Lehre angestrebt werden könnte.

Natürlich ist die Beurteilung von Unterricht eine hoch komplexe Angelegenheit. Es gibt unzählige Phänomene, welche sowohl die Selbst- wie die Fremdbeurteilung verändern, verzerren und gar verfälschen können. Deshalb ist auch hier ein methodisch bewusstes Vorgehen notwendig. Methodisch bewusst beurteilen bedeutet, dass klar ist, welche Funktion die Beurteilung hat, ob sie formativ oder summativ ist. Ferner muss geklärt werden, welche Konsequenzen die Beurteilung hat und welches der Beurteilungszeitraum ist. Methodisch bewusst beurteilen bedeutet zudem, dass von einer Kriterienliste ausgegangen wird, welche das erwünschte Verhalten beschreibt, dass die Beurteilung datengestützt erfolgt, dass die Beurteilung möglichst objektiv, gültig und verlässlich ist (vgl. Seite 153), und dass vor allem bei einer Fremdbeurteilung eine verabredete Vorgehensweise eingehalten wird.

Vorgehen bei einer Fremdbeurteilung

Wichtig bei einer Fremdbeurteilung ist, dass von allem Anfang an grösstmögliche Klarheit geschaffen wird, vor allem hinsichtlich der oben genannten Aspekte. Dies kann nur in einem Vorgespräch geschehen, das nicht unmittelbar vor der Beurteilung stattfinden darf. Der zweite Schritt bei einer Fremdbeurteilung ist eine offene Unterrichtsbeobachtung, welche der Beurteiler, die Beurteilerin durchführt (vgl. Seite 166). Hier sammelt er oder sie zu den festgelegten Kriterien möglichst viele Daten und hält diese fest. In einem dritten Schritt ergänzt die Beurteilerin, der Beurteiler nach der Lektion die Beobachtungsnotizen, wertet diese und ordnet sie einzelnen Merkmalen der Kriterienliste zu. Erst anschliessend werden viertens die Bewertungen in die Kriterienliste übertragen, und es wird ein Profil erstellt. Der fünfte Schritt besteht darin, das Profil in eine Gesamtbeurteilung zu übersetzen. Abschliessend wird die Beurteilung gemäss Abmachungen im Vorgespräch mitgeteilt.

Qualität

Natürlich hängt die Qualität der Lehre von unzähligen Faktoren ab. Vieles kann man als Lehrperson nicht beeinflussen. Letztlich ist deshalb die Güte von Unterricht immer auch vom Zufall mitbestimmt. Aus unterrichtspraktischen Gründen aber ist es für alle Lehrenden sicher besser, von ihrer Wirkung überzeugt zu sein. Wer sich als Lehrperson für einen entscheidenden Faktor des Schülerlernens hält, wird alles unternehmen, um wirksame Lernsituationen und angenehme Lernwege anzubieten. Das Lernen von Geschichte allerdings ist und bleibt ein innerer Prozess von Schülerinnen und Schülern. Diesen Prozess zu ermöglichen, ist das Ziel beim Lehren von Geschichte.

Literatur
- Bambach, H.; u. a. (Hrsg.): *Prüfen und Beurteilen. Zwischen Fördern und Zensieren.* Friedrich Jahresheft XIV/1996
- Heller, W.; u. a.: *Qualitätssicherung in der Volksschule.* Luzern: ZBS, 1998
- Moser, U.; u. a.: *Schule auf dem Prüfstand.* Chur: Ruegger, 1996
- Oggenfuss, F.; u. a.: *Eine Beurteilung, die weiterhilft.* Luzern: ZBS, 1997
- Posch, Peter; Altrichter, Herbert: *Möglichkeiten und Grenzen der Qualitätsevaluation und Qualitätsentwicklung im Schulwesen.* Innsbruck; Wien: Studienverlag, 1997

1. Inhalt (Auswahl und Zielsetzung)	++	+	o	–	
a) Lehrperson unterrichtet den Lerninhalt verständlich, klar, sachgemäss und korrekt.					Lehrperson unterrichtet den Lerninhalt unverständlich, unklar, unsachgemäss und fehlerhaft.
b) Lehrperson stellt einen Bezug des Themas zur Erlebniswelt und den Erfahrungen der einzelnen Lernenden her.					Lehrperson stellt keinen Bezug des Themas zur Erlebniswelt und zu den Erfahrungen der Lernenden her.
c) Lehrperson nimmt Bezug auf Schlüsselprobleme und unterrichtet zukunftsbedeutsamen Lerninhalt.					Lehrperson nimmt keinen Bezug auf Schlüsselprobleme und unterrichtet nebensächlichen Lerninhalt.
d) Lehrperson berücksichtigt die situativen Rahmenbedingungen sorgfältig.					Lehrperson passt den Unterricht nicht der Situation an.
e) Lehrperson unterrichtet entsprechend der Vorgaben von Lehrplan und Lehrmitteln.					Lehrperson nimmt nicht Rücksicht auf verbindliche Vorgaben.
f) Lehrperson wählt Lerninhalt exemplarisch aus.					Lehrperson überlädt den Unterricht.
g) Lehrperson berücksichtigt verschiedene Zieldimensionen, die der Sache und den Lernenden angemessen sind.					Lehrperson verfolgt einseitige Ziele, die weder der Sache noch den Lernenden angemessen sind.
h) Lehrperson wählt ein schülergerechtes Anspruchsniveau und eine angemessene Komplexität.					Lehrperson überfordert oder unterfordert eine Grosszahl der Lernenden.
2. Lernprozess (Gestaltung und Strukturierung)	++	+	o	–	
a) Lehrperson gestaltet den Lerneinstieg und den Lernabschluss bewusst und situationsangepasst.					Lehrperson gestaltet weder den Lerneinstieg noch den Lernabschluss bewusst.
b) Lehrperson ordnet die Lernschritte zielführend an und gestaltet einen strukturierten, vollständigen Lernprozess.					Lehrperson gestaltet keinen vollständigen Lernprozess, sondern ein chaotisches oder eintöniges Lernen.
c) Lehrperson verfügt über ein wirkungsvolles Zeitmanagement und gestaltet den Ablauf flüssig.					Lehrperson verschwendet die zur Verfügung stehende Zeit oder erzeugt Zeitdruck und Stress; stockende Abläufe.
d) Lehrperson stellt anregende Fragen und Aufgaben und gibt eindeutige Anweisungen und Aufträge.					Lehrperson stellt unangebrachte Fragen und nicht anregende Aufgaben und gibt missverständliche Anweisungen.
e) Lehrperson spricht verständlich, klar und korrekt.					Lehrperson spricht unverständlich, salopp und fehlerhaft.
f) Der Lehrperson gelingt es, die Lernenden zu aktivieren und deren Mitarbeit und Aufmerksamkeit zu erreichen.					Der Lehrperson gelingt es nicht, die Lernenden zu aktivieren und deren Mitarbeit und Aufmerksamkeit zu erreichen.
g) Lehrperson gestaltet einen lebendigen, abwechslungsreichen Lernverlauf.					Lehrperson wirkt desinteressiert und gestaltet einen monotonen Unterrichtsverlauf.
h) Lehrperson unterstützt den Lernprozess der Lernenden durch gelungene Veranschaulichungen.					Lehrperson hemmt den Lernprozess durch verwirrende Veranschaulichungen, oder diese fehlen gänzlich.
i) Lehrperson wählt zielgerichtete und abwechslungsreiche Lehr- und Sozialformen.					Lehrperson wählt Lehr- und Sozialformen zufällig und beliebig, oder Lehr- und Sozialformen hemmen das Lernen.
j) Lehrperson inszeniert differenzierende Massnahmen und baut ein taugliches Helfersystem auf.					Lehrperson ergreift keine differenzierenden Massnahmen und baut kein angepasstes Helfersystem auf.
k) Lehrperson erreicht die angestrebten Ziele und sichert das Gelernte bzw. die Ergebnisse wirkungsvoll.					Lehrperson erreicht die angestrebten Ziele nicht und/oder sichert das Gelernte bzw. die Ergebnisse nicht.
l) Lehrperson versucht, den Lernenden die Lern- und Arbeitsstrategien bewusst zu machen.					Lehrperson macht die Lern- und Arbeitsstrategien nicht zum Thema.
3. Soziales (Klassenführung und Lernberatung)	++	+	o	–	
a) Lehrperson behält den Überblick über das Geschehen in der Klasse. Sie setzt Regeln oder Rituale durch.					Der Lehrperson entgehen wesentliche Aspekte des Geschehens in der Klasse. Sie setzt Regeln nicht durch.
b) Lehrperson nimmt die einzelnen Lernenden wahr und pflegt einen natürlichen Umgang mit ihnen.					Lehrperson kommuniziert distanziert mit den Lernenden, geht nicht auf die einzelnen Individuen ein, wirkt abwesend.
c) Lehrperson berücksichtigt in Beachtung und Zuwendung Lernende beider Geschlechter und verschiedener Kulturen.					Lehrperson beachtet mehrheitlich Knaben oder Mädchen bzw. Lernende aus bestimmten Kulturen.
d) Lehrperson baut eine angenehme, entspannte Arbeitsatmosphäre und ein gutes Lernklima auf.					Lehrperson bewirkt eine verkrampfte, gespannte Arbeitsatmosphäre und Aggressivität im Klassenraum.
e) Lehrperson unterstützt den Lernprozess durch formative Beurteilungen sowie ermutigende Rückmeldungen.					Lehrperson gibt keine oder missverständliche Rückmeldungen, entwertet die Lernenden und ist ironisch oder zynisch.
f) Lehrperson integriert die Anliegen und Fragen der Lernenden sowie ihre Unterrichtsbeiträge.					Lehrperson übergeht die Anliegen und Fragen der Lernenden sowie ihre Unterrichtsbeiträge.
g) Lehrperson löst durch ihr Handeln und ihre Intervention allfällige Konflikte und Unterrichtsstörungen.					Lehrperson verschärft durch ihr Handeln und ihre Interventionen allfällige Konflikte und Unterrichtsstörungen.
h) Lehrperson gestaltet die Lernumgebung bewusst sinnvoll und anregend.					Lehrperson gestaltet die Lernumgebung nicht, diese wirkt zufällig, lieblos und monoton.
i) Lehrperson tritt sicher und flexibel auf und engagiert sich glaubwürdig.					Lehrperson tritt unsicher auf, reagiert nicht angemessen und wirkt desinteressiert, überheblich, nachlässig.
j) Lehrperson fördert eigenständiges Lernen und arbeitet intensiv an der Entwicklung von Lernstrategien.					Lehrperson ergreift keine lernunterstützende Massnahmen und setzt keine lernfördernden Instrumente ein.

Mögliche Kriterien für die Beurteilung des Lehrerhandelns: Die Kriterienliste ist für die Ausbildung und Beurteilung von Studierenden am Didaktikum durch Praxisleiterinnen und Praxisleitern unter Anleitung von Helmut Messner und Peter Gautschi entwickelt und für diese Publikation überarbeitet worden.

Lernwege und Lernsituationen für den Geschichtsunterricht

Stichwortverzeichnis

Abschluss (S. 156–159) siehe bei Bilanzfrage, Blitzlicht, Feedback, Kofferpacken, Lernkontrolle, Metakognition, Motorinspektion, Sortier- und Strukturierfigur, Spiel, Zusammenfassung u. a. m.

Anfang (S. 104–107) siehe bei Brainstorming, Erwartungsinventar, Fotolanguage, Informierender Unterrichtseinstieg, Metaphermeditation, Mind Map, Partnerinterview, Viereckenfigur, Zauberwort u. a. m.

Aquarium (S. 52) Eine Gesprächsform, bei der die Grossgruppe aufgeteilt wird. Eine kleine Gruppe bildet einen Innenkreis. Sie führt stellvertretend für die ganze Gruppe ein Gespräch. Dabei können die Teilnehmerinnen und Teilnehmer je nach Absprache ihre eigene Meinung vertreten oder als Rollenträgerinnen und -träger mitdiskutieren. Die grössere zweite Gruppe beobachtet von aussen das Gespräch. Allenfalls steht im Innenkreis ein freier Stuhl für einen Gast aus dem Aussenkreis.

Arbeitsunterricht siehe bei Erarbeitung und Gestaltung

Archiv (S. 77) Geordnete Sammlung von Urkunden usw. Archive ordnen, restaurieren, katalogisieren, konservieren und bewirtschaften Dokumente, die überliefert werden sollen.

Aufsatz (S. 58–61) Lernende entwickeln zu einem bestimmten Thema selbstständig einen Text. Siehe auch bei Clustering und Mind Map.

Barometer (S. 164) Form der Evaluation, bei der die Einschätzung von Lernenden zu einem bestimmten Aspekt auf einer vorgegebenen Skala erhoben und festgehalten wird.

Bewertung siehe bei Lernkontrolle

Bilanzfrage (S. 50) Zu einer bestimmten kontroversen Frage nehmen die Lernenden schriftlich Stellung, indem sie die einen Aspekte links und die andern rechts auf ein Plakat oder in eine vorgegebene Darstellung einer Waage hineinschreiben. Die Bilanzfrage eignet sich zur Erhebung von Meinungen oder zur abschliessenden Stellungnahme von Lernenden.

Bild (S. 112–115) Bilder können im Geschichtsunterricht einerseits als Illustration zu Behandeltem oder aber als Quelle zur Entwicklung von neuem Wissen verwendet werden. Damit Schülerinnen und Schüler mit Bildern lernen können, müssen sie über gewisse methodische Fertigkeiten im Umgang mit Bildern verfügen. Bilder können in verschiedensten Phasen des Lernprozesses und mit unterschiedlichsten Zielsetzungen im Unterricht eingesetzt werden.

Blitzlicht (S. 157, 164) Mit dem Blitzlicht wird in einer Lerngruppe eine Momentaufnahme über die augenblicklichen Meinungen, Standorte und Befindlichkeiten erhoben. Alle Lernenden sollen sich reihum zu einer präzisen Frage mit wenigen Sätzen äussern. Die Aussagen werden in dieser Sammlungsrunde nicht kommentiert.

Brainstorming (S. 105) Zu einem bestimmten Stichwort oder zu einem Bild werden alle spontanen Assoziationen von Lernenden an der Tafel, auf einem Flipchart oder auf Moderationswänden gesammelt. Auch noch so ausgefallene Ideen werden unkommentiert entweder durch die Lehrperson festgehalten, oder die Lernenden schreiben ihre Beiträge selber auf, damit die darauf folgende Ordnungsphase möglichst ergiebig ist.

Chatten Zu einer bestimmten Frage oder einem bestimmten Problem nehmen die Lernenden schriftlich kurz Stellung. Dabei können sie sowohl Äusserungen zur Eingangsfrage machen oder sich auf Stellungnahmen anderer beziehen. Im Internet gibt es viele Orte, wo zu verschiedensten Fragen auf diese Weise miteinander kommuniziert wird. Im Klassenraum können Lernende auf zirkulierenden Bögen, auf Pinwänden oder Wandzeitungen chatten.

Clustering Kreative Notiztechnik, mit welcher Lernende und Lehrende zu einem bestimmten Thema möglichst viele Assoziationen suchen und festhalten. Die einzelnen Aspekte werden in Ellipsen notiert und durch Linien verknüpft. Siehe auch bei Aufsatz.

Collage Zu einer bestimmten Frage oder einem bestimmten Thema suchen Lernerinnen und Lerner aus einem Überangebot an Material Bilder und Texte heraus, die sie auf einem neuen Blatt so zusammenkleben, dass eine eigenständige Aussage entsteht. Siehe auch bei Gestaltung.

Comic (S. 120–123) Unter Comics werden eine Abfolge von Bildern verstanden, die in einem direkten Handlungszusammenhang stehen. Dabei werden Information und Handlung sowohl über das Bild wie auch über den begleitenden Text (Informationstext und Sprechblase) vermittelt. Comics können im Unterricht als Geschichten eingesetzt werden. Auch Einzelbilder eignen sich in verschiedensten Lernsituationen.

Computer (S. 136) siehe bei Internet und bei Hypermedia

Debatte (S. 50) Eine Gesprächsform, bei der die Teilnehmerinnen und Teilnehmer versuchen, ihre Standpunkte gegenüber andern Positionen durchzusetzen.

Diskussion (S. 50) Eine Gesprächsform, bei welcher zu einem vereinbarten Thema sachbezogen und unter Einhaltung bestimmter Gesprächsregeln Meinungen ausgetauscht werden. Diskussionen eignen sich dann, wenn gemeinsam eine Lösung für eine offene Frage gesucht werden soll und die Standpunkte der Gesprächsteilnehmerinnen und -teilnehmer noch nicht abschliessend festgelegt sind.

Domino (S. 158) Form der Wissensvermittlung oder Festigung, bei welcher die Lernenden eine Reihe von Kärtchen mit je einer Antwort und einer Frage in die richtige Reihenfolge bringen müssen, sodass die Antwort des neu zu legenden Kärtchens zur Frage auf dem bereits liegenden Kärtchen passt.

Dramatisierung (S. 78) Lernende können geschichtliche Situationen im Spiel imitieren oder simulieren. Imitationsspiele dienen der Identifikation mit handelnden Menschen aus der Geschichte in bestimmten Situationen, um diese Personen durch Einfühlung und Nachahmung besser verstehen zu können. Simulationsspiele gehen von historisch realen (= Strategiespiele) oder möglichen (= Planspiele) Situationen als Modell aus. Die Lernenden entwickeln die Fähigkeit, eigenständige Lösungen zu finden sowie Bedingungsgefüge zu durchschauen und Positionen zu vertreten. Beide Dramatisierungsformen werden auch als Rollenspiele bezeichnet.

Einstiegsgespräch (S. 51) Lehrende sammeln in einem gelenkten Gespräch anhand eines Gegenstandes oder Bildes Informationen dazu, was Lernende schon wissen und können oder wie sie dem Gegenstand begegnen.

Entdeckendes Lernen (S. 54) siehe bei Erarbeitung

Erarbeitung (S. 54–57) Lernerinnen und Lerner bearbeiten allein oder in Gruppen schriftlich formulierte Aufgaben, um sowohl Kenntnisse zu entwickeln wie Fertigkeiten auszubilden. Die Erarbeitung will eigenständiges und ganzheitliches Lernen ermöglichen. Die Lernenden planen nach einer kurzen Orientierung der Lehrperson ihre Arbeit selber, präsentieren sie allenfalls und lassen sie bewerten.

Ergebnissicherung Die Ergebnissicherung will den einzelnen Lernenden zeigen, was erarbeitet wurde und somit die Grundlagen schaffen für weitere Lernschritte: Das Festhalten steht im Zentrum dieser Arbeit, z. B. mit Zettelwand, Präsentationen, Wandzeitung, Protokollvergleich usw.

Erklärung (S. 46–49) Lehrpersonen vermitteln geordnetes Orientierungswissen, indem sie durch mündliche Darbietungen, die sie mit Anschauungsmittel unterstützen, Sachverhalte präsentieren. Alle Lernerinnen und Lerner erhalten zur selben Zeit das identische Lernangebot und werden in ihren Aktivitäten stark durch die Lehrperson gesteuert. Günstigerweise geht der Erklärung eine Phase der Orientierung voraus. Damit Schülerinnen und Schüler eine Erklärung verankern können, benötigen sie anschliessend Zeit zur Festigung und zur Anwendung. Siehe auch bei Zetteldarbietung.

Erwartungsinventar Form der Metaplantechnik. Beim Erwartungsinventar notieren Lernende Fragen, die sie bei einem bestimmten Thema behandelt haben möchten, oder Erwartungen zum methodischen Verlauf des Lernprozesses. Die Lehrperson kann zu den formulierten Erwartungen Stellung nehmen, sie bekräftigen oder zurückweisen.

Erzählung (S. 42–45) Erzählen ist neben dem Erklären, dem Demonstrieren, dem Argumentieren u.a. eine Form der Darbietung bzw. des Lehrervortrags. Als gemeinsame Charakteristika aller Formen des Lehrervortrags gelten: Der Lehrer, die Lehrerin benutzt primär die Sprache als Medium der Darstellung und unterstützt diese Darstellung durch Bilder oder andere Visualisierungsmittel, benutzt also mehrere Repräsentationsmodi. Die Geschichtserzählung wird charakterisiert durch Personifizierung und Dramatisierung. Sie entwickelt sich an einer exemplarischen Gegebenheit und erweckt Gefühle der Betroffenheit und Anteilnahme.

Evaluation (S. 164–165) Der Lernprozess wird reflektiert hinsichtlich dem persönlichen Lerngewinn, dem Wissenszuwachs, den Verhaltensveränderungen, Gefühlen usw. Eine ganze Reihe von Lernsituationen eignen sich dazu, zum Beispiel Aquarium, Barometer, Bilanzfrage, Blitzlicht, Motorinspektion u. a. m.

Exkursion (S. 70–73) Lernerinnen und Lerner begeben sich in natürliche Umwelten oder Institutionen, um vor Ort Eindrücke zu sammeln, sie zu bearbeiten und neue Erkenntnisse zu gewinnen. Auf Exkursionen lernen die Teilnehmenden durch unmittelbare Erfahrung, im direkten Umgang mit Personen und Sachen und häufig auch beiläufig.

Experiment Die Lehrperson organisiert eine Lernsituation, in welcher die Lernenden handeln und die Auswirkungen ihres Tuns erfahren oder beobachten können.

Stichwortverzeichnis ■ 173

Fallmethode (S. 94–97) In der Fallmethode untersuchen Schülerinnen und Schüler konstruierte oder rekonstruierte Fälle, um sich Wissen anzueignen, aber vor allem um ihre Urteils- und Entscheidungsfähigkeit auszubilden. Zuerst müssen die Lernenden die Fallsituation kennen lernen, danach meist in Gruppen eine Antwort oder Lösung finden und diese dem Plenum präsentieren. Abschliessend werden die verschiedenen Präsentationen verglichen und bewertet.

Feedback (S. 165) Lernende informieren Lehrende über ihre Meinung zur Qualität des Lernprozesses oder über andere ausgewählte Aspekte des Unterrichts.

Festhalten (S. 148–151) Der Hauptsinn des Festhaltens liegt darin, dass Schülerinnen und Schüler den Lerninhalt inhaltlich und formal verarbeiten. Nur wem es gelingt, Neues zu verinnerlichen und an eigene kognitive Strukturen anzudocken, der hat den Lerninhalt verstanden. Schülerinnen und Schüler müssen sich also in der Phase des Festhaltens noch einmal geistig mit dem Lerninhalt auseinandersetzen und in Bezug zu sich selber bringen.

Film (S. 124–127) Filme können im Geschichtsunterricht als Erzählung oder als Quelle eingesetzt werden. Zudem können Lernende selber Filme herstellen, um Geschichte zu dramatisieren.

Forschendes Lernen (S. 98–101) Methodisch bewusstes Vorgehen von Lernenden, um eigenständig neues Wissen und Können zu entwickeln und dieses darzustellen. Siehe auch Projektmethode.

Fotografie (S. 22, 114) siehe bei Bild

Fotolanguage (S. 106) Die Lehrperson stellt zu einer bestimmten Frage oder zu einem Problem ein Überangebot von Fotografien bereit. Die Lernenden suchen sich zur Frage oder zum Problem ein Bild aus, welches für sie am besten zur Fragestellung passt. Sie diskutieren ihre Meinung in Kleingruppen oder geben sie ins Plenum ein. Die Fotolanguage eignet sich sowohl zum Anfangen wie zum Abschliessen eines Lernprozesses.

Geschichten (S. 62–65) siehe bei Erzählung und bei Lesetext

Geschichtsfries (S. 140–143) siehe bei Zeitenstrahl

Geschichtsheft (S. 149) siehe bei Festhalten

Geschichtsordner (S. 149) siehe bei Festhalten

Gespräch (S. 50–53) Oberbegriff für verschiedene Lernwege und Lernsituationen, bei denen die Lernenden untereinander, mit Gästen oder der Lehrperson kommunizieren. Es gibt Gesprächsformen zu unterschiedlichsten Zielsetzungen und während verschiedenster Lernphasen. Siehe auch bei Debatte, Diskussion, Einstiegsgespräch, Hearing, Kugellager, Lehrgespräch, Wachsende Gruppe, Reporterumfrage.

Gestaltung (S. 66–69) Oberbegriff für verschiedene Aktivitäten von Lernenden, während denen sie die Hände brauchen, um anschauliche Produkte zu entwickeln, zum Beispiel Bilder oder Collagen, Comics, Plakate usw.

Glückstopf Glückstopf ist eine Form von Gruppenarbeit, mit welcher der Lerninhalt gefestigt und vertieft werden kann. Jede Gruppe notiert auf Zetteln wichtige Begriffe. Die Zettel werden einer nächsten Gruppe weitergereicht. In dieser Gruppe ziehen nun die Lernenden jeweils einen Zettel und versuchen, die Begriffe zu erklären.

Graffiti Im Raum hängen Plakate mit unvollständigen Sätzen, z.B. mit «Die Französische Revolution ist ausgebrochen, weil ...». Lernende sollen einzeln oder in Gruppen die Satzanfänge ergänzen. Ein Graffiti eignet sich sowohl um Wissen zu überprüfen als auch um ein Meinungsbild zu erheben.

Grafik (S. 114, 136) siehe bei Bild und bei Statistik

Gruppenarbeit (S. 82–85) Lernweg, bei welchem eine Grossgruppe während einer Phase des Lernprozesses in Kleingruppen aufgeteilt wird. Diese Kleingruppen arbeiten an der selben oder an unterschiedlichen Aufgabenstellungen. Je nach Zielsetzung der Gruppenarbeit tauschen die Gruppen ihre Resultate untereinander oder im Plenum aus, oder es kann auch kein Austausch erfolgen, wenn in der Kleingruppenphase bereits ein vollständiger Lernprozess stattgefunden hat.

Gruppenpuzzle (S. 82–85) Form der arbeitsteiligen Gruppenarbeit. Zuerst beschäftigen sich verschiedene Gruppen mit unterschiedlichen Themen. Anschliessend werden neue Gruppen gebildet, in welchen Lernende aus allen Themengruppen ihr Gelerntes weitergeben können, sodass alle am Schluss über das ganze Themenspektrum informiert sind.

Hearing (S. 50) Zu einem bestimmten Thema oder einem Problem werden Gäste, Expertinnen oder Experten eingeladen, die bereit und in der Lage sind, den Lernprozess durch neue Informationen oder Provokationen voranzutreiben. Die Expertinnen und Experten können auch aus der Lerngruppe selber stammen, wenn sie sich entsprechend vorbereitet haben oder über einen Wissensvorsprung verfügen.

Hypermedia (S. 146) Vernetzte und multimedial aufbereitete Lernumgebung, wo die Lernenden via Hyperlinks selbstständig herumnavigieren und Wissen aufbauen können. Siehe auch bei Internet.

Impulsplakat Schriftliche Kommunikation zu bestimmten Fragen oder Behauptungen. Wenn in einer Lerngruppe das Gespräch erschwert ist, kann die Lehrperson mit Impulsplakaten die Lernenden zu Äusserungen anregen, die sie in der Grossgruppe vielleicht nicht wagen würden. Die Lehrperson schreibt ihre Aussagen auf Plakate, die Schülerinnen und Schüler lesen diese und schreiben ihre Stellungnahme auf Klebezettelchen, welche sie auf die Plakate heften.

Impulsreferat Kurzform einer Erklärung. Das Impulsreferat will eine Erarbeitung vorbereiten und einleiten. Aus diesem Grunde gehört zu einem Impulsreferat eine weiterführende Aufgabenstellung, welche die Lernenden zu eigenständigem Lernen anregt.

Informationsmarkt (S. 86) In einem Informationsmarkt werden Ergebnisse einer Gruppen-, Partner- oder Einzelarbeit auf Plakaten dargestellt und visualisiert. Auf dem Plakat steht zum Beispiel oben eine These oder Frage und unten knappe Stellungnahmen oder Bilder dazu. Alle Lernende suchen sich die Informationen, die sie interessieren oder benötigen. Es ist auch möglich, die Poster im Plenum der Reihe nach zu besprechen.

Informierender Unterrichtseinstieg (S. 105) Den Lernenden wird Ziel, Thema und Unterrichtsverlauf zu ihrer Orientierung mitgeteilt.

Internet (S. 144–147) Weltweites Computernetzwerk, mit Hilfe dessen Lernerinnen und Lerner indirekt miteinander kommunizieren können, um sich gegenseitig zu helfen, um sich zu informieren und um sich zu unterhalten.

Karikatur (S. 116–119, 114) Karikaturen haben die Eigenschaft, dass sie eine Situation blitzlichtartig beleuchten und in aller Regel eine klare, einseitig überhöhte Position zu einer Sache einnehmen. Dadurch, dass Karikaturen Personen lächerlich machen oder durch Übertreibung und Komik Situationen parodieren, wollen sie zum Nachdenken anregen. Auf diese Weise setzen Karikaturen rationale und emotionale Kräfte frei.

Karte (S. 132–135) Karten sind symbolische Darstellungen eines Raumes. Es gibt Karten zu allen vier Gegenstandsbereichen der Geschichte. Karten können einen Zustand festhalten oder eine Entwicklung nachzeichnen. Sie können eine einzige Information oder viele übereinanderliegende Aussagen enthalten. Geschichtliche Karten sind in unterschiedlichsten Darstellungsweisen für den Unterricht greifbar.

Klassenlektüre (S. 62–65) siehe bei Lesetext, bei Erzählung und bei Comic

Kofferpacken Form der Veranstaltungsevaluation, bei welcher zwei offene Koffer oder Kistchen in der Mitte des Unterrichtsraumes stehen. In den einen Koffer soll das Positive hinein, das die Lernenden mitnehmen, in den andern das Negative. Die Teilnehmenden legen beschriebene Zettel oder Gegenstände hinein. In einer gemeinsamen Schlussrunde kann Bilanz gezogen werden.

Kontrollierter Dialog Gesprächsform, bei welcher die Lernenden vor ihrer eigenen Stellungnahme zu einer Frage oder einem Problem immer zuerst die vorherige Aussage sinngemäss wiederholen und dazu Stellung nehmen müssen. Diese Form eignet sich sowohl beim Lehrgespräch als auch in einer Diskussion oder sogar in Gruppengesprächen.

Kugellager (S. 50) Eine Gesprächsform, in welcher die Grossgruppe in zwei gleich grosse Halbgruppen aufgeteilt wird. Die einen sitzen im Innenkreis und schauen nach aussen, die andern im Aussenkreis und schauen nach innen, sodass immer zwei Lernende einander zugewandt sind und miteinander sprechen können. Die Lehrperson stellt bestimmte Fragen, und die beiden, welche sich vis-à-vis sitzen, tauschen sich aus. Anschliessend rücken die Lernenden im Aussenkreis zum Beispiel zwei Stühle nach rechts und sprechen nun mit neuen Partnerinnen und Partnern zur gleichen Frage oder zu einer neuen. Das Kugellager kann auch als kontrollierter Dialog durchgeführt werden, indem die vorherigen Äusserungen wiederholt werden.

Lehrgespräch (S. 50) Diese Unterrichtsform geht davon aus, dass die Lernenden eine neue Struktur, eine Einsicht, einen Begriff, ein Verfahren in groben Zügen schon erahnen, aber im Einzelnen noch nicht wissen, wie sie es anstellen sollen, dass sie diese genau sehen und verstehen. Die Lehrperson hilft nun den Schülerinnen und Schülern mit Fragen (die sie selber stellt oder anregt), um die Lösungen auszuwickeln, zu entwickeln.

Lehrpfad siehe bei Exkursion und Museum

Leitprogramm (S. 86–89) Das Leitprogramm ist ein Heft, mit dem sich Schülerinnen und Schüler selbstständig und auf eine wirksame Weise Wissen aneignen können. Das Leitprogramm besteht aus einzelnen Kapiteln, die alle gleich aufgebaut sind: Nach einem Überblick und den Zielen erfolgt die Wissensvermittlung. Anschliessend können die Lernenden selber kontrollieren, ob sie den Lerninhalt begriffen haben, bevor sie dies im Kapiteltest unter Beweis stellen.

Lernaufgabe (S. 56, 136) Kleinform des entdeckenden Lernens. Schülerinnen und Schüler sollen nach einem Informationsinput anhand vorgegebener Materialien und Fragen selbstständig etwas für sie Neues herausfinden. Im Geschichtsunterricht eignen sich Statistiken, Bilder und vieles mehr zur Konstruktion von Lernaufgaben.

Lernbericht siehe bei Metakognition

Lernkarussell Die Lehrperson baut im Raum einige Stationen auf, die entweder bestimmte Fragen oder Aufgabenstellungen enthalten. Die Lerngruppe wird in Gruppen aufgeteilt, welche sich auf die einzelnen Stationen verteilen. In einem vorgegebenen Rhythmus rotieren die einzelnen Gruppen zu den verschiedenen Stationen. Die Antworten oder Resultate lassen die Gruppen entweder bei den jeweiligen Stationen zur Ergänzung oder Korrektur, oder sie nehmen sie mit. In diesem Fall wird eine Austauschphase das Lernkarussell beschliessen.

Lernkontrolle (S. 152–155, 116) Das Erreichen der Lernziele soll überprüft werden. Es gibt die verschiedensten Möglichkeiten von Lernkontrollen.

Lernstafette Die Lernstafette ist eine Form der Gruppen- oder Partnerarbeit. Eine bestimmte Aufgabe wird in mehrere in sich geschlossene und aufeinander aufbauende Teilschritte zerlegt. Nach jedem Teilschritt übergibt die eine Gruppe die Aufgabe mit der Teillösung der nächsten Gruppe. Diese überprüft die Teillösung und versucht, darauf aufbauend die nächste Teilaufgabe zu lösen.

Lernstopp Unterbruch während einer Erzählung oder Erklärung, um den Zuhörenden Gelegenheit zu geben, das bisher Gehörte zu verarbeiten, sei es durch Gespräche untereinander oder durch stilles Notieren.

Lernwerkstatt (S. 90–93) Lernende können aus einem Überangebot an Lernsituationen zu einem eingegrenzten Thema eigenständig auswählen, an welchen Stationen sie arbeiten möchten. Die einzelnen Stationen können sich zum Beispiel bezüglich ihres Inhaltes oder ihres Anspruchsniveaus unterscheiden.

Lesetext (S. 62–65) Lernende lesen und bearbeiten gemeinsam oder allein einen Text.

Lied (S. 128–131) Lieder eignen sich im Geschichtsunterricht entweder als Quelle oder zur Illustration von bereits erarbeitetem Wissen. Lieder sprechen oft emotionale Kräfte an, vor allem dann, wenn Lernende selber singen.

Lotto (S. 158) Spielerische Möglichkeit der Wissenssicherung.

Lückentext (S. 158) Möglichkeit einer Zusammenfassung, bei welcher Lehrende wichtige Passagen oder Schlüsselwörter aussparen, damit diese Lücken von den Lernenden ausgefüllt werden können.

Luftbild (S. 15) siehe bei Bild

Memory (S. 158) Je zwei zusammenhängende Aspekte, zum Beispiel zwei Namen oder eine Jahreszahl und ein Ereignis, werden auf zwei Karten geschrieben und verdeckt auf den Tisch gelegt. Die Lernenden müssen auf spielerische Art und Weise versuchen, die Kärtchen zu sammeln. Sie dürfen sie dann behalten, wenn es ihnen auf Anhieb gelingt, zwei zusammenhängende Kärtchen aufzudecken.

Metakognition (S. 162–163) Lernen bei Schülerinnen und Schülern verläuft effektiver, wenn diese über ihr Lernen nachdenken. Dies lässt sich gelegentlich günstig mit der Phase des Festhaltens verknüpfen. So können sich Schülerinnen und Schüler am Schluss der Doppelstunde in festen Lernpartnerschaften austauschen, um Erfahrungen und Schwierigkeiten beim Lernen zu diskutieren, sie können Selbstbeobachtungen bei der Arbeit im Arbeitsheft festhalten, sich über inhaltliche Fragen und Strategie-Probleme in der Klasse austauschen oder periodisch eine schriftliche Arbeitsrückschau im Lerntagebuch entwickeln. Mit dem Inszenieren der Metakognition ermöglichen Lehrpersonen, dass Kinder und Jugendliche beginnen, ihren Lernprozess selbst zu steuern und so die Forderung nach aktivem, eigenständigem Lernen umsetzen.

Metaphermeditation (S. 130) Die Lehrperson gibt einen Satzanfang vor, und die Schülerinnen und Schüler sollen nach kurzer Bedenkzeit versuchen, die Sätze möglichst treffend, originell und bildhaft zu ergänzen: Graben, wo man steht, ist wie – zu den eigenen Wurzeln kommen, den Boden unter den Füssen verlieren usw. Die Metaphermeditation eignet sich sowohl zum Anfang als auch zum Abschluss von Lernprozessen. Natürlich können die Sätze auch aufgeschrieben und ausgehängt werden.

Metaplantechnik (S. 105, 159) Lernende notieren zu bestimmten Fragen oder Problemen ihre Meinungen und ihr Wissen auf Kärtchen. Diese Kärtchen können während der Arbeit systematisiert und geordnet werden, oder aber die Lehrperson gibt bereits eine Ordnung vor, nach welcher die Kärtchen entwickelt werden sollen. Die Metaplantechnik eignet sich zum Beispiel als Visualisierung und Systematisierung bei Lehrgesprächen.

Mind Map (S. 48, 150) Mind Mapping ist eine Notiztechnik und eine Form der Visualisierung. Im Zentrum einer Mind Map steht ein Begriff, von dem die Äste ausgehen, welche Unterbegriffe symbolisieren. Mit dem Mind Mapping werden assoziative und hierarchische Denkmuster verknüpft. Dadurch gelingt es, komplexe Zusammenhänge auf einprägsame Art darzustellen.

Modell (S. 24) siehe bei Gestaltung und bei Bild

Motorinspektion Form der Evaluation oder Gesprächsanlass, bei welchem der zentrale Lerngegenstand mittels eines Stellvertreters im Lernraum symbolisiert wird. Die Lernenden sollen entweder durch ihre Stellung im Raum oder unter Beizug von weiteren symbolischen Gegenständen ihre Beziehung zum Lerngegenstand visualisieren und zum Ausdruck bringen.

Motorischer Eisbrecher Kleine und kurze körperliche Aktivitäten unterbrechen den Unterrichtsverlauf, entspannen, regen zum Lachen an und fördern die anschliessende Konzentration. Es gibt ein ganzes Repertoire solcher Aktivitäten, welche mitten in einer Still- oder Plenumsphase platziert werden können oder günstigerweise mit einem Phasen- und Platzwechsel zusammenfallen.

Museum (S. 74–77) Lernerinnen und Lerner eignen sich an offenen Lernorten Wissen an, indem sie ausgestellte und zumeist auch kommentierte Objekte und Abbildungen in bestimmter vorgegebener oder frei gewählter Reihenfolge betrachten oder benutzen.

Musik (S. 128–131) siehe bei Lied

Objekt Originalgegenstände oder Duplikate können Gesprächsanlass oder Anregung zu handelndem Lernen und Gestalten sein.

Oral History (S. 54–57) Methodisch bewusst geführtes Gespräch mit Zeitzeugen, um das eigene Wissen zu bestimmten Ereignissen oder zu einer ausgewählten Zeit zu erweitern.

Pantomime (S. 78) Dramatisierung ohne Worte

Partnerinterview (S. 107) Bei einem Partnerinterview befragen sich zwei Lernende innerhalb einer vorgegebenen Zeit zu bestimmten Fragen oder Problemen, welche die Lehrperson den Teilnehmerinnen oder Teilnehmern schriftlich vorgibt. Auch bei dieser Kleingruppenarbeit gibt es die verschiedensten Möglichkeit der Gruppenbildung und der Auswertung im Plenum.

Phantasiereise Phantasiereisen kann man als gelenkte Tagträume bezeichnen. Während einer Phantasiereise sollen Lernende vor ihrem geistigen Auge eine Geschichte ablaufen lassen, die ihnen entweder die Lehrperson vorliest oder erzählt oder die sie sich selbst im Kopf erzählen. Eine Phantasiereise können Lernende dann erleben, wenn sie sich in einem entspannten Zustand befinden und sich auf die Bilder einlassen können, die ihnen in den Sinn kommen. Viele Jugendliche erleben ohne Zutun der Lehrperson aufgrund von Geschichten immer wieder Phantasiereisen.

Planspiel Mit dem Planspiel sollen soziale Konflikte und Entscheidungen von Interessengruppen simuliert werden. Eine Problemsituation und die Rollenbeschreibungen sind vorgegeben, der Spielausgang bleibt offen.

Podium (S. 52) siehe bei Hearing

PQ4R-Lektüre Die PQ4R-Lektüre ist ein sechsschrittiges Vorgehen beim stillen Lesen. Die Lernenden sollen zuerst einen Überblick gewinnen (Preview), dann Fragen an den Text stellen (Question), anschliessend den Text lesen (Read), darüber nachdenken (Reflect), den Text zusammenfassen (Recite) und das Ergebnis reflektieren (Review).

Programmierter Unterricht Lernende eignen sich mit Hilfe von kleinschrittig konzipierten Lehrtexten oder entlang von Hypertext-Medien individuell Kenntnisse und Fertigkeiten an. Die Lernschritte werden jeweils mit Tests abgeschlossen. Die Resultate der Tests bestimmen den weiteren Lernweg. Gute Lernerinnen und Lerner kommen schneller vorwärts, weniger gute müssen gewisse Lernschritte wiederholen.

Projektmethode (S. 98–101) Schülerinnen und Schüler handeln in realen Situationen, um das von ihnen erworbene Wissen anzuwenden und zu erweitern.

Prüfung (S. 152–155) siehe bei Lernkontrolle

Puzzle (S. 111, 135) Eine Quelle, ein Lesetext, ein Lied, eine Karte oder anderes wird in verschiedene Teile zerschnitten, und die Lernenden sollen versuchen, wieder das Ganze zusammenzusetzen. Einzelne Lernende können entweder alle Teile bekommen, damit sie das Puzzle selber zusammensetzen können, oder nur wenige Teile, wenn das Puzzle in Gruppen gelöst werden soll.

Quelle (S. 108–111) Geschichte wird dank Nach- oder Abbildungen der Wirklichkeit erfahrbar. Diese Überlieferungen – mündliche, schriftliche, gegenständlich-bildliche oder zuständlich-institutionelle – sind Beweise des Gewesenen. Man nennt sie Quellen. Quellen sind also Hilfsmittel, mit denen die Lernenden die Vergangenheit vergegenwärtigen können. Soll Geschichtsunterricht die Fähigkeit zu kritischem, reflektiertem und methodisch systematischem Geschichtsdenken aufbauen, sollen mit Geschichtsunterricht also die Fertigkeiten zum Umgang mit geschichtlichen Materialien und historischen Methoden entwickelt und gefördert werden, dann nimmt die Arbeit mit Quellen unzweifelhaft eine grosse Bedeutung ein.

Rätsel (S. 106) siehe bei Festhalten

Referat (S. 58–61) siehe bei Aufsatz und bei Erklärung

Reporter-Umfrage (S. 50) Die Lehrperson entwickelt zu einem bestimmten Thema so viele Fragen wie Lernende in der Gruppe sind. Alle Schülerinnen und Schüler bekommen je eine Frage und holen nun dazu Stellungnahmen von Mitlernenden ein, die sie anschliessend auswerten, ordnen, gewichten und der Lerngruppe (und der Lehrperson) schriftlich und mündlich zurückmelden. Sind nicht so viele Fragen sinnvoll und möglich, wird die Lerngruppe in zwei oder sogar drei Gruppen aufgeteilt, und die Umfrage findet nur innerhalb der Gruppe statt. Anschliessend werten die Reporterinnen und Reporter, welche die gleiche Frage gestellt haben, ihre Frage gemeinsam aus.

Rollenspiel (S. 78) Die Lernenden übernehmen im Rahmen einer festgelegten Situation definierte Rollen und vertreten sie im Spiel. Siehe auch bei Dramatisierung.

Sandwich Einbettung einer Erzählung oder Erklärung, während der die Lernenden Informationen aufnehmen, in eine vorausgehende und anschliessende Phase, während deren die Lernenden eigenaktiv sind. Die vorgeschaltete Phase dient der Hinführung zum Thema, die nachgeschaltete der Festigung des Gehörten.

Schaubild (S. 114, 136) Anschauliche grafische Darstellung eines Sachverhaltes. Siehe bei Bild und bei Statistik.

Schema (S. 114, 136) Abstrakte, vereinfachende Darstellung eines Sachverhaltes. Siehe bei Bild und bei Statistik.

Schulwandbild (S. 114) siehe bei Bild

Simulation (S. 78) Lernerinnen und Lerner übernehmen oft spielerisch Rollen in simulierten Situationen, um Handlungs- und Entscheidungsfähigkeit in lebensnahen, jedoch entlasteteten und geschützten Situationen zu entwickeln und zu erproben.

SOFT-Analyse (S. 164) Form der Evaluation, bei welcher die Lernenden in je einem Quadranten eines Vierecks Folgendes festhalten: Das ist gut; dazu tragen wir Sorge. Das ist problematisch; das verändern wir. Das ist eine Chance; das entwickeln wir weiter. Das ist bedrohlich; dem beugen wir vor.

Sortier- und Strukturierfigur (S. 156) Die Lehrperson schreibt etwa 30 zentrale Begriffe eines Themas oder einer Darbietung auf kleine Zettel und gibt allen Lernenden oder auch einer Gruppe ein Set mit allen Zettelchen. Die Lernenden sollen in einem ersten Schritt die Zettelchen entlang des Kriteriums «verstanden – nicht verstanden» sortieren und dann bei der Lehrperson oder bei Mitlernenden die nicht verstandenen Begriffe klären. Anschliessend müssen die Schülerinnen und Schüler versuchen, die Zettelchen so zu strukturieren, wie es für sie Sinn macht. Die Entwicklung der Struktur und das Gespräch über die verschiedenen Möglichkeiten vertiefen das Verständnis für ein Thema zum Beispiel nach einer Darbietung.

Spiel (S. 78–81) Oberbegriff für eine Reihe von Lernsituationen, die Kreativität und Improvisation erfordern und die Spass und Freude machen und Überraschungen bieten sollen. Um Wissen aufzubauen, eignen sich Erkundungs-, Rate- und Memorierspiele. Stehen hingegen mehr die Einstellungen und Haltungen im Zentrum der Bemühungen von Lehrpersonen, dann sind Imitationsspiele oder Simulationsspiele günstiger.

Statistik (S. 136–139) Unter Statistiken versteht man in der Regel eine geordnete Menge von Information in Form von Zahlenwerten. Diese Zahlenwerte sind entweder in Tabellenform angeordnet oder umgesetzt in Diagramme und Grafiken oder in Schaubilder.

Tabelle (S. 158) siehe bei Statistik

Test Lernkontrolle, welche die Gütekriterien möglichst umfassend erfüllt.

Tutorium Lernende übernehmen in klar abgegrenzten Situationen Lehrfunktionen gegenüber andern Lernenden, um sich in der Vorbereitung auf das Lehren selber Kompetenzen anzueignen und diese in einem möglichst partnerschaftlichen Verhältnis andern weiter zu vermitteln.

Verankerung siehe bei Festhalten

Vergleich (S. 134) siehe auch bei Erarbeitung, Quelle usw.

Video (S. 124–127) siehe bei Film

Viereckenfigur (S. 104, 164) Die Lehrperson schreibt zu einem bestimmten Thema vier provokative, konträre Aussagen auf je ein Plakat und hängt sie in die vier Ecken des Raums. Die Lernenden bewegen sich im Raum, lesen die Aussagen, diskutieren miteinander und stellen sich nach einer gewissen festgelegten Zeit zu einer Aussage, zu der sie stehen können, oder so in den Raum, dass ihre Position zu den Aussagen sichtbar wird. Anschliessend beginnt ein Austausch zu den sichtbar gemachten Meinungen. Die Viereckenfigur eignet sich sowohl am Anfang wie auch gegen Schluss des Lernprozesses.

Vortrag siehe bei Erklärung

Wachsende Gruppe (S. 118) Eine Gesprächsform, bei welcher zuerst alle Lernenden individuell zu einer Fragestellung nehmen, dann zu zweit versuchen das Gemeinsame herauszufiltern, sich anschliessend in eine Vierergruppe begeben, um auch hier wieder den Konsens zu suchen. Das Verfahren wird solange fortgesetzt, bis entweder zwei Halbgruppen eine Meinung haben, damit die beiden Meinungen gegenübergestellt werden können, oder bis ein Konsens im Plenum erreicht worden ist.

Wandzeitung (S. 68) siehe bei Evaluation

Werkstatt (S. 90–93) siehe bei Lernwerkstatt

Workshop In einem Workshop erzeugen Lernende und Lehrende gemeinsam Wissen, entweder durch gemeinsame Entwicklungsarbeit oder durch Inputs von einzelnen, welche der kritischen Prüfung von andern standhalten und diese anregen sollen. Workshops sind produktorientiert und basieren auf kollegialem Lernen.

Zauberwort (S. 105, 106) Geführtes Brainstorming, bei welchem ein zentrale Begriff des Themas senkrecht aufgeschrieben wird und die Lernenden zu jedem Buchstaben des Begriffs ihre Assoziationen zum Thema festhalten sollen. Zauberwörter eignen sich sowohl am Anfang von Lernprozessen wie auch an ihrem Ende.

Zeichnung (S. 24) siehe bei Gestalten und bei Bild

Zeitenstrahl (S. 140–143) Darstellung von geschichtlichen Ereignissen, Personen und Prozessen entlang einer Zeitachse.

Zeitleiste siehe bei Zeitenstrahl

Zeitung Regelmässig erscheinendes Druckerzeugnis, welches sich für verschiedenste Lernsituationen eignet. Lernende können Zeitungen einzeln bearbeiten oder Ausschnitte gemeinsam und schrittweise erlesen.

Zetteldarbietung (S. 142, 159) Form der Erklärung. Die Lehrperson schreibt die wichtigsten Begriffe eines Themas gut sichtbar auf Zettel. Während ihrer Erklärung legt sie die Zettel nach und nach in die Mitte des Kreises von Zuhörerinnen und Zuhörern. Am Schluss der Erklärung ergibt sich aus den gelegten Zetteln ein Bild, welches die Lernenden dann gut festhalten können, wenn das Bild etwas mit dem Thema der Erklärung zu tun hat. Danach können die Zettel umgruppiert oder durch die Lernenden als Repetition wieder neu gelegt werden.

Zettelmoderation (S. 105) Schriftliche Kommunikation einer Lerngruppe mit Hilfe von Zetteln. Schülerinnen und Schüler schreiben Interessen, Meinungen oder Fragen auf Zettel. Diese werden gesammelt und an der Tafel oder am Boden geordnet, strukturiert und mit Oberbegriffen versehen. Die Zettelmoderation eignet sich auch, um ein Brainstorming durchzuführen, um Vorwissen zu erheben, um Wissen zu repetieren, um eine Veranstaltung zu evaluieren oder um ein Gespräch einzuleiten. Siehe auch Metaplantechnik.

Zukunftswerkstatt Lernweg zur Auseinandersetzung mit gegenwärtigen Situationen. Zuerst wird Unzulängliches kritisiert, dann eine Utopie entwickelt und abschliessend überlegt, welche konkreten Schritte allenfalls zur Veränderung der Gegenwart eingeleitet werden sollten. Bei der Zukunftswerkstatt sichern verschiedene Gruppenwechsel und andere ergänzende Massnahmen Kreativität und den Austausch unter den Beteiligten.

Zusammenfassung (S. 149, 157) Lernende oder Lehrende fassen das Gelernte systematisch und kurz zusammen und halten es schriftlich fest.

Literatur
– Arbeitsgruppe Hochschuldidaktische Weiterbildung an der Albert-Ludwigs-Universität Freiburg i. Br. (Hrsg.): *Besser Lehren. Heft 2. Methodensammlung – Das ABC methodischen Handelns.* Weinheim: Deutscher Studienverlag, 1998
– Flechsig, Karl-Heinz: *Kleines Handbuch didaktischer Modelle.* Göttingen: Zentrum für didaktische Studien, 1991 (3.)
– Knoll, Jörg: *Kurs- und Seminarmethoden. Ein Trainingsbuch zur Gestaltung von Kursen und Seminaren, Arbeits- und Gesprächskreisen.* Weinheim: Beltz, 1999 (8.)
– Meier, H.: *Handwörterbuch der Aus- und Weiterbildung: 425 Methoden und Konzepte des betrieblichen Lernens mit Praxisbeispielen und Checklisten.* Neuwied: Luchterhand, 1995

Bildnachweis

Im Bildnachweis sind die Seitenzahlen im Buch sowie die Eigentümer der Reproduktionsrechte und die Herkunft der Abbildungen verzeichnet. Sofern nicht anders vermerkt, stammen die Aufnahmen von Stephanie Tremp.

S. 42 Bächinger, Konrad; u. a.: *Lasst hören aus alter Zeit.* Olten: Walter, 1968. (Rechte beim Verlag Arp, St. Gallen) S. 80

S. 44 Bächinger, Konrad; u. a.: *Lasst hören aus alter Zeit.* Olten: Walter, 1968. (Rechte beim Verlag Arp, St. Gallen) S. 85

S. 52 Vettiger, Heinz (Hrsg.): *Unterricht planen, durchführen, auswerten lernen.* Hannover: Schroedel, 1998. S. 216

S. 69 Witzig, Hans: *Zeichnen in den Geschichtsstunden. Bd. I.* Zürich: Verlag LCH, 1982 (12.) S. 74, 75

S. 73 Gloor, Reto; Kirchhofer, Markus: *Meyer & Meyer.* Zürich: Edition Moderne, 1996. S. 53

S. 74 www.landesmuseum.ch/d/index_d.html

S. 78 Geschichte lernen. Heft 23/1991. *Geschichte spielen.* Seelze-Velber: Friedrich. S. 15

S. 94–97 Dick, Lutz van: *Der Attentäter.* Pädagogische Beiträge Verlag. Produktion: Xenon; Michel Bergmann. Igelfilm Hamburg

S. 107 Meyer, Helmut; Schneebeli, Peter: *Durch Geschichte zur Gegenwart 2.* Zürich: Lehrmittelverlag des Kt. Zürich, 1995 (© Lehrmittelverlag des Kantons Zürich). S. 169

S. 109 Aus der Graphischen Sammlung des Staatsarchivs des Kantons Aargau, Nr. 00277-1

S. 111 Landolt, Pius: *Reise in den Aargau von 1798.* Buchs: Lehrmittelverlag des Kantons Aargau, 1997. Titelbild

S. 112 Aktuell, Heft 4/89. *Bilder in Geschichte. Geschichte in Bildern.* St. Gallen: Lehrmittelverlag. S. 17

S. 117 Nordwestschweizerische Erziehungsdirektorenkonferenz (Hrsg.): *Weltgeschichte im Bild 9.* Buchs: Lehrmittelverlag des Kantons Aargau, 1986 (4.). S. 59

S. 119 *Nebelspalter,* März 1982

S. 121 Gloor, Reto; Kirchhofer, Markus: *Meyer & Meyer.* Zürich: Edition Moderne, 1996. Seite 44

S. 122 Tardi, Jacques: *C'était la guerre des tranchées.* Tournai: Castermann, 1993

S. 123 Bally, Diego; Kirchhofer, Markus: *Zschokkes Haus.* Buchs: Lehrmittelverlag des Kantons Aargau, 1998. S. 38

S. 124–125 Ridley Scott: *1492 – Die Eroberung des Paradieses.* Concorde Video, München

S. 133 Abbühl, Ernst; u. a.: *Geschichte 9.* Bern: Staatlicher Lehrmittelverlag, 1993. S. 49

S. 140–141 *Historica (CD-ROM).* Berlin: Cornelsen software, 1997

S. 145 www.dhs.ch

S. 157 Knoll, Jörg: *Kurs- und Seminarmethoden.* Weinheim und Basel: Beltz, 1999 (8.). S. 216

Dank

Ich danke dem Erziehungsdepartement des Kantons Aargau mit seinem Vorsteher Peter Wertli und dem Chef der Abteilung Lehrer- und Erwachsenenbildung Oswald Merkli, der NW EDK mit Andres Basler, dem Berner Lehrmittel- und Medienverlag mit Peter Uhr und dem Lehrmittelverlag des Kantons Aargau mit Manfred Bauer. Sie haben das Buch mit ihrem Vertrauen und ihrer Unterstützung ermöglicht.

Ich danke Urs Bernet und Stephanie Tremp. Die sorgfältige und kompetente Gestaltung sowie die aussagekräftigen Fotografien prägen das Erscheinungsbild des Buches.

Ich danke Jürg Graf-Zumsteg sowie Ornella Ammann, Martina Knöpfel, Petra Wandeler, Dorothe Zürcher und der Rotstift AG mit B. Badertscher-Kopp und R. Müller. Ohne sie wäre das Buch weniger verständlich und voller Fehler und Unzulänglichkeiten. Selbstredend sind Irrtümer allein von mir zu verantworten.

Ich danke den Schülerinnen und Schüler der Bezirksschule Zofingen. Bei ihnen erfahre ich, ob die Lernwege und Lernsituationen taugen oder nicht.

Ich danke den Studierenden des Didaktikums. Ihre Neugier und kritischen Fragen regen mich an.

Ich danke Ruth Lüthy und Helen Rohner. Ohne ihre stete Hilfsbereitschaft in meinem Berufsalltag hätte ich es nie geschafft, neben der regulären Arbeit ein Buch zu schreiben.

Ich danke den Kolleginnen und Kollegen an der Bezirksschule Zofingen und am Didaktikum, speziell Ruth Gschwend-Hauser (*Durch Geschichten Geschichte lernen*), Markus Cslovjecsek (*Lieder – Schlüssel zum Verständnis von Epochen*) und Alfred Höfler (*Bilder – Abbildung und Deutung von Realität*) sowie den Didaktik-Kolleginnen und -Kollegen der Arbeitsgruppe Geschichte der NW EDK. Das Gespräch mit ihnen über Lehre und Unterricht hilft mir weiter und regt mich an.

Ich danke Albert Tanner, Helmut Messner und Rudolf Künzli. Sie sind meine kritischen Freunde und kompetenten Ratgeber.

Ich danke Manuel, Nicolas und Andrea. Sie zeigen mir jeden Tag, wie Kinder Geschichte lernen.

Ich danke Monika für ihre partnerschaftliche Unterstützung.

Zofingen, Ende Juli 1999
Peter Gautschi

Autor und Impressum

Peter Gautschi, geboren 1959 in Zofingen; 1979 Primarlehrpatent, anschliessend Studium in Geschichte, Deutsch und Französisch in Zürich und Neuenburg. 1983 Diplom als Bezirkslehrer. Unterricht auf allen Stufen der Volksschule. Seit 1984 Lehrer für Geschichte an der Bezirksschule Zofingen, und seit 1989 als Leiter der Lehrpraktischen Ausbildung in der Institutsleitung am Didaktikum in Aarau. Dozent für Fachdidaktik Geschichte und Bereichsdidaktik. Seit 1998 Leiter der Arbeitsgruppe Geschichte der Nordwestschweizerischen Erziehungsdirektorenkonferenz. Mitarbeit in der Lehrerfortbildung und regelmässige Publikationen.

Impressum
Fotografie:
Stephanie Tremp, Basel
Gestaltung und Satz:
Bernet & Schönenberger, Zürich
Druck:
Trüb-Sauerländer AG, Aarau
Bindung:
Buchbinderei Burkhardt AG, Mönchaltorf

Kooperationsausgabe Copyright © 1999 by
Lehrmittelverlag des Kantons Aargau
CH-5033 Buchs AG
Berner Lehrmittel- und Medienverlag
CH-3008 Bern

1. Auflage 1999

Alle Rechte vorbehalten
Printed in Switzerland

ISBN 3-906738-03-5
Lehrmittelverlag des Kantons Aargau,
Bestell-Nr. 12020

ISBN 3-906721-74-4
Berner Lehrmittel- und Medienverlag
Bestell-Nr. 19715.040

Lehrmittel der Interkantonalen Lehrmittelzentrale